应用型人才培养产教融合专业核心课程教材·教育学系列

早期教育

李妍伶　雷　欢　主编

北京大学出版社
PEKING UNIVERSITY PRESS

内 容 简 介

《早期教育》以 0～3 岁婴幼儿为核心，聚焦这一重要生命阶段的教育与照护需求。从婴儿的出生，甚至更早的时刻起，科学的育儿观已成为世界各国的共识。本书基于婴幼儿生理学发展的科学研究，结合国内外早期教育的历史与实践，从生活照料、教育建议到行为观察与评估，全方位阐释如何促进 0～3 岁婴幼儿的全面发展。本书紧扣国家政策要求，致力于帮助家长、早期教育指导师、托育机构教师乃至学前教育从业者掌握科学育儿方法，共同构建更高质量的早期教育生态。

本书既可作为学前教育专业和早期教育专业的教学用书，又可作为早期教育从业人员的参考用书。

图书在版编目(CIP)数据

早期教育 / 李妍伶，雷欢主编. —— 北京：北京大学出版社，2025.6. —— (应用型人才培养产教融合专业核心课程教材). —— ISBN 978-7-301-36271-6

Ⅰ. G61

中国国家版本馆 CIP 数据核字第 2025YD4192 号

书　　　　名	早期教育
	ZAOQI JIAOYU
丛 书 主 编	边保旗
著作责任者	李妍伶　雷　欢　主编
丛 书 策 划	温丹丹
丛 书 主 持	张玮琪　王　璠　刘嘉宁
责 任 编 辑	张玮琪
标 准 书 号	ISBN 978-7-301-36271-6
出 版 发 行	北京大学出版社
地　　　　址	北京市海淀区成府路 205 号　100871
网　　　　址	http://www.pup.cn　新浪微博:@北京大学出版社
电 子 邮 箱	编辑部 zyjy@pup.cn　总编室 zpup@pup.cn
电　　　　话	邮购部 010-62752015　发行部 010-62750672　编辑部 010-62754934
印 刷 者	河北滦县鑫华书刊印刷厂
经 销 者	新华书店
	787 毫米×1092 毫米　16 开本　11.25 印张　310 千字
	2025 年 6 月第 1 版　2025 年 6 月第 1 次印刷
定　　　　价	39.00 元

丛书总序

教育与产教融合的"吉利实践"

"除了造车，教育是我心底最柔软的情怀。"这是吉利控股集团董事长李书福在多种场合的深情表达。因材施教、释放学生潜能的教育改革，可为不同潜力的学生提供多样化的教育路径和发展机会。二十多年来，吉利一手造汽车、一手办教育，不断探索产教融合的路径与方法，始终秉持"教育是公益性慈善事业，一定要长期坚持，把好事办好，做成千秋大业"的初心。而今恰逢北京大学出版社与吉利学院联合推出产教融合系列教材，谨以"吉利实践"为蓝本，与诸位共探教育与产业协同发展的深层逻辑。

一、教育初心与产业使命

"吉利办教育既是一种责任，也是一种情怀；既是对教育事业的向往，也是因地制宜，为汽车工业发展提供人才保障。"这份初心，推动我们自 1997 年创办第一所职业学校起，持续探索教育与产业的深度融合。

吉利开展教育事业近三十年，始终坚持教育的非营利性，坚持产教融合，坚持守正创新，已形成覆盖中高职至研究生的多层次培养体系，累计为社会输送二十余万名应用型人才，其中 80% 进入汽车、智能制造等关键领域。这印证了我们的信念：教育是国家发展的基础，也是国家最重要的竞争力。

二、产教融合的"吉利方案"

在实践中，我们提出"左厂右校"的校企互通模式——产业基地建在哪里，学校就办在哪里，根据企业岗位需求开设课程，将企业真实案例编入教材，把企业研发课题引入课堂，由企业工程师和学校教师共同组成教学团队，真题真做，产学研合作，教学做一体，让学生毕业即能胜任高价值岗位。以吉利学院为例，依托成渝双城经济圈产业生态链，我们创建汽车创新设计、工业互联网、新能源汽车、绿色能源动力、航空航天、数字营销、金融科技、汽车未来技术等现代产业学院，"学科瞄准优势行业，专业对接头部企业，课程解决关键岗位问题"，实现教育链与产业链的闭环对接。

此次与北京大学出版社合作推出的产教融合系列教材，正是这一理念的延伸——"教材不仅是知识的载体，更是连接理论与实践的纽带"，将一线技术、管理经验转化为系统化知识，缩短课堂与岗位的距离，打通知识与能力的藩篱。

三、个性化教育与数字化赋能

面对技术变革与人才需求的多元化，我们提出"学习不应该是为了考试，要培养有真本事、硬功夫的学生"。吉利学院通过智慧校园平台动态分析学生兴趣与特长，利用大数据、AI 技术制定个性化学习计划，打破"千人一面"的流水线模式，构建"学业+实践+特长+品德"综合评价体系，形成"千人千面"培养格局。

数字化时代，教育更需突破时空限制。我们通过"芯位教育"线上平台整合全球资源，推动虚拟实验室、智能辅导等数字化工具的应用。目前，该平台已连接东盟十余所院校，学生可远程参与马来西亚 DRB-HICOM Berhad 集团的产线实训，或通过元宇宙平台模拟智能合约开发，实现"虚实融合、终身学习"。

四、建设"三个校园"，开创教育无限可能

在"2024 世界职业技术教育发展大会"上，李书福董事长提出了"三个校园"的创新设想。这"三个校园"分别为：打破院校与企业边界的"跨界校园"，突破时空限制的"跨区校园"，线上线下协同的"跨线并行校园"。通过"三个校园"的紧密合作，能够形成"产教通"稳定的人才梯队和合作文化，打造绿色、可持续发展的教育生态。这一设想是吉利教育思想的最新诠释。

产教融合的核心是供需双方的深度互信——"职业技术教育要基于校企各自资源的有效融合，即院校要弄懂企业经营逻辑，企业要理解院校学术逻辑，供需双方紧密合作，形成'产教通'的稳定人才梯队"。吉利学院与北京大学、海南生态软件园等共建"区块链产教融合实验室"，正是这一理念的落地——企业导师驻校授课，学生参与横向课题，科研成果反哺教学。

"产学研结合，这是吉利学院的特点，学以致用。"我们始终践行"走进校园是为了更好地走向社会"的办学理念，希望这套教材能成为校企协同的新纽带，助力更多学生"在真实赛道中触摸前沿技术，课堂学理论、赛道练本领"。

未来，我们将继续以公益之心办教育，与行业、院校、出版机构携手，探索教育无限可能，让教育真正成为推动社会进步的"绿色引擎"。

吉利学院

2025 年 5 月

前　言

在与0～3岁婴幼儿的初次相遇中，我曾被他们看似"不可理喻"的行为深深吸引：为什么他们总爱把东西往嘴里塞呢？为什么他们会一本正经地说"瞎话"呢？为什么他们喜欢抢别人的玩具，又瞬间把自己心爱的物品丢弃呢？为什么他们会在不同的阶段，以不同的方式回应父母或照护者的靠近与离开呢？这些令人费解的行为，在初看之下或许只是成长的"混乱片段"，但在深入研究之后，我发现这些现象背后隐藏着心理发展、感觉统合、依恋关系及自我意识建构等一系列复杂且微妙的发展机制。

0～3岁婴幼儿的发展轨迹具有隐蔽性与不可预测性。这一阶段既是"养"的基础期，更是"教"的关键期。正如美国心理学家埃里克森在其心理社会发展理论中所言，婴幼儿在生命最初的三年中，逐步从"基本信任"迈向"自主性建立"，这是人格结构的奠基石。而意大利幼儿教育家蒙台梭利、瑞士心理学家皮亚杰、苏联心理学家维果茨基等学者对于婴幼儿认知、情绪与社会性发展的研究，更是在提醒我们：0～3岁不是"准备期"，而是"决定期"。

然而，在当前学前教育专业的课程体系中，对0～3岁婴幼儿阶段的教育理论构建和教育实践的关注仍显薄弱。市面上的早期教育类图书，大多聚焦于亲子游戏、保育常识、实操技巧，缺乏对婴幼儿行为背后原因的系统剖析，也难以为新手教师构建清晰而科学的理论框架。在参与一线托育机构、早教机构的教师培训与教研活动的过程中，新手教师经常向我倾诉他们的困惑：他们明白需要带孩子开展游戏活动，却不清楚开展这些活动的意义，更不知如何做到因材施教。正是新手教师在职业初期表现出的这种无力感，促使我萌发了编写一本理论与实践并重、解释与操作相结合的教材的念头。

之所以将本书命名为《早期教育》，是因为我们希望真正从"教育"的视角看待婴幼儿身心发展的全过程。本书立足于婴幼儿身心发展的基本规律，围绕认知、语言、情绪和社会性发展等关键领域，构建系统的教育内容与策略体系，既注重知识结构的科学性，也强调教学活动的可操作性。通过对本书的学习，学生、教师与保育人员不仅能理解"婴幼儿如何发展"，更能掌握"如何支持其发展"。

全书共分为六章，结构科学，内容层层递进。第一章"中外早期教育的历史与实践"，从教育史与政策发展的维度，呈现国内外早期教育的发展历程与理论演进；第二章"生理学发展"，聚焦婴幼儿主要生理系统的发育特点及日常保育中的关键问题识别；第三章"生活照料"，强调科学照护对婴幼儿身心健康的基础保障作用；第四章"心理学发展与教育建议"，从认知、语言交流、情绪调节与社会适应等方面，系统分析婴幼儿的心理发展需求；第五章"婴幼儿早期教养指导专业理念"，以发展适宜性原则为核心，提出结构化的活动设计模型；第六章"婴幼儿行为观察与评估"，则从发展测评与个体差异分析的角度，为教师提供专业判断与策略调整的方法。

本书由吉利学院李妍伶、成都天府国际生物城第一幼儿园园长雷欢担任主编，四川国际标榜职业学院学前教育系系主任林茂霞担任副主编。本书各章编写责任如下：第一章由李妍伶、彭岩编写；第二章由周园编写；第三章由许婷婷、宋辰轩编写；第四章由李妍伶、孙大舒、韩唯、吴进、李竞楠编写；第五章由雷欢、彭岩编写；第六章由林茂霞、刘亚玲编写。全书由李妍伶统稿并定稿。

在本书的编写过程中，我们得到了成都高新咿薇托育服务有限公司等机构的多位一线教师的积极反馈与教研支持，特别感谢北京大学出版社温丹丹编辑、张玮琪编辑给予的高度认可与专业指导，使得本书能够在理论性与实用性之间取得良好的平衡。

写作的过程，亦是一场自我回望与深度思考的旅程。那些年，我无数次蹲下身来，注视着孩子们牙牙学语、蹒跚迈出人生第一步，以及他们因挫折而流下眼泪的模样；也曾与教师们并肩，在深夜的灯光下伏案备课，反复斟酌教学环节，思索是否遗漏了某个细节，避免忽视孩子们的特殊需求。我们深知，孩子们的世界需要被用心倾听与真切理解，而教育的温度，正源于对每个生命独特发展的尊重与及时回应。

由于编写团队能力有限，书中难免存在不足之处，恳请各位读者不吝指正。希望本书能为我国早期教育事业的发展，贡献一份来自教育者的专业之心与温柔之力。

李妍伶

2025 年 4 月

本书配套资源

　　右侧二维码内包含微课视频，读者扫描本二维码，即可获取视频资源。本书采用"一书一码"的形式，相关资源仅供一个人使用，二次扫码将无法获取资源。

早期教育
请刮开后扫描获取本书资源

本码2030年12月31日前有效

目 录

第一章

中外早期教育的历史与实践

　　本章梳理了中外0~3岁早期教育及其政策的发展历程，从古代养育观念的形成，到现代家庭教育的发展，以北欧、美国、新加坡等国家和地区为例，以教育政策为立足点，展现早期教育发展的历史和特点。

◆◆ 学习目标

　　1. 知识目标

　　学习中外早期教育的历史发展脉络，理解古代至现代早期教育理念和实践的演变；了解和分析各时期的教育政策，特别是针对0~3岁婴幼儿教育的政策发展及其社会影响。

　　2. 能力目标

　　培养批判性分析历史与现代教育政策和实践的能力；通过比较中外早期教育的发展历程和政策的异同，培养学生的国际视野和跨文化理解能力。

　　3. 素养目标

　　提高对早期教育重要性的认识和敏感性，特别是早期教育对儿童长期发展的影响；强化对公平、包容和高质量教育的追求；坚守对教育机会均等的承诺。

　　4. 思政目标

　　通过学习中国古代的教育理念和孔子的教育思想，加深对中华优秀传统文化的认识，培养"仁爱"的价值观；理解和支持国家在早期教育领域的政策，增强国家意识和民族自豪感。

【本章导览】

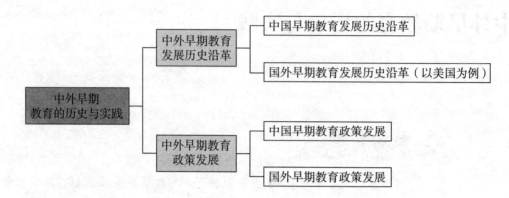

 【第一节学习任务清单】

在当前的教育环境中，早期教育面临的主要挑战有哪些？如何借鉴历史经验来解决这些挑战？

第一节 中外早期教育发展历史沿革

一、中国早期教育发展历史沿革

(一) 古代养育观念的形成

中国0～3岁婴幼儿早期教育的发展历史可以追溯到古代。在中国传统文化中，家庭和社区是婴幼儿最早的教育场所，父母和长辈会通过日常生活中的言传身教来传授道德、礼仪、习俗等方面的知识和技能。早在春秋战国时期，儒家思想就已经开始影响中国社会的教育理念。孔子主张以"仁爱"为教育核心，强调在家庭中培养婴幼儿的道德品质。在儒家教育体系中，家庭教育被视为教育的基础，对于0～3岁的婴幼儿来说，这一时期主要培养他们的行为习惯和道德观念。这个时期没有形成系统的早期教育机构，但家庭教育的传统和方法对婴幼儿的成长有着重要影响。

【资料卡】

以养为教，教养相成，我国古代的0～6岁早期教育

1. 胎教

胎教是指调节孕妇饮食起居、思想修养及视听言行，促进孕妇身体健康，预防胎儿发育不良及培养胎儿气质品格的调养方法。

自西周至明末清初，胎教理论得到了逐步发展和完善。尽管西周时期对孕妇所提出的各种要求带有封建礼制的色彩，且过于绝对化，但可以说明早在西周时期我们的祖先就粗浅地认识到胎儿可受到母体的影响。

汉代贾谊提出了优生思想，刘向则提出了"慎感"思想，王充丰富了贾谊和刘向的思想，逐渐形成了基本的胎教论。

南北朝教育家颜之推对胎教也颇为重视，总结了前人的胎教经验。他说："古者圣王有胎教之法：怀子三月，出居别宫，目不邪视，耳不妄听，音声滋味，以礼节之。"① 至唐代，医学家孙思邈根据自己的妇科实践经验对前人的胎教思想做出了医学角度的解释，为"外像内感"的胎教思想提供了理论依据，并据此提出了一些基本的胎教方法，如"口诵诗书、古今箴言""弹琴瑟""调心神""和情性"等。

孙思邈的胎教理论与实践为运用医学知识指导胎教开辟了全新的路径，开创了我国古代胎教的新天地，也标志着我国古代胎教发展的重要转折。我国传统胎教理论也有不尽合理之处，但总体而言，我国传统胎教理论中蕴含着许多熠熠生辉的思想，这些思想为现代科学所证实，这是值得我们自豪的。

2. 重视早教

《礼记》中有记载："子能食食，教以右手。能言，男唯女俞。"② 从儿童能吃饭、说话开始，家长就要培养他们正确的饮食习惯和言语礼仪。这反映了我国古代家教"早谕教"的特点。

南北朝时期，颜之推系统地提出了早期教育的主张。他说："凡庶纵不能尔，当及婴稚，识人颜色，知人喜怒，便加教诲，使为则为，使止则止。比及数岁，可省笞罚。"③ 他认为家教应从胎教开始，如果做不到，那也应该从婴儿开始施以家教。这是因为人在孩童时期习惯尚未养成，思想未定而精神又集中，因而可塑性大，容易接受潜移默化的熏陶，并易于学习文化知识。

颜之推用自己的亲身经历与古人的早教思想相互印证，提出了"固须早教，勿失机也"的论断。北宋司马光也很重视早期教育，提出"慎在其始"的观点。他有一个形象的比喻，即"络马首，穿牛鼻，利用以早。络马穿牛，初易驯也"。这个比喻表达了他对儿童时期差错容易纠正、习惯易于养成的认识。宋代理学思想家也非常重视早期教育。张载从性、气、习的角度探讨早教问题，发展了孔子"性相近、习相远"的思想，提出"蒙以养正"的观点。张载认为早期教育是打基础的教育，对人的一生发展极为重要，否则，"其始不正，未有能成章而达者也"。

3. 古代学前儿童教育的形式

原始社会的母系氏族时期更多的是公育，低龄儿童由氏族公社的年长者统一看护和教育。其教育内容主要围绕着原始社会劳动经验和原始生存技能展开。随着父系氏族取代母系氏族、私有制的产生及固定配偶制度的出现，社会才逐步形成了针对学前儿童的家庭教育模式。

---

① 颜之推. 颜氏家训［M］. 曾德明注译. 武汉：崇文书局，2007：4.
② 戴圣. 礼记［M］. 陈成国校注. 长沙：岳麓书社，2019：189.
③ 同①。

在中国古代封建社会等级制度和贫富差距的背景下，不同阶层的家庭对于学前儿童的家庭教育不尽相同。古代中国小农经济的特点决定了家庭成员之间在物质层面的依赖性较大。

在学前儿童的家庭教育中，普通家庭的幼年儿童，会在家庭中得到长辈的照料，熟悉基本的生活知识和社会知识；而社会地位较高的家庭中的幼年儿童，则会被教授除基本生活知识和社会知识外的礼法和学识，甚至有了专门的学前教育机制。

按照学前儿童所受到教育的普及程度将古人对学前儿童进行的家庭教育划分为三种：品德教育、生活技艺教育和认知教育。

（1）品德教育：道德品质的培养与基本纲常伦理习惯的养成

品德教育并不是仅仅指对良好道德品质的培养，还囊括了基于血缘宗法的伦常和礼仪的教育。在尊儒重教的古代中国，纲常伦理是道德标准和规范。如孔子所言："君君，臣臣，父父，子子。"在古代学前儿童的家庭教育中，无论是普通家庭还是贵族家庭，其首要的教育内容便是品德教育。而对纲常伦理的教育是品德教育的一大组成部分。对纲常伦理的教育包括以下内容：对亲缘关系的认知和礼仪，如何做到君臣义、父子亲、夫妇顺，如何称呼尊长和行礼。此外，古人也比较注重对学前儿童良好的道德品质的养成，如诚信、礼让、节俭、谦和、勤奋、自强自立、积善成德等美德的熏陶与养成。古人认为学前儿童心智未开，学习能力强，应该及时教育。正如《颜氏家训》作者，亦是古代家庭教育倡导者颜之推曾言："人生小幼，精神专利，长成已后，思虑散逸，固须早教，勿失机也。"[1]在此基础上，古人对待学前儿童道德品质的家庭教育，亦是言传身教，积极对学前儿童进行正面教育。孔子弟子七十二贤之一的曾子，在学前儿童教育上就提出"婴儿非有知也，待父母而学者也，听父母之教"的观点。这一观点在《曾子杀猪》的故事中有深刻体现。曾子的妻子为了安抚哭闹的孩子而答应孩子上街归来后杀猪作食，妻子本为戏言，曾子却磨刀杀猪，认为父母是孩子的启蒙老师，孩子学习父母的言行，若父母欺骗子女，就不能培养孩子诚信的品质。亦如朱熹所言："自小便教之以德，教之以尚德不尚力之事。"

（2）生活技艺教育：生活习惯和生存技能的传授

古人在对学前儿童进行家庭教育时，除基本的道德教育外，就是对于学前儿童生活技艺的启蒙教育。这里的生活技艺是一个宽泛的概念，它在不同的阶层和不同的历史时期有着不同的范围，它包括了对学前儿童生活常规习惯的培养（如符合礼法的衣食住行的起居习惯）和生产生活技能的启蒙。早在周代，关于生活技艺的学前儿童教育便已经形成初步按照儿童年龄安排教育的体制。据《礼记·内则》言："子能食食，教以右手；能言，男唯女俞。男鞶革，女鞶丝。六年，教之数与方名。七年，男女不同席，不共食。"[2]《礼记》所载的是周代贵族家庭的学前儿童教育情况。由此可以推见，在奴隶制时期，古人就已经有对于学前儿童进行礼法（如男女不同席）和生活技能（鞶革鞶丝）的教育。在周代，桑织技术是重要的农业技能。至南北朝时期，颜之推在《颜氏家训》中提到："生民之本，要当稼穑而食，桑麻以衣。蔬果之畜，园场之所产，鸡豚之养，坳圈之所生，爰及栋宇器械，樵苏脂烛，莫非种植之物也。"[3]他认为家长应当在孩子的

① 颜之推. 颜氏家训 [M]. 曾德明注译. 武汉：崇文书局，2007：76.
② 戴圣. 礼记 [M]. 陈戍国校注. 长沙：岳麓书社，2019：189.
③ 颜之推. 颜氏家训 [M]. 曾德明注译. 武汉：崇文书局，2007：22.

幼年时期就向他们教授一些基本技能，以便他们逐渐养成独立生活的能力。在南北朝时期社会动荡，这些技能有助于幼童成年后的生存。

（3）认知教育：环境渲染和学识的启蒙

认知教育即对学前儿童的知识启蒙，包括读书、习字和对学习方法的启蒙。在中国古代，多数的认知教育是存在于贵族阶层的，但仍不乏普通平民阶层对认知教育的开展。无论是在平民阶层还是贵族阶层，古人在对学前儿童的认知教育层面，都极其重视教育环境对儿童的影响。我们所熟知的孟母三迁的故事，就阐述了儿童的言行和认知会受到周边环境潜移默化的影响。在学前教育的认知教育上，古人提倡早期教育，这在贵族阶层中体现得更为明显。早谕教是古人学前儿童教育中一项重要的内容。汉初政论家贾谊从加强中央集权的观点出发，认为应当对太子的教育实施早教，曾言："太子之善，在于早谕教与选左右。"而在《列女传》中还记载有周文王之母怀孕时胎教的事迹。早在周代，皇室子弟出生后，宫中便特设孺子室，以供其接受保护和教育。

（二）近现代中国早期教育的发展

19世纪末至民国末年，近现代中国开始萌发"公养公育"思想，并在学制规定下有了初步的学前教育机构创办实践。

1. 清末概况

1904年，晚清政府颁布并实施了近代中国的第一个学制，即"癸卯学制"。从此，我国学前教育逐步向着社会化机构教育的形态发展。这时的学前教育机构通常被称为"蒙养院"，既有公立的也有私立的，它们或是独立设置，或是附设在育婴堂、敬节堂等慈善机构或女子学校之中。

癸卯学制不包含3岁前婴幼儿的教养，也没有刚性要求必须举办社会化的0～3岁婴幼儿的早教机构。另外，蒙养院制度提出了3～7岁儿童的教育应以家庭为主，以蒙养院为辅。可见，除育婴堂等少数慈善机构外，彼时3岁以下婴幼儿的教养事务主要由家庭成员负责；当时也出现了极少数被称为"婴儿园"的私立早教机构，招收3岁以下婴幼儿，最早由外国教会开办。

2. 民国概况

1912年，民国政府颁布了"壬子癸丑学制"，蒙养院更名为"蒙养园"，以招收3～6岁儿童为主。该学制大体仿照"癸卯学制"，但有明显进步之处：一是改变了清末将蒙养院主要附设在育婴堂和敬节堂的做法，而将之单独设置或附设在各级学校内，并增加了数量；二是从制度上明确规定了蒙养园师资培养在整个师范教育中的地位，但是该学制仍未提出要对3岁前的儿童进行公养公育，也未规定相应的师资培养规格。

"五四"运动后，我国的学前教育从主要学习日本转向了主要学习欧美国家。1922年，民国政府颁布了"壬戌学制"。该学制将蒙养园更名为"幼稚园"，招收6岁以下儿童。最早按年龄段举办的3岁前婴幼儿早教机构是熊希龄成立的"北京香山慈幼院"。该园起初为了慈善和保育，收容遭难孤儿、弃婴和附近贫困家庭儿童，之后开始对他们开展教育。该园包含招收0～4岁婴幼儿的"婴儿保教院"，招收5～6岁儿童的"幼稚园"，并开设幼稚师范学校，将儿童的保教与师资培养融为一体。

随着社会的发展和家庭结构的变化，特别是妇女参与社会工作的增加，20世纪初期开始出现了育婴所等早期保育机构。这些机构最初是为了照顾工人阶级妇女的孩子，后逐渐发展成为提供专业化早期教育和保育服务的场所。

3. 中华人民共和国成立后

中华人民共和国成立后，随着人们对0～3岁婴幼儿教育重要性的认识日益提升，国家和社会开始关注并推动早期教育的政策制定和实践探索。在这一时期，幼儿园和托幼机构得到了大力支持，数量逐年增加，覆盖范围不断扩大。政府还加大了对早期教育指导师队伍的培训和投入，提高早期教育的质量。政府、社会和家庭共同努力，推动了0～3岁婴幼儿早期教育的全面进步。家庭教育观念的转变和教育资源的多元化为婴幼儿的成长提供了更加丰富的条件。家长们更加重视科学教育，关注婴幼儿的全面素质发展，为婴幼儿的未来发展打下了坚实的基础。

(三) 21世纪早期教育的创新与发展

进入21世纪，中国政府持续深化教育改革。《国家中长期教育改革和发展规划纲要（2010—2020年）》明确提出"加强和改进学前教育"，将0～3岁婴幼儿纳入学前教育的重要范畴。2019年出台《国务院办公厅关于促进3岁以下婴幼儿照护服务发展的指导意见》等，旨在建立和完善婴幼儿照护服务体系，提高早期教育质量。

随着政策不断完善，政府对学前教育事业的投入逐渐增加。

1. 教育质量与普及程度提升

随着政策的支持，学前教育的质量和普及程度得到了显著提升。政府投入更多资源，扩大幼儿园和托幼机构的覆盖范围，推动学前教育的普及。随着人们对0～3岁婴幼儿早期发展重要性认识的加深，越来越多的早教中心和亲子园应运而生，它们提供了丰富多样的教育活动和课程，强调亲子互动，促进婴幼儿全面发展。同时，政府加强对学前教育师资队伍的培训和选拔，从而提高了教育质量。

2. 教育均衡发展

21世纪以来，中国政府致力于推动教育均衡发展，减少城乡、区域间的教育差距。政府制定了一系列措施，如提高农村和贫困地区学前教育的投入，鼓励社会力量参与学前教育的建设，通过财政补贴等方式支持民办幼儿园发展，从而促进教育资源的合理分配。

3. 早期教育与家庭、社区的紧密结合

政府在推动早期教育改革的同时，强调家庭和社区在早期教育中的重要作用。通过制定相关政策，鼓励家庭和社区参与早期教育，为家长提供科学的育儿知识和指导，帮助家长更好地参与孩子的教育成长过程。

4. 推动学前教育国际化

为提高学前教育水平，中国政府积极推动学前教育国际化，借鉴国际先进经验，引进优质教育资源。政府支持学前教育师资培训单位与国际组织合作开展学前教育交流与合作项目，培养具有国际视野和跨文化沟通能力的学前教育人才，助力学前教育事业发展。

综上所述，21世纪以来，中国政府通过完善政策，提升教育质量和教育普及程度，实现教育均衡发展，强化家庭和社区的参与，以及推动学前教育国际化，为中国早期教育的持续发展奠定了坚实基础。

【资料卡】

在中国，0～3岁婴幼儿早期教育和保育领域的突破性发展主要体现在一些先行地区的实践探索和政策支持上。这些地区通过创新模式和政策引导，为早期教育和保育提供了新的思路和解决方案。以下是一些具体案例。

（1）上海市早期教育公共服务平台。

上海市是中国早期教育和保育服务体系建设的先行者之一。上海市政府推动建立了面向0～3岁婴幼儿及其家庭的早期教育公共服务平台，提供专业化、多样化的早教服务和资源，包括亲子阅读、游戏指导等，旨在支持婴幼儿全面健康发展。

（2）深圳市育儿假政策。

深圳市在推动早期教育和保育方面，不仅注重服务体系的建设，还通过人性化的政策支持家庭。例如，深圳市政府实施了符合法律、法规规定生育子女的，在子女3周岁以内，父母（男女职工）每年各享受10天育儿假的政策，为0～3岁婴幼儿的父母提供了更多陪伴孩子成长的时间，这在全国范围内具有较大的影响力和示范作用。

（3）北京市社区支持型早教中心。

北京市推出了社区支持型早教中心的模式，这些中心通常位于社区内，以低成本提供高质量的早期教育和保育服务。这种模式强调社区资源的整合和家庭的参与，有效促进了社区内0～3岁婴幼儿早期教育资源的普及和利用。

（4）浙江省托育券制度。

浙江省部分地区尝试实施托育券制度，通过政府购买服务的方式，为家庭提供托育券，家长可以根据需要选择早教机构。这种市场化、个性化的服务模式，旨在激发早教市场的活力，提升服务质量，同时减轻家庭负担。

（5）四川省乡村早教项目。

四川省在推进乡村早教项目方面取得了显著成果，通过政府、社会组织和教育机构的合作，将优质的早教资源延伸到农村地区，为乡村0～3岁婴幼儿提供科学、系统的早期教育和保育服务，有效缩小了城乡早教资源的差距。

这些案例反映了中国在0～3岁婴幼儿早期教育和保育领域的创新探索和实践成果，展现了多元化、社区参与和政策支持相结合的发展趋势。

二、国外早期教育发展历史沿革（以美国为例）

（一）理论篇

1. 殖民时期的早期教育

美国早期教育的发展可以追溯到17世纪的殖民时期。当时，美洲大陆上的殖民者主要来自英国、荷兰等欧洲国家，他们将欧洲的教育理念和实践带到了美洲。在这个时期，教育的主要目的是教育儿童树立正确的信仰和道德观念，培养他们成为虔诚的基督徒和有道德品质的公民。在殖民时期，英国教育家约翰·洛克（John Locke）对美国早期教育产生了重要影响。他在1690年发表的《人类理解论》中提出了"白板论"，即儿童的心智如同一张白板，需要通过环境和经验来塑造和丰富。洛克强调了教育对儿童心智和品行发展的重要作用，认为教育应注重培养儿童的思考能力和独立性，而非机械地传授知识。

洛克的教育理念对美国早期教育产生了深远影响。越来越多的教育者开始关注儿童的个性差异和兴趣，尊重儿童的天性和潜能，倡导以儿童为中心的教育方法。这些观念在随后的启蒙运动和美国独立战争时期得到了进一步发展和普及。

2. 19 世纪的幼儿园运动

19 世纪中期，德国教育家福禄贝尔（Friedrich Wihelm Auguest Froebel）提出了幼儿园教育体系，标志着早期教育发展史上的一个重要转折点。福禄贝尔的幼儿园教育理念强调了儿童在早期教育中的主动性、自主性和个性发展。这一理念很快传播到美国，并在 19 世纪末成为美国早期教育的主流形式。

19 世纪 50 年代，女教育家玛格丽特·舒尔茨（Margaret Schurz）在威斯康星州的沃特敦市开办了第一所美国幼儿园，为美国幼儿园运动的发展奠定了基础。

19 世纪末，幼儿园教育在美国迅速发展，成为早期教育的主流形式。许多城市和乡村设立了公立和私立幼儿园，为不同社会阶层的儿童提供教育服务。此外，一批美国教育家开始倡导将幼儿园教育纳入公共教育体系，使更多儿童受益于早期教育。

3. 20 世纪的早期教育改革

20 世纪初，美国早期教育迎来了一场重要的改革。在这个时期，美国教育界逐渐摆脱传统的权威主义教育观念，追求更加民主、平等和以儿童为中心的教育。美国教育家约翰·杜威（John Dewey）的实验主义教育理念对这一改革产生了深远影响。此外，美国政府开始重视公共教育，特别是学前教育的普及和发展。政府出台了一系列政策和措施，支持各州政府建设公立幼儿园和学前班，为不同社会阶层的儿童提供教育服务。此外，政府还加大了对教师培训和教育研究的投入，以提升教育质量和效果。

这些政策和措施极大地促进了美国早期教育观念的普及。美国的早期教育的最大特点在于"重视体验"多于"知识传授"，强调释放潜能，让婴幼儿在游戏和体验中学习，老师认为教给婴幼儿学习能力比教会他多做几道算术题更重要。而且经过不断地实践改革，越来越多的家庭和社区认识到早期教育的重要性，积极参与和支持儿童教育，这为美国早期教育的繁荣和发展奠定了坚实的基础。

（二）实践篇

美国在 0～3 岁婴幼儿早期教育和保育领域的发展，通过一系列里程碑式的实践和政策，展现了其对早期教育重要性的认识和支持。这些实践不仅改善了婴幼儿的学习和发展环境，也为早期教育研究和实践提供了宝贵的经验和启示。

1. "开端计划"的创立（1965 年）

发生背景：作为《经济机会法案》的一部分，"开端计划"是美国政府在约翰逊总统的"伟大社会"施政纲领下启动的，旨在解决贫困问题，并通过为低收入家庭的儿童提供教育和其他服务来提高他们的生活条件。"早期开端计划"随后推出，专注于为婴幼儿及其家庭提供早期教育、健康检查和家庭支持服务。

影响和成效：最初，"开端计划"是作为一个夏季项目开始的，旨在为即将进入幼儿园的儿童提供学前教育。随后，该计划迅速推广，成为全年的综合服务项目。"开端计划"证明了早期干预在提高儿童长期学业成就和生活成果方面的有益效果。研究显示，参与"开端计划"的孩子们在进入小学时，他们在阅读和数学技能上比非参与者表现得更好。此外，这个计划还对儿童的健康和营养状况产生了积极影响，增强了参与家庭的参与度和满意度。

尽管"开端计划"取得了显著的成就，但该计划也面临着持续的挑战，包括确保服务质量、满足不断增长的需求及评估和提高长期成效。为此，"开端计划"经历了多次改革，以提高效率和成效，包括引入更加严格的服务和评估标准。

2. 家庭日托的兴起（20世纪70年代）

发生背景：20世纪70年代，女性由于越来越多地参与劳动力市场，因此对早期儿童照料服务的需求急剧增加。这一社会变迁促使家庭寻求可靠的照护服务，以便父母（尤其是母亲）能够工作。这一时期对于早期教育和儿童发展的重视日益增加，家长和政策制定者开始认识到提供高质量早期教育对于儿童未来学习和发展的重要性。家庭日托提供了一种相对经济的选择，与大型的幼儿园或学前教育中心相比，家庭日托通常在提供服务者的家中进行，拥有更少的儿童，能够提供更加个性化的服务和温馨的照料环境。家庭日托为工作中的父母提供了更大的便利性和灵活性，特别是对于需要非标准工作时间照护服务的家庭。

影响和成效：家庭日托的兴起提供了一个促进儿童社交、情感和认知发展的环境，尤其是在关键的早期年龄阶段。同时，家庭日托的兴起促进了早期教育服务的多样化，满足了不同家庭的需要。家庭日托的普及，也引起了政府对其质量标准的关注。这促使各州开始制定相关的监管政策和质量标准，以确保儿童获得高质量的照护和教育。

尽管家庭日托在提供早期儿童照料方面起到了关键作用，但质量控制和可负担性仍是主要挑战。不同地区和服务提供者之间在服务质量上的差异，以及高质量照护服务的高昂成本，对许多家庭而言仍然是一大负担。

（三）早期大脑发展研究的突破（20世纪90年代）

发生背景：神经科学的进展揭示了早期年龄阶段大脑发展的关键性。

大脑塑性：20世纪90年代的研究强调了早期大脑发展的"塑性"，即大脑在生命的最初几年极其适应环境的变化，这一时期的经验对大脑结构和功能的长期发展有着决定性影响。

关键发展期：研究者发现，婴幼儿大脑的某些区域在生命的早期阶段经历了快速增长，这表明存在所谓的"关键时期"，在此期间进行特定类型的学习和发展最为有效。

早期经验的重要性：研究揭示了早期经验，包括与照护者的互动、感官刺激和营养，对婴幼儿大脑发展的重要性。这些经验影响着神经连接的形成和大脑功能的发展。

上述发现强调了早期经验对大脑结构和功能长期发展的影响，为早期教育的重要性提供了科学依据。

影响和成效：这些研究成果促使政策制定者重视早期教育和干预的重要性，促使他们增加对早期教育项目（如"开端计划"）的投资，加强家庭支持服务。对早期大脑发展的深入了解推动了早期教育实践的变革，促进了基于发展的教学方法和课程的设计，以支持婴幼儿全面发展。这一时期的研究还提高了公众对早期教育重要性的认识，强调了为所有儿童提供高质量早期教育服务的必要性。

它也引导了教育资源向早期教育的重分配，包括开发基于研究的早教课程和干预策略。

【资料卡】

　　0～3 岁国家中心：这是一个专注于婴幼儿发展和健康的非营利组织，它在 20 世纪 90 年代在促进早期发展的公众教育和政策倡导方面发挥了重要作用。

　　哈佛大学儿童发展中心：虽然该中心成立于 2006 年，但它的研究建立在 20 世纪 90 年代早期大脑发展研究的基础之上，继续推动了大众对儿童早期发展科学的理解和应用。

（四）《有教无类法案》（2001 年）

　　发生背景：《有教无类法案》是美国在 2001 年通过的一项重要教育法案，它代表了美国 K12 教育系统在提高教育标准、增强学校问责制和扩大学生和家长选择权方面迈出的重大步伐。该法案由时任美国总统乔治·W·布什签署成法，旨在消除学生在学业成就上的差距，并确保所有美国儿童获得高质量的教育。虽然该法案主要关注 K12 教育系统，但其对教育质量和成效的强调也影响了早期教育领域。该法案要求基于成果的评估，促进了对儿童早期学习成果和学前教育质量的关注。

　　影响和成效：这一政策使得教育从业者和政策制定者开始更多地关注早期教育中的学习标准和评估方法，推动了早期教育质量的提升和早期学习标准的制定。

　　近年来，早期教育成为美国国家教育政策讨论的焦点，政府在联邦和州一级都加大了对早期教育项目的投资，尤其是针对低收入家庭的儿童。通过扩大资金和资源，更多儿童能够获得高质量的早期教育服务。这些努力旨在缩小教育机会差距，提前为儿童的学习和发展奠定坚实基础。

　　这些理论的演进和实践的拓展，展现了美国在早期教育领域的发展和成就，突出了早期干预、家庭和社区参与、科学研究支持，以及政策和资金投入在提升早期教育质量和可及性方面的重要性。

【作业】

一、选择题

1. 中国古代早期教育主要通过（　　）方式进行。

　　A. 形式化的学校教育　　　　　　　　B. 家庭和社区成员的言传身教

　　C. 官方组织的讲座　　　　　　　　　D. 网络远程教育

2. 孔子在早期教育中强调以（　　）为核心。

　　A. 仁爱　　　　　　B. 知识传授　　　　　C. 技能培养　　　　D. 身体训练

3. 20 世纪初期中国早期教育出现的新机构是（　　）。

　　A. 小学　　　　　　B. 育婴所　　　　　　C. 私塾　　　　　　　D. 书院

4. 《国家中长期教育改革和发展规划纲要（2010—2020 年）》中提出了（　　）的关于早期教育的主张。

　　A. 加强和改进高等教育　　　　　　　B. 加强和改进中等教育

　　C. 加强和改进学前教育　　　　　　　D. 加强和改进成人教育

5. 美国早期教育在 17 世纪殖民时期的主要目的是（　　）。

　　A. 培养科学技能　　　　　　　　　　B. 教育儿童树立正确的信仰和道德观念

C. 提高体育竞技能力　　　　　　D. 发展艺术才能

6. 福禄贝尔的幼儿园教育体系强调儿童的（　　）。

A. 主动性和自主性　　B. 记忆力　　　　C. 服从性　　　　D. 竞争力

7. "开端计划"是在（　　）开始的。

A. 20 世纪 50 年代　　B. 20 世纪 60 年代　　C. 20 世纪 70 年代　　D. 20 世纪 80 年代

8. 家庭日托在美国的兴起背景是（　　）。

A. 教育改革　　　　　　　　　　B. 女性更多地参与劳动力市场

C. 增加娱乐时间　　　　　　　　D. 提高生活质量

9. 20 世纪 90 年代神经科学研究对早期教育的影响是（　　）。

A. 强调了早期经验对大脑发展的重要性　　B. 减少了早教的重视

C. 专注于物理训练　　　　　　　　　　D. 重视书本知识的学习

10. 《有教无类法案》是在哪一年通过的？

A. 1990 年　　　　　　B. 1995 年　　　　　C. 2001 年　　　　　D. 2005 年

二、论述题

1. 讨论中国传统早期教育中家庭和社区的作用及其对现代早期教育的影响。

2. 分析美国"开端计划"对美国早期教育发展的长期影响和意义。

三、简答题

1. 简述 20 世纪初期中国早期教育的变化及其原因。

2. 描述福禄贝尔的幼儿园教育理念及其对美国早期教育的影响。

【第二节学习任务清单】

　　发达国家一直都很重视0～3岁婴幼儿的早期教育问题，对于早期教育如何更全面地影响婴幼儿身心发展的研究也非常深入。以美国为例，国家层面或州层面法律法规或行业标准的制定甚至可以追溯到 20 世纪 70 年代，现已形成非常完善的政府配套政策以确保整个行业健康有序地发展。发达国家这几十年一路走来的经验很好地验证了婴幼儿早期教育对于全面提升公民素质起着正面、积极的作用。

　　而我国作为发展中国家在这个方面起步较晚，但是在党的十九大明确提出"幼有所育"以后，政府各部门也在积极制定一系列法律法规来引导行业发展；国家层面的引导方案也呼之欲出。

第二节　中外早期教育政策发展

一、中国早期教育政策发展

(一) 教育普及与发展

自改革开放以来，我国在早期教育领域取得了显著的发展。政府不断加大对学前教育的投入，推动学前教育的普及与发展。例如，实施《国家中长期教育改革和发展规划纲要（2010—2020年）》，明确提出要普及三年制学前教育，提高学前教育普及率。

《国务院办公厅关于促进3岁以下婴幼儿照护服务发展的指导意见》提出，到2020年，婴幼儿照护服务的政策法规体系和标准规范体系初步建立，建成一批具有示范效应的婴幼儿照护服务机构，婴幼儿照护服务水平有所提升，人民群众的婴幼儿照护服务需求得到初步满足。到2025年，婴幼儿照护服务的政策法规体系和标准规范体系基本健全，多元化、多样化、覆盖城乡的婴幼儿照护服务体系基本形成，婴幼儿照护服务水平明显提升，人民群众的婴幼儿照护服务需求得到进一步满足。

2020年12月，《关于促进养老托育服务健康发展的意见》提出，"分层次加强科学规划布局""省级人民政府要将养老托育纳入国民经济和社会发展规划统筹推进，并制定'十四五'养老托育专项规划或实施方案"。

（二）重视教育质量与内涵建设

近年来，我国政府越来越重视学前教育质量与内涵建设。2012年，中华人民共和国教育部发布《学前教育三年行动计划（2013—2015年）》，明确提出要提高学前教育质量，加强学前教育内涵建设。此外，政府还制定了一系列政策，加强对学前教育机构的监管，提升教育质量。

2021年10月，国家卫生健康委关于印发《健康儿童行动提升计划（2021—2025年）》的通知提出：聚焦0~3岁婴幼儿期，在强化儿童保健服务基础上，通过家长课堂、养育照护小组活动、入户指导等方式，普及科学育儿知识和技能，增强家庭的科学育儿能力，促进儿童体格、认知、心理、情感、运动和社会适应能力全面发展。

2022年11月，国家卫生健康委办公厅关于印发《3岁以下婴幼儿健康养育照护指南（试行）》的通知提出：提升儿童健康水平，促进儿童早期发展，加强婴幼儿养育照护指导，强化医疗机构通过养育风险筛查与咨询指导、父母课堂、亲子活动、随访等形式，指导家庭养育人掌握科学育儿理念和知识，提高婴幼儿健康养育照护能力和水平。

（三）支持民间力量参与学前教育

为了进一步推动学前教育的发展，我国政府鼓励民间力量参与学前教育的投资和运营。政府通过土地、税收等优惠政策，为民营学前教育机构提供支持。同时，政府还实施贷款贴息等政策，降低民营学前教育机构的运营成本。

（四）注重家庭教育与学校教育的结合

我国政府在早期教育政策中，强调家庭教育与学校教育的结合。政府通过举办家庭教育讲座、编制家庭教育指导用书等方式，帮助家长增强教育意识和能力。此外，政府还鼓励学校与家庭开展合作，共同参与儿童的教育与成长。2022年3月的《政府工作报告》部署了多渠道发展普惠托育服务，减轻家庭生育、养育、教育负担的工作任务。

【资料卡】

我国早期教育政策发展史

第一阶段：国家重视、恢复振兴（改革开放至20世纪80年代中期）

十一届三中全会召开后，在"邓小平教育思想""三个面向""科教兴国"战略方针指引下，随着经济和社会的发展，广大城乡人民对发展学前及早期教育提出了新的要求，"优生优育"观念兴起，托幼事业重新得到发展。

托育服务的主体：以工作组织和生产组织为主体，政府提供为补充。

形式：集体福利。

政策：

①1979年6月，第五届人大二次会议通过的《政府工作报告》，表明十分重视发展托儿所。

②1979年7月，国务院联合教育部等13个部门召开全国托幼工作会议，此次会议作出了由国务院设立专职部门"托幼工作领导小组"的决定。

③1981年6月，卫生部、妇幼卫生局颁布《三岁前小儿教养大纲（草案）》，这是中华人民共和国成立后首次就0～3岁婴幼儿的教育工作作出明确规范，具体提出了托儿所教养工作的教养目标、原则、内容和要求。

④1982年5月，全国妇联四届四次执委会扩大会议召开，此次会议指出全国妇联应把抓好幼托工作作为自己工作的重点，主动配合相关职能部门解决好入托难问题。

⑤1987年10月，国务院办公厅转发国家教委等部门《关于明确幼儿教育事业领导管理职责分工的请示》，表明托儿工作对提高我国人口素质有重要意义。

总结：

国家高度重视婴幼儿照护和托育服务，强调托幼工作是"国事"，是一项社会性的事业。国家承担了0～3岁早期教育服务的绝大部分成本费用。政府不仅利用财政资金举办公办托幼机构，同时为企事业单位举办的托幼机构提供多种间接投入以扶持其发展。

第二阶段：托儿所逐渐萎缩，儿童照顾责任回归家庭（20世纪80年代末至2010年）

这一时期，0～3岁早期教育服务走向市场化，福利性降低，受经济体制改革的社会转型大背景影响，企业办或机关办的托儿所萎缩消失，托幼服务不再是单位提供的福利形式。国家政策中表现出儿童照顾责任逐渐回归家庭，家庭的早期教育指导实践受到关注。

政策：

①1988年8月，国家教委等8部门联合制定《关于加强幼儿教育工作的意见》，在报告中可以看到，养育子女是家长依照法律规定应尽的社会义务，幼儿教育不属于义务教育，家长送子女入园理应负担一定的保育、教育费用。

②1992年2月，国务院颁布实施《九十年代中国儿童发展规划纲要》，报告强调社会力量办园方向。

③1999年6月，《中共中央 国务院关于深化教育改革，全面推进素质教育的决定》，该决定重视婴幼儿的身体发育和智力开发，普及婴幼儿早期教育的科学知识和方法。

④2001 年 5 月，《国务院关于基础教育改革和发展的决议》，其中提到大力发展以社区为依托，公办与民办相结合的多种形式的学前教育和儿童早期教育服务。

⑤2006 年 12 月，《中共中央　国务院关于全面加强人口和计划生育工作统筹解决人口问题的决定》，其中提到大力普及婴幼儿抚养和家庭教育的科学知识，开展婴幼儿早期教育。

总结：

①托儿所逐渐萎缩。

②儿童照顾责任回归家庭。

第三阶段：公益普惠性领航，推动早期教育的发展（2010 年至今）

2010 年是我国托幼政策与事业发展的转折点。随着国家和政府对学前教育事业的关注，学前教育的公益性和普惠性得到了改革开放以来从未有过的强调，托幼事业也因此获得前所未有的发展。

政策：

①2010 年 7 月，中共中央、国务院印发《国家中长期教育改革和发展规划纲要（2010-2020 年）》，其中提到重视 0～3 岁婴幼儿教育。

②2010 年 11 月，《国务院关于当前发展学前教育的若干意见》，其中提到大力发展公办幼儿园，提供"广覆盖、保基本"的学前教育公共服务。

③2011 年，《中国儿童发展纲要（2011—2020 年）》，其中提到了积极开展 0～3 岁儿童科学育儿指导。

④2012 年 6 月，教育部发布《国家教育事业发展第十二个五年规划》，其中提到，积极开展公益性 0～3 岁婴幼儿早期教育指导服务。

⑤2013 年，教育部《关于开展 0～3 岁婴幼儿早期教育试点的通知》，其中提到，坚持公益普惠的基本方向，充分整合公共教育、卫生和社会资源，努力构建以幼儿园和妇幼保健机构为依托，面向社区、指导家长的早期教育服务体系。

⑥2019 年 4 月，《国务院办公厅关于促进 3 岁以下婴幼儿照护服务发展的指导意见》，其中提到，充分调动社会力量积极性，大力推动婴幼儿照护服务发展，优先支持普惠性婴幼儿照护服务机构。

小结：

公益普惠性领航，推动早期教育发展。

二、国外早期教育政策发展

（一）北欧国家的早期教育政策

北欧国家，如瑞典、挪威、丹麦和芬兰等在早期教育政策方面具有很高的声誉。这些国家的早期教育政策具体如下。

免费幼儿园政策：瑞典政府为 3～6 岁的儿童提供免费的幼儿园教育，每天最多 15 小时。这一政策旨在支持所有儿童的早期学习和发展。

父母课程支持政策：瑞典政府提供父母教育课程，帮助新父母了解儿童成长和发展的基本知识，强调早期教育的重要性。

早期教育研究和创新政策：例如，斯德哥尔摩大学的早期教育研究中心，致力于研究幼儿教育的最佳实践，并将研究成果转化为政策和实践指导。

家庭教育支持政策：芬兰政府为选择在家中教育子女（直到孩子年满3岁）的家庭提供经济补助，同时，也提供多样化的早期教育服务支持，以此彰显家庭在儿童早期成长与发展中的关键角色。

"早期教育和护理计划"：芬兰的"早期教育和护理计划"构建了一个综合的框架，将教育、护理和教养三者有机融合，在全日制幼儿园环境中，致力于为所有儿童提供服务，重视儿童的个人需要和福祉。

北欧国家的早期教育政策具有如下特点。

1. 教育权益普及

北欧国家的早期教育政策强调教育权益的普及，政府为所有儿童提供免费或低收费的学前教育服务。此外，政府还通过补贴和税收优惠等措施，支持家庭承担孩子的早期教育费用。

2. 教育质量保障

北欧国家的早期教育政策重视教育质量的保障。政府制定严格的师资培训和认证标准，确保教师具备高水平的教育能力。同时，政府对学前教育机构进行定期评估和监管，以保证教育质量。

3. 教育内容多样化

北欧国家的早期教育政策注重教育内容的多样化。学前教育课程涵盖了艺术、科学、社会、心理和体育等多个领域，旨在全面培养儿童的综合素质和能力。

（二）美国的早期教育政策

美国在制定和实施早期教育政策方面，展现了广泛的影响力。

"开端计划"和"早期开端计划"：这些计划不仅提供早期学习机会，还包括为儿童和家庭提供综合服务，如营养、健康和家庭支持服务，特别是针对低收入家庭提供综合服务。例如，佛罗里达州的一项"开端计划"通过提供夏令营和学前班，帮助儿童为升小学做好准备。

"纽约全民学前教育计划"：这是一个免费的全日制高质量学前教育计划，旨在为所有4岁儿童提供早期教育机会。

"质量评级与提升系统"：美国多个州推出了"质量评级与提升系统"，通过评估和改进，提高早教服务质量。例如，科罗拉多州的评级系统，为父母提供关于幼儿教育质量的透明信息，并鼓励教育提供者不断提升服务质量。

"力争上游——早期学习挑战计划"：这是美国联邦政府的一项倡议，旨在激励各州提高早期教育的质量和普及率。通过竞赛机制，鼓励州政府创新早教政策和实践，提升儿童的学前学习成果。

"儿童保育与发展固定拨款项目"：这个联邦资助项目旨在提供财政援助，帮助低收入家庭获得质量可靠的儿童照护和早期教育服务，确保家长能够参加工作或教育培训。

通过观察早期教育政策的发展历程，我们可以看出美国早期教育政策具有如下特点。

1. 政府与民间共同参与

美国的早期教育政策实施以政府与民间共同参与为核心。政府主导教育政策的制定和监管，同时鼓励民间力量参与早期教育的投资和运营。这种合作模式既保证了早期教育政策的落实，又充分调动了民间力量的积极性。

2. 注重教育公平与平等

美国的早期教育政策强调教育公平与平等。政府通过扶贫、补贴等措施，支持低收入家庭的儿童享受高质量的学前教育。此外，政府还制定了一系列政策，以消除种族、性别和残疾等方面的教育歧视。

3. 强调教育研究与创新

美国的早期教育政策鼓励教育研究与创新。政府设立专门的教育研究基金，资助教育专家和机构进行学前教育的研究。同时，政府还鼓励教育机构采用新的教育理念和方法，以提高教育质量和效果。

(三) 新加坡的早期教育政策

新加坡作为亚洲地区的教育典范，在早期教育政策方面具有很高的借鉴意义。

"幼儿培育辅助计划"：这是一个针对低收入家庭的早期干预计划，旨在为0~6岁的儿童提供定制化的支持，包括早期发展、健康和营养指导，以及家长能力建设。

"婴幼儿培育框架"：新加坡政府提升了幼儿园和托儿所的标准，通过幼儿培育署实施更严格的注册和许可要求，确保提供高质量的早教服务。

"乐心儿校园"：这是一个创新的学前教育项目，结合了幼儿教育和护理服务，旨在为工作家庭提供高质量和便利的早教解决方案。它提供了一个模范的学习环境，采用科技和创新的教育方法，促进儿童的全面发展。

"培养早期学习者框架"：这是新加坡早期教育的课程框架，旨在指导学前教育中心发展综合和全面的课程，促进儿童在语言、数学、科学、艺术和社会情感等领域的全面发展。

"伙伴业者计划"：这个计划由新加坡早期儿童发展署推出，目的是通过资金支持和能力建设，与私营幼儿园合作，提升早期教育服务的质量和可负担性，确保所有家庭都能获得高质量的早期教育服务。

新加坡的早期教育政策具有如下特点。

1. 教育资源优化配置

新加坡政府通过优化教育资源配置，提高学前教育的普及率和质量。政府加大对公立学前教育的投入，同时鼓励民间力量参与学前教育的发展。

2. 重视师资培训与发展

新加坡的早期教育政策强调师资培训与发展。政府制定严格的师资培训标准，鼓励教师参加专业培训和学术研究，提高教育教学水平。

3. 注重家庭教育与学校教育的结合

新加坡的早期教育政策强调家庭教育与学校教育的结合。政府通过举办家庭教育讲座、提供家庭教育资料等方式，帮助家长增强教育意识和能力，为儿童创造良好的家庭教育环境。

【资料卡】

澳大利亚的早期学习和儿童护理质量框架（National Quality Framework，NQF）：澳大利亚政府实施的 NQF 旨在通过制定全国性标准和开展评估工作，提高早期教育和儿童照护服务的质量。这包括教育计划、健康和安全标准、环境及工作人员的资质和比率要求。

英国的早期基础阶段（Early Years Foundation Stage，EYFS）：EYFS 设置了从出生到 5 岁儿童的学习、发展和照护标准，确保儿童在早期教育和照护服务中获得一致的支持和学习机会。

通过这些国家的政策案例，我们可以看到不同国家在推进早期教育政策时采取的多样化策略和方法。这些政策不仅强调了教育质量、家庭支持和专业发展的重要性，也体现了对儿童早期发展和学习的全面关注，为全球范围内的早期教育实践提供了宝贵的经验和启示。

【作业】

1. 线上：通过对线上教学资源"中外早期教育的历史与实践"的学习，完成线上的习题。

2. 线下：以小组合作的方式分析国外早期教育政策对我国政策发展的可借鉴之处。

3. 思考：了解历史和政策对践行儿童早期教育和养育的帮助。

第二章

生理学发展

❖ 本章导语

　　0~3 岁是个体人生中第一个生长发育的高峰，身体各器官的结构和功能都在这一阶段迅猛发展，具有成长性的特点，与成人相比有很大的区别。通过系统地学习基础发育、呼吸系统、消化系统、心血管系统、泌尿系统、神经系统、生殖系统、内分泌系统、免疫系统及感觉器官发育的规律，早期教育工作者能够掌握婴幼儿身体各系统、各器官的解剖知识和生理特点，从而采取科学的保健措施，及时发现并应对婴幼儿发育异常。

❖ 学习目标

　　1. 知识目标

　　掌握 0~3 岁婴幼儿的主要生理系统（呼吸系统、消化系统、心血管系统、泌尿系统、神经系统等）和感觉器官的基本发育规律；了解常见生理发展状况及相关疾病的识别和基本处理方法。

　　2. 能力目标

　　培养观察婴幼儿生理发展状况的能力，能够进行初步的健康评估和筛查；增强有效实施保健措施的能力，包括日常护理和应对突发健康问题的能力。

　　3. 素养目标

　　提升在实际托育过程中的专业素养，能够基于对婴幼儿生理特点的深入理解，提供科学、适宜的照护；强化责任感和关怀能力，以保障婴幼儿的健康和安全。

　　4. 思政目标

　　培养对生命健康的尊重和崇高的责任感，应用专业知识保障婴幼儿的生命健康；加强对国家与婴幼儿保健相关的政策和程序的理解，提高执行国家健康标准的自觉性和主动性。

【本章导览】

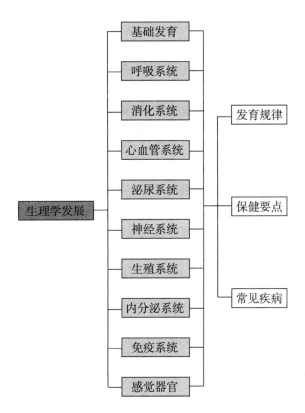

【第一节学习任务清单】

案例

易感冒的果果

果果 2 岁，每到换季都会感冒，症状为流鼻涕、咳嗽，且病程长，一般都要持续 1~2 周。

请针对果果经常感冒的情况，思考早期教育工作者在照护果果时的注意事项。

第一节　基础发育

生长发育过程是婴幼儿特有的，其中，体格生长、运动及认知功能的发育最易于观察。当我们掌握了婴幼儿生长发育的规律，就能更好地促进婴幼儿全方位发展。

一、发育规律

1. 体格生长

总体而言，个体的体格生长遵循连续性、非匀称性、阶段性的总规律，身体各系统生长不平衡，受到遗传和环境的多重影响，呈现明显的个体差异。对于 0～3 岁的婴幼儿来说，出生后第一年是体格生长的第一个高峰，第二年后生长速度逐渐趋于稳定，各器官和各系统生长发育不平衡，先后、快慢不一，呈阶段性发展。通常我们通过体重、身材（如身高、坐高、指距）、头围、胸围、上臂围等指标来监测婴幼儿的生长发育情况。

体重是身体各器官、骨骼、肌肉、脂肪等组织及体液重量的总和，是反映近期营养状况和评价生长发育的重要指标，尤其在婴儿期。正常情况下，婴儿期前 3 个月体重增长速度最快，正常足月婴儿出生后第 1 个月体重增加 1～1.7 kg，第 3～4 个月体重约为出生时的 2 倍，与后 9 个月的增加值几乎相等，1 岁末体重已增至出生时的 3 倍（约 10 kg）。体重的测量应在空腹、排尽大小便、裸体或穿背心和短裤的情况下进行。由于个体体重增长并非等速增长，评价时应以其体重的增长变化（测量体重）为依据，具体可参照以下公式进行推算：

1～6 个月体重（kg）＝出生体重（kg）＋月龄×0.7（kg）

7～12 个月体重（kg）＝出生体重（kg）＋6×0.7（kg）＋（月龄−6）×0.3（kg）

2 岁—青春前期体重（kg）＝年龄（岁）×2（kg）＋8（kg）[①]

身高代表头部、脊柱和下肢长度的总和。3 岁以下婴幼儿采用仰卧位测量，称为身长；3 岁以上儿童采用站立位测量，称为身高。身高是反映长期营养状况和骨骼发育的较好指标。身长（高）的增长规律和体重相似，会在婴儿期和青春期出现 2 个生长高峰。足月新生儿身长平均为 50 cm。出生后第 1 年内增长最快，约增加 25 cm，前 3 个月增长 11～12 cm，大约等于后 9 个月的增加值，以后逐渐减慢；第 2 年增长 10～12 cm，2 岁末身长为 85～87 cm；2 岁后身长（高）的增长较稳定，平均每年增长 5～7 cm。因此，2～12 岁儿童的身长（高）可按公式推算：

身长（高）（cm）＝年龄（岁）×7（cm）＋75（cm）

儿童的身高与遗传、性别、营养、内分泌、宫内发育水平等因素密切相关，而短期的疾病与营养波动对身高的影响不大。

坐高与上部量的意义相同，主要反映脊柱的生长，可体现出脊椎骨的发育水平。与身长（高）测量体位一致，婴幼儿测顶臀长，年长儿测坐高。指距为双上肢与躯干纵轴垂直伸展时中指间的距离，反映上肢的生长情况。正常儿童指距小于身长（高）1～2 cm。头的最大围径为头围，头围能够反映 2 岁内婴幼儿脑发育和颅骨生长的程度。胸围为平乳头下缘经双肩胛骨角下绕胸部一周的长度，反映胸廓、胸背肌肉、皮下脂肪和肺的生长发育程度，其生长与上下肢运动、肌肉发育有关。上臂中点绕上臂一周的围径为上臂围，上臂围反映上臂肌肉、骨骼、皮下脂肪和皮肤的发育情况。

2. 运动发育

儿童运动与神经系统、骨骼和肌肉发育水平相关，运动增加了儿童身体内外的联系，还促进感知觉和思维的发育，与儿童心理发育密不可分。儿童运动发育包括大肌群发育的粗大运动和手抓握等精细运动。儿童运动发育具有规律性，具体如下。

---

① 孙锟，母得志. 儿童生长发育与疾病［M］. 2 版. 北京：人民卫生出版社，2021：9.

①头尾规律：儿童运动发育首先表现为头部的运动发育，然后是躯干的运动发育，最后是下肢的运动发育。

②近端先行规律：以躯干为中心，接近躯干的肌群先发育，远离躯干的肢段动作后发育，如上肢发育沿着肩头→上臂→肘→腕→手→手指的顺序发育。

③由粗到细规律：粗大运动能力先发育，精细运动能力后发育。具体发育情况如表2-1所示。

表2-1 儿童标志性运动能力发育进程

年龄	精细运动能力	年龄	粗大运动能力
新生儿	握拳	3个月	俯卧位稳定抬头
3个月	有意识地用手碰触物体	4～5个月	翻身（穿衣多的季节则会推迟2个月）
4个月	在胸前玩手指	4～5个月	在拉坐时，上肢用力，头很稳并能左右自由转动
5个月	抓物体，放入口中	5～6个月	在被扶着站立时，能跳跃
6个月	把物体从一只手转移到另一只	7～8个月	坐
9个月	拇指、食指捏物	9个月	扶站
10个月	把手中的物体放掉	10个月	手膝爬行
15个月	用汤匙取食物、用蜡笔在纸上乱涂	13～15个月	独立行走
18个月	叠2～3块积木	16～18个月	跑
2岁	叠6～7块积木、一页一页翻书	2岁	双足并跳
3岁	叠9～10块积木、在大人的帮助下穿衣、临摹简单图形	3岁	单足跳

二、保健要点

1. 婴儿期保健要点

婴儿期是指从出生到1周岁前的时期。这个时期的保健重点是搭配营养均衡的食物，以防营养不良；进行预防接种，以预防疾病；进行定期健康检查，以便能够早期发现疾病。首先，婴儿期最合理的营养是母乳，母乳不足或因为医学原因不能母乳喂养时，需要补充或使用配方奶粉替代。婴儿满4～6个月后开始进行食物转换（辅助食品添加），可按照从少到多、从单一到多样、从稀到稠、从细到粗的原则添加；食物种类需要多样化，转换时注意添加含铁量高的米粉、红肉等食物；固体食物的形状需要与婴儿的咀嚼能力匹配，进食干果类食物时应注意预防误吸引起的窒息风险；食物转换时需要观察婴儿大便、全身情况，注意有无消化不良和过敏表现；同时注意培养婴儿规律进食习惯，如固定餐位、不强迫进食等。其次，婴儿期是体格生长最迅速的阶段，需要定期进行健康检查，这样可以及时发现生长发育偏离、营养性疾病，以便早期干预。最后，新生儿刚出生就需要在出生的医院接受预防接种，出院后，家长应尽快在家附近的医疗保健机构或医院建立预种卡，以便婴儿接受定期预防接种，预防疾病。

2. 幼儿期保健要点

幼儿期是指自1周岁到3周岁之前的时期。此期幼儿体格生长速度减慢，而神经、心理发育速度加快，语言、思维、社交能力发育迅速，但识别危险和自我保护的能力不足，容易发生意外。该阶段仍需要保证营养均衡合理，乳类的摄入量保持在每天400~600 mL，培养幼儿自己进食的能力。该阶段还需要重视健康检查，防止营养不良和肥胖；定期检查视力和口腔；检查外生殖器；仍需要按计划进行预防接种；如果通过健康检查发现问题，应及时就医。这个时期的幼儿活动范围扩大，喜欢探索未知世界，但是缺乏危险识别能力和自我保护意识，容易发生意外伤害，因此，需要格外小心，以防止烫伤、跌伤、溺水、触电、异物吸入、药物中毒等意外发生。

幼儿期应注意幼儿语言、运动和认知能力的发展。语言方面，鼓励幼儿多读、多说、多听且复述故事；运动方面，家长应带幼儿进行户外活动，发展跑、跳、爬高等能力，并注意提供机会训练幼儿的精细动作，如搭积木、画画、自己进食等。认知方面，通过做游戏等方式培养幼儿探索和认知的能力。

三、常见疾病

与体重生长发育异常相关的疾病包括低体重和体重过重，这可能与营养不良或营养过剩、慢性疾病、心肾疾病相关。身高发育异常包括矮身材和超高身材，生活中以矮身材常见，营养不良导致的身材矮小以小婴儿多见，年长婴儿身材矮小多为遗传和内分泌疾病。常见的运动发育落后病因较为复杂，可能涉及脑性瘫痪、精神发育迟滞及遗传代谢性疾病等多种因素。近年来，脊柱侧弯也常存在于婴幼儿成长中，严重影响婴幼儿骨骼的发育。家长应该注意观察孩子有无含胸驼背、肩膀高低不平等情况，若出现异常，及时就医进行专科检查。在日常生活中，家长应引导孩子采用正确的坐姿和站姿。

第二节　九大系统发育

一、呼吸系统

呼吸系统疾病是婴幼儿中最常见的疾病，这与呼吸系统的生理特点密切相关。

(一) 发育规律

呼吸系统是机体与外界环境发生气体交换的系统，包括呼吸道和肺。呼吸道分为上呼吸道和下呼吸道。

1. 上呼吸道

婴幼儿鼻腔相对短小，到4岁左右鼻道才完全形成，无鼻毛，鼻黏膜柔嫩且血管丰富。感染时，鼻黏膜肿胀充血，易造成鼻塞，出现呼吸或吃奶困难。同时，因为鼻内泪管短，与眼部内眦相通，咽鼓管相对宽、短、直，故鼻腔感染后常易引起眼部炎症及中耳炎。0~3岁的婴幼儿，咽部狭窄且方向垂直，富含淋巴组织。扁桃体包括腭扁桃体及咽扁桃体，扁桃体具有一定的防御功能，但细菌容易藏于腺窝深处，成为慢性感染灶。腭扁桃体在婴幼儿1岁末时才逐渐增大，4~10岁发育达高峰，故扁桃体炎常见于年长婴幼儿，1岁以内很少见。

咽扁桃体又称腺样体，6月龄已发育，位于鼻咽顶部与后壁交界处。扁桃体肥大和腺样体肥大均是小儿阻塞性睡眠呼吸暂停综合征的重要原因。婴幼儿的喉部呈漏斗形，喉腔较窄，声门狭小，软骨柔软，黏膜柔嫩而富有血管及淋巴组织，故轻微炎症即可引起婴幼儿声音嘶哑和吸气性呼吸困难。

2.下呼吸道

（1）气管、支气管

婴幼儿的气管、支气管较成人短且较狭窄，黏膜柔嫩、血管丰富、软骨软、黏液腺分泌旺盛，易致痰液阻塞，纤毛运动功能较差且清除能力较弱，且支气管缺乏弹力组织，支撑能力差，故婴幼儿容易发生呼吸道感染，一旦感染则易发生充血、水肿，导致呼吸道不畅。左主支气管细长，由气管向侧方伸出；而右主支气管短而粗，为气管直接延伸，故异物较易进入右支气管。

（2）肺泡

婴幼儿肺泡数量少且面积小，弹力组织发育较差，血管丰富，导致肺含血量多而含气量少，易导致感染。

3.呼吸系统

婴幼儿膈肌相对发达，呼吸时胸廓活动范围小而膈肌活动明显，故婴幼儿为腹式呼吸。随着年龄增长，膈肌和腹腔脏器位置下降，肋骨由水平位变为斜位，呼吸方式逐渐转化为胸腹式呼吸。婴幼儿代谢旺盛，需氧量高，因生理特点使呼吸量受到一定限制，只能加快呼吸频率以满足需要。婴幼儿呼吸频率的特点是年龄越小，频率越快。婴幼儿呼吸肌肌力弱，容易疲劳，感染后易发生呼吸衰竭。婴幼儿气道管径细小，气道阻力大于成人，因此发生喘息的概率较大。

（二）保健要点

1.培养良好的卫生习惯

教会婴幼儿用鼻呼吸及正确擤鼻涕的方法，不要用手挖鼻孔，避免张口呼吸，掌握咳嗽礼仪，不要蒙头睡觉。

2.保持室内空气新鲜

室内应经常开窗以通风换气，要注意避免二手烟污染，保证室内空气新鲜。

3.科学组织体育锻炼和户外活动

经常参加体育锻炼和户外活动，可以增强呼吸肌的力量，促进胸廓和肺正常发育，增加肺活量。户外活动还能提高呼吸系统对疾病的抵抗力，预防感染。

4.严防呼吸道异物

培养婴幼儿安静进餐的习惯，不要边吃边说笑。教育他们不要把小物件放入鼻孔或嘴里。

（三）常见疾病

呼吸道感染较多见，包括急性鼻炎、急性扁桃体炎、急性疱疹性咽峡炎等上呼吸道感染，表现为鼻塞、发热、咳嗽等，如出现犬吠样咳嗽、声嘶、喉鸣、吸气性呼吸困难，可能为急性感染性喉炎，易出现喉梗阻，可能引起窒息死亡，必须立即送医。同时，婴幼儿呼吸道感染容易累及下呼吸道，常以咳嗽、喘息、呼吸困难、发热为主要表现，包括支气管炎、肺炎。如果婴幼儿出现反复喘息、咳嗽、气促、胸闷，且常在夜间、凌晨发作或加剧，多与接触变应原、冷空气、过度哭闹等有关，注意警惕支气管哮喘。另外，由于婴幼儿易发生异物窒息，出现剧烈呛咳、发绀、呼吸急促等症状，保育工作者必须掌握海姆立克急救法进行及时救治。

二、消化系统

消化系统是食物消化和营养物质被吸收的主要部位，但婴幼儿消化系统的发育尚不成熟，需要谨慎对待，小心呵护。

（一）消化系统的构成

消化系统由消化管和消化腺组成。消化管包括口腔、咽、食管、胃、小肠、大肠。消化腺包括肝脏、胰腺，它能分泌消化液。消化液含有水、无机盐和多种消化酶，能分别消化、分解不同的营养物质。

1. 口腔、咽

口腔是消化管的起端，具有吮吸、吞咽、咀嚼、消化、味觉、感觉和语言等功能。足月新生儿已具有较好的吮吸及吞咽功能。婴幼儿口腔黏膜柔嫩，血管丰富，易受伤，清洁婴幼儿的口腔时务必谨慎小心。

牙齿的发育始于胚胎第 6 周，新生儿有 20 枚乳牙胚，多数婴幼儿在 4～10 月龄时乳牙开始萌出，在 2～2.5 岁出齐 20 颗乳牙。乳牙萌出的时间、顺序和出齐时间具有很大的个体差异，13 月龄后仍未萌出乳牙称为萌牙延迟。乳牙牙釉质薄，牙本质较松脆，容易被腐蚀，从而形成龋齿，乳牙发生龋齿或感染，可致恒牙黑斑。

舌的主要功能是参与咀嚼食物、使食物形成团块，以方便吞咽。舌也是重要的感觉器官（味觉），同时也有清洁牙齿的功能。舌的下方有舌系带，与口腔底部相连，若舌系带过短，会使舌的前伸、上抬困难，影响吃奶、发音等。

婴幼儿在 3～4 个月时唾液分泌开始增加，5～6 个月后唾液量明显增多，而婴幼儿口底浅，尚不能及时吞咽所分泌的全部唾液，常发生生理性流涎。

咽分为鼻咽、口咽和喉咽三个部分，是消化道和呼吸道的交叉部位。

2. 食管

婴幼儿的食管呈漏斗状，黏膜纤弱，腺体缺乏，弹力组织及肌层尚不发达。婴幼儿在吸奶时，常常吞咽过多空气，易发生溢奶。

3. 胃

婴幼儿的胃呈水平位，易使婴幼儿发生呕吐或溢奶。当婴幼儿开始会走路时，胃的位置逐渐变为垂直。新生儿的胃容量为 30～60 mL，在 3 个月时为 90～150 mL，在 1 岁时为 250～300 mL。由于婴儿胃容量有限，故每天喂食次数较年长儿多。

4. 小肠、大肠

婴幼儿的小肠黏膜有丰富的毛细血管和淋巴管，小肠的绒毛发育良好，吸收力较强，主要功能包括运动、消化、吸收和免疫。大肠的主要功能是贮存食物残渣，进一步吸收水分及形成粪便。但婴幼儿肠道自主神经的调节能力差，容易发生肠道功能紊乱，引起腹泻或便秘。

5. 肝脏

年龄越小，肝脏相对体积越大。若在婴幼儿的肋缘下摸到肝脏下缘，一般为正常生理现象。肝脏血管丰富，结缔组织较少，肝细胞小，再生能力强，不易发生肝硬化，但易受缺氧感染、药物等各种不利因素的影响，影响其正常功能。婴幼儿的胆汁分泌较少，故婴幼儿对脂肪的消化、吸收功能较差。

6. 胰腺

胰腺对新陈代谢起到重要作用。它既分泌胰岛素又分泌胰腺液，胰腺液进入十二指肠发挥多种消化酶的消化作用。婴幼儿的胰腺分泌的胰腺液和消化酶较少，随着年龄增长，胰腺功能日趋完善。婴幼儿由于肠液中淀粉酶含量较少，故不宜摄入过多的淀粉类食物。

（二）发育规律

出生后的早期发育：新生儿的消化系统相对成熟，但有一些酶的活性较低，影响某些食物的消化吸收。例如，有些婴幼儿的乳糖酶和脂肪分解酶的活性较低，所以其对牛奶或配方奶粉中的乳糖和脂肪的消化吸收能力较弱。

逐步成熟：随着年龄增长，婴幼儿体内消化酶的活性逐渐增加，消化系统的功能也随之增强。年长婴幼儿体内大多数消化酶的活性接近成人水平，因此能更好地处理固体食物。

肠道菌群的建立与发展：肠道菌群对消化系统的健康至关重要。婴幼儿肠道菌群的组成受到其出生方式、喂养方式（母乳喂养或配方奶喂养）和抗生素使用等因素的影响。

（三）保健要点

1. 合理喂养

根据婴幼儿的消化系统发育情况，选择合适的喂养方式。新生儿期推荐母乳喂养，因为母乳中含有有益于婴幼儿消化系统发育的营养成分和免疫因子。如果无法进行母乳喂养，应选择适合婴幼儿年龄阶段的配方奶粉。

2. 逐渐过渡到固体食物

6月龄婴幼儿的饮食中，可以开始逐渐引入固体食物。开始时应选择易于消化的食物，如糊状的水果泥和蔬菜泥，随后逐渐引入更多种类的食物，并注意观察婴幼儿对新食物的反应。

3. 避免变应原

在婴幼儿早期引入固体食物时，应避免潜在的过敏食物，或在医生指导下逐一引入，以监测婴幼儿是否有过敏反应。

4. 保护牙齿，注意口腔卫生

婴幼儿要多吃谷物、蔬菜、水果，减少高糖食物的摄入。培养婴幼儿养成刷牙的好习惯，出牙后开始用软布或棉布给婴幼儿清洁牙齿，随着牙齿萌出，改用软毛小牙刷刷牙，定期进行口腔健康检查。

5. 培养良好饮食习惯

培养婴幼儿养成细嚼慢咽的好习惯，不要边吃边玩，饮食要定时、定点、适量，少吃零食，不挑食。

6. 养成良好卫生习惯，注意食品安全问题

婴幼儿进餐前应洗手，照护者接触食物前后均应洗手，生熟食物注意分开，餐具应该定期消毒。

7. 预防食物窒息

婴幼儿因咀嚼功能不成熟，进食过程可能发生食物窒息，如坚果、葡萄、棒棒糖、果冻、果脯等食物均较容易引起窒息。照护者应观察婴幼儿的进食过程，应注意避免小、硬、滑与黏性食物的摄入。婴幼儿需坐着进食或饮水，避免躺着进食或边走边进食。

（四）常见疾病

1. 喂养问题

喂养问题包括吐奶、喂养困难和乳糖不耐受等。吐奶通常是由于喂养过快或过量，或者采用不正确的喂养姿势。乳糖不耐受则是因为婴幼儿体内缺乏足够的乳糖酶来消化乳糖。乳糖不耐受容易导致腹泻、腹痛等。

2. 胃肠道感染

婴幼儿胃肠道感染常见的病原体包括病毒（如诺如病毒、轮状病毒）和细菌（如沙门氏菌、大肠杆菌）。这些感染通常会导致腹泻、呕吐、发热和食欲不振。

3. 消化不良

婴幼儿消化不良可能是由食物引起的，如过早摄入固体食物或某些不易消化的食物。消化不良通常会导致腹泻、腹痛、食欲不振等。

4. 肠绞痛

肠绞痛是指婴幼儿出现周期性的、剧烈的腹痛表现，通常在晚上更为严重。肠绞痛的具体原因不明，可能与肠道气体积聚、肠道运动不协调有关。

5. 胃食管反流病

胃食管反流病在婴幼儿中较为常见，是指胃内容物反流入食管，引起吐奶、呕吐、咳嗽或哭闹。正常情况下，随着年龄的增长及食管下括约肌功能的成熟，婴幼儿的胃食管反流症状会自然减轻或消失。

6. 便秘

婴幼儿便秘可能由多种因素引起，包括饮食、脱水或过度依赖泻药。其便秘表现为排便困难、大便干硬或排便频率减少。

对于这些疾病的治疗，家长应该首先确保婴幼儿的饮食健康、均衡，并采取正确的喂养姿势和技巧。在遇到问题时，家长应及时寻求儿科医生的帮助，切忌自行给予婴幼儿药物进行治疗。对于一些症状轻微的情况，家长可以通过调整饮食和生活习惯来改善。在处理婴幼儿消化系统疾病时，温柔、耐心、细心地照顾是非常重要的。

三、心血管系统

心血管系统的主要功能是维持机体循环稳定，将消化系统吸收的营养物质和肺吸收的氧气运送到全身各处的细胞，供新陈代谢之用，并将代谢产物输送到肺、肾等器官，排出体外，以保证人体新陈代谢的正常进行。

（一）发育规律

心血管系统由心脏和血管组成，它的发育具有年龄特点。其中，心脏是枢纽，也是动力器官；血管是运送血液的管道。血管包括动脉血管、静脉血管和毛细血管。血液循环是指血液从心脏流向全身，再从全身回到心脏的过程。

1. 心脏

新生儿心脏占体重的比例比成人高，约占体重的 0.8%。婴幼儿新陈代谢旺盛，生长发育需要较多的血液供给，但心脏每次搏出的血液量有限，只能通过增加搏动次数来补偿不足，同时因为交感神经占优势，故婴幼儿心率明显高于成人。不同年龄儿童的心率如表 2-2 所示，年龄越小，心率越快。

表 2-2　不同年龄儿童的心率

单位：次/分

年龄	心率
新生儿	120～140
1 岁以下	110～130
2～3 岁	100～120
4～7 岁	80～100
8～14 岁	70～90

婴幼儿心肌纤维细，弹性纤维少，所以婴幼儿的心室壁较薄，心脏的收缩力差，每次搏出的血液量少，负荷力较差。故婴幼儿不宜做时间较长或剧烈的活动。

2. 血管

新生儿大血管的弹力纤维很少，故弹力不足，随着年龄的增长，血管逐渐增厚，弹力纤维逐渐增多，12 岁儿童大血管的发育成熟程度开始与成人相同。婴幼儿冠状动脉及毛细血管的管腔内径相对较成人宽大，故心肌及各大器官如肺、肾、肠和皮肤等供血良好。

3. 血液

婴幼儿血液量占体重的比例比成人高，这是为了给成长过程中代谢旺盛的身体供应较多氧气。婴幼儿血浆中的凝血物质（纤维蛋白原、无机盐等）较少，因此，一旦出血，凝血较慢。另外，在婴幼儿血液中，具有吞噬作用的中性粒细胞比例偏低，故婴幼儿抵抗力较差，易被病原菌感染而导致感染性疾病。

(二) 保健要点

1. 合理膳食，防治贫血

婴幼儿正处在生长发育期，要拥有充足的营养，宜多进食铁和蛋白质含量丰富的食物，如瘦肉、猪肝等，有利于血红蛋白的合成，可预防缺铁性贫血。维生素 B 和叶酸虽然不是直接的造血原料，但它们与红细胞的发育成熟有关，因而也应该为婴幼儿提供含有丰富的维生素 B_{12} 和叶酸的食物，如奶、鱼、绿叶蔬菜等。如果婴幼儿贫血，一定要按医嘱用药治疗，不要自行停药或不按要求复查。

2. 健康饮食，保护血管

预防动脉硬化应从幼年开始，婴幼儿时期就应养成有利于健康的饮食习惯。婴幼儿在进食时应控制胆固醇和饱和脂肪酸的摄入量，同时，宜少盐，口味要淡。

3. 合理作息，劳逸结合

家长要注意保证婴幼儿睡眠时间充足，不熬夜，合理作息，劳逸结合，避免精神紧张和剧烈运动，以免对心脏造成过大的负担。

（三）常见疾病

婴幼儿若出现吃奶乏力、长期呛奶、哭闹时口周青紫、反复发生肺部感染、呼吸频率过快等情况，应警惕先天性心脏病的可能性。有些婴幼儿先天性心脏病的症状不典型，体检时听诊也很难听到心脏杂音，容易被忽视，故需要照护者耐心、细致地观察，并及时带孩子到医院寻求医生的帮助。

四、泌尿系统

人体新陈代谢产生的大部分代谢终产物会通过泌尿系统，以尿的形式排出体外。泌尿系统排泄是人最主要的排泄废物的方式。但同时，泌尿系统也具有调节体内水分和无机盐的含量、保持体内环境相对稳定和维持组织细胞正常生理功能的作用。

（一）发育规律

泌尿系统包括肾脏、输尿管、膀胱和尿道。肾脏是尿液的生成器官，输尿管、膀胱和尿道是排尿的通道，膀胱可以暂时储存尿液。婴儿期排尿由脊髓反射完成，随后逐渐建立脑干-大脑皮质控制，至3岁左右，儿童已能控制排尿。

1. 肾脏

婴幼儿肾脏的质量在体重中的占比与成人相比较大。在婴儿期和青春期，人的肾脏发育最快。在婴幼儿时期，人的肾功能较差，易损失有用物质，也易发生脱水或浮肿。

2. 输尿管

婴幼儿输尿管长而弯曲，管壁肌肉和弹力纤维发育不良，容易扩张并易受压及扭曲而导致梗阻，发生尿潴留而诱发感染。

3. 膀胱

婴幼儿新陈代谢旺盛，需要的水分多，但膀胱容量小，储尿功能差，所以年龄越小，排尿次数越多。另外，由于婴幼儿的大脑皮层发育尚不完善，控制排尿的能力较差，故当膀胱内尿液充盈到一定量时，就会发生不自觉地排尿的现象。

4. 尿道

新生女婴尿道长度仅为1 cm（性成熟期长度为3～5 cm），且外口暴露，接近肛门，易受细菌污染。男婴尿道虽较长，但常因包茎和包皮过长，导致尿垢积聚，也易引起上行性细菌感染。

（二）保健要点

1. 适量饮水

婴幼儿应适量饮水，果汁、饮料不能代替日常饮水。1～3岁婴幼儿的水摄入量约为每日1.3 L，饮水过多或过少均不适宜。饮水过少，可能影响体内废物及时随尿排出，无法产生充足的尿液，对输尿管、膀胱、尿道的冲刷作用不足，容易导致上行性感染；过量饮水可能增加肾脏负担。

2. 尽量减少盐的摄入

食盐、酱油、蚝油等调味品中均含有大量的钠，需要通过肾脏代谢。过量摄入钠，可能增加肾脏的负担，对婴幼儿的健康不利。《0~3 岁婴幼儿营养与喂养指南》要求 1 岁以内的婴儿辅食应保持原味，不添加盐、糖和调味品；1 岁以后的幼儿辅食要少盐、少糖。

3. 培养排尿习惯

照护者要学会观察婴幼儿习惯排尿的时间、排尿前的信号。根据婴幼儿的具体情况，逐渐开始排尿练习，但不要强迫和过度训练。

4. 注意个人护理，预防尿路感染

尽量不穿开裆裤，教育婴幼儿不要席地而坐。注意清洁，每晚用清水清洗婴幼儿的外阴部，专用盆一用一刷，定期消毒。照护者应密切观察，一旦发现婴幼儿有尿路感染的症状应及时就医。

5. 谨慎用药，防止药物性肾功能损伤

婴幼儿的肾脏很脆弱，对药物敏感，用药要严格遵循医嘱，如非病情所需，不要给婴幼儿服用危害肾脏的药物，如庆大霉素、链霉素、万古霉素等。不要轻易给婴幼儿服用一些特殊的中药、中成药，用药前要经过医生评估，需监测肾脏功能。

（三）常见疾病

若婴幼儿出现不明原因的水肿，应尽快至医院就诊，警惕肾病综合征、肾炎等疾病发生的可能性。另外，由于男童存在包皮过长或包茎的问题，泌尿系统感染也是婴幼儿易患的疾病，尿频、尿急、排尿时哭闹不安或尿有异味，尿道口红肿或有分泌物，都可能是泌尿系统感染的征候。

五、神经系统

神经系统发育最早，也发育最快，是人生命活动的调节机构，能使机体各系统的功能相互协调，成为一个统一的整体，并且能与外界环境的变化相适应，所以神经系统在人体各系统中起着主导作用。近年来，脑科学的发展逐渐揭示出儿童心理和行为发育与其大脑的形态、结构和功能发育的同步性，这一过程伴随着儿童从不成熟到成熟的成长阶段。

（一）发育规律

神经系统由中枢神经系统和周围神经系统两部分组成，发生于胚胎发育的早期。中枢神经系统包括脑和脊髓。脑由大脑、小脑、间脑和脑干组成，位于颅腔内。大脑有左、右两个半球，是中枢神经系统最高级的部位，是人体思维的器官。脊髓位于椎管内，起着上行下达的桥梁作用，主要功能是传导和反射。周围神经系统由脑神经、脊神经和自主神经组成。周围神经系统把中枢神经系统和全身的各个器官联系起来，形成统一的整体。脑神经支配头部各器官的运动，并接收外界的信息，产生视觉、听觉、嗅觉、味觉等。脊神经主要支配躯干及四肢的运动和感觉。自主神经分布于内脏器官和腺体，支配内脏和腺体的活动。婴幼儿神经系统的发育有以下特点。

1. 发育迅速

妊娠 3 个月后，胎儿的神经系统已基本成形。出生前半年至出生后一年是脑细胞数目增长的重要阶段。1 岁以后虽然脑细胞的数目不再增加，但是细胞的突起却由短变长、由少到多，脑细胞会形成复杂的网络，脑重量会迅速增长。

2. 中枢神经系统的发育顺序为先皮下，后皮层

新生儿出生时，脊髓和延髓的发育已基本成熟，所以功能较完善，这就保证了呼吸系统、消化系统、血液循环系统和排泄器官的正常活动。新生儿的小脑发育尚未完全成熟，这是婴儿早期肌肉活动不协调的主要原因。1 岁时，婴儿左右小脑的发育迅速，此时婴儿的动作发展很快，他们能够学会许多基本动作。3 岁时，幼儿小脑的发育基本和成人相同，肌肉活动的协调性极大增强，因此，幼儿基本能够生活自理，这是幼儿 3 岁可以进入幼儿园过集体生活的生理基础之一。大脑皮层的发育随年龄的增长而成熟。人出生时，大脑皮层已具有与成人相似的 6 层结构，但大脑皮层的沟回较成人浅，神经细胞体积小，神经纤维短、分支少，因此对外来刺激不能迅速而精确地进行传导和分化。在 3 岁左右，幼儿大脑皮层细胞体积不断增大；8 岁时，其大脑皮层的发育基本接近成人。

3. 高级神经活动的抑制过程不够完善

婴幼儿高级神经活动的特点是抑制过程不够完善，兴奋过程强于抑制过程。兴奋和抑制在大脑皮层很容易扩散，神经活动的强度较弱，大脑皮层对皮层下中枢的控制也不够完善。这表现在婴幼儿身上为：容易激动，好动不好静，注意力不集中且容易随新鲜刺激而转移。

4. 需要较长时间的睡眠

婴幼儿神经系统的发育尚未成熟，需要较长的睡眠时间进行休整，除了保证足够的睡眠时间，还要注意睡眠的质量。睡眠有利于促进神经系统发育和学习记忆。

5. 脑对氧的需求大

神经系统的耗氧量较其他系统高。在神经系统中，脑的耗氧量最高，婴幼儿脑细胞的耗氧量约为全身耗氧量的 50%。充足的氧气是维持婴幼儿脑细胞正常活动的基本条件。婴幼儿的脑组织对缺氧比较敏感，而且对缺氧的耐受力不如成人。

6. 能量来源单一

中枢神经系统只能利用体内葡萄糖氧化产生的能量，所以对血糖含量十分敏感。

（二）保健要点

1. 提供充足的营养

营养是大脑进行生理活动的物质基础，所以要保证婴幼儿每天的膳食搭配合理，饮食中要供给丰富的优质蛋白质、磷脂、维生素和无机盐等营养物质。

2. 保证充足的睡眠

充足的睡眠能使身体各系统、器官得到充分的休息。睡眠时脑组织能量消耗减少，脑垂体能分泌较多的生长素，可以促进机体生长。长时间睡眠不足，会影响婴幼儿体格生长和智力发育。家长要注意帮助婴幼儿养成按时睡觉的习惯，并保证睡眠的时间和质量。

3. 保持空气新鲜

婴幼儿对缺氧的耐受力不如成人，如果居室空气污浊，对脑细胞的损害较大。因此，婴幼儿所在的房间一定要定时通风，保证空气新鲜。

4. 安排丰富的活动以促进脑发育

丰富的活动，特别是适合婴幼儿年龄特点的体育锻炼，能促进大脑的发育，提高神经系统反应的灵敏性和准确性。为使大脑两半球均衡发展，婴幼儿的动作应多样化，如两手同时做手指操、攀爬及各种基本体操等。让婴幼儿在活动中双侧肢体协调训练，能更好地促进大脑两半球的发育。

（三）常见疾病

若婴幼儿出现持续高热、抽搐、意识障碍，应警惕脑炎等神经系统感染性疾病的可能性；若出现运动、智力发育落后，应首先考虑神经系统发育不良，及时发现、及时就医、及时治疗。

六、生殖系统

生殖系统是生物体内与生殖密切相关的器官成分的总称。生殖系统的功能是产生生殖细胞、繁殖后代、分泌性激素和维持性特征。

（一）发育规律

两性的生殖系统均包括内生殖器和外生殖器两部分。女性内生殖器包括阴道、子宫、输卵管及卵巢。女性外生殖器是指女性生殖器官的外露部分，又称外阴，包括阴阜、大阴唇、小阴唇、阴蒂、阴道前庭、前庭球。男性内生殖器由睾丸、输精管道和附属腺组成。男性外生殖器包括阴囊和阴茎。

儿童在青春期以前，生殖系统的发育十分缓慢。男性的睾丸在出生时一般已降至阴囊内。1～10岁，男性的睾丸长得很慢，其附属物相对较大；阴茎的海绵体腔较小，包皮包住龟头，包皮口狭窄，包皮系带粘连。女性的卵巢滤泡在胎儿期最后几个月已经成熟，只在性成熟后才开始正规排卵。

（二）保健要点

1. 注意清洁，预防感染
应该注意保持婴幼儿外生殖器的清洁，清洗时使用清水即可。注意水温不要太高、手法要轻柔，清洗用的毛巾、盆等要专人专用。

2. 教会婴幼儿认识自己的身体，增强安全意识
父母在家庭生活中要选择适当时机，如洗澡、睡觉前等，自然地让婴幼儿认识自己的身体，尤其是要让婴幼儿认识到生殖器官与人体其他器官一样并不神秘。但是，家长也要告诉婴幼儿，自己身体被内衣遮盖的部分，是不能轻易让别人触碰的。

3. 正面回答幼儿提出的问题
当幼儿提出有关性方面的疑问时，成人不应回避、遮掩，应自然地用幼儿能理解和接受的言语与方式予以解答，使幼儿的好奇心和求知欲得到满足。

4. 性别认同
孩子出生后，无论性别如何，在取名、着装、生活用品的选择上都不应混淆，以免影响其性别的自我认同，导致发育过程中心理和行为的改变。

（三）常见疾病

包茎、包皮过长是男童常见的疾病，但暂时不需要治疗，待男童长到一定年龄时再考虑是否需要手术治疗。尿道下裂是男性外生殖器常见的先天畸形，前尿道发育不全，导致尿道口达不到正常位置。

女童最常见的生殖系统疾病为外阴阴道炎和阴唇粘连。由于其外阴皮肤娇嫩、雌激素水平低，加上尿不湿或尿布包裹易滋生细菌，常出现外阴红肿、分泌物增多等症状（外阴阴道炎）；部分女童可能因炎症或护理不当导致小阴唇粘连，表现为排尿费力或尿线异常。

七、内分泌系统

内分泌系统是由内分泌腺（垂体、甲状腺、甲状旁腺、肾上腺、性腺和胰岛等）组成的。内分泌系统与神经系统、免疫系统共同构成网络体系，调节机体的新陈代谢、生长发育和生殖等生理过程。

（一）发育规律

激素是内分泌系统及内分泌细胞分泌的最基本物质，激素分泌过多或不足都会引起机体功能紊乱，发生各种疾病。与婴幼儿生长发育和免疫力密切相关的腺体有垂体、甲状腺和胸腺。

1. 垂体

垂体位于颅腔内，是人体最重要的内分泌器官。它能分泌促甲状腺素、促肾上腺皮质激素、促性腺素及生长激素等。垂体在个体出生时已发育得很好。垂体一般在个体 4 岁以前及青春期生长得最为迅速，机能也较活跃。

垂体分泌的生长激素是从出生到青春期影响儿童生长的最重要的内分泌激素。生长激素对儿童的生长发育极为重要。若生长激素分泌不足，儿童可能患侏儒症；若分泌过多，儿童则可能患巨人症。

一天 24 小时内，生长激素的分泌是不均衡的，清醒时分泌少，入睡后分泌多。因此，充足的睡眠对婴幼儿的生长发育是十分重要的。

2. 甲状腺

甲状腺位于颈前部，是人体最大的内分泌腺。甲状腺分泌的激素是甲状腺激素，该激素的主要生理作用是调节新陈代谢、促进生长发育、组织分化、促进神经系统的发育等。甲状腺功能减退或亢进会带来相应问题。甲状腺功能减退会造成甲状腺激素缺乏，从而会导致患儿智力发育落后、生长发育迟缓及生理功能低下。甲状腺功能亢进会导致甲状腺激素分泌过多，造成患儿新陈代谢旺盛、神经系统兴奋性增高等。

甲状腺激素的合成需要碘，缺碘时可引起甲状腺组织增生，从而导致腺体增大。婴幼儿生长发育旺盛，对碘的需求高，容易缺碘。

3. 胸腺

胸腺位于胸骨后面，出生后两年内生长得很快，在儿童青春期前随年龄增加而继续增长，至儿童青春期后逐渐退化。胸腺与机体的免疫功能有密切关系。由骨髓所产生的淋巴干细胞不具有免疫功能，当这些细胞经由血液循环到达胸腺，在胸腺停留一段时间后，在胸腺素的作用下就具有免疫功能。胸腺还是造血组织，能产生淋巴细胞，并能将淋巴细胞运送到淋巴结和脾脏等处。

婴幼儿如果胸腺发育不全，会对机体的免疫功能造成不利影响，易患各种感染性疾病。

（二）保健要点

1. 合理摄入碘

婴幼儿的饮食要均衡，不能挑食、偏食。对于饮食中碘含量不足的地区，应根据婴幼儿的喂养方式及当地碘盐普及情况，在医生或营养师指导下合理补碘；但对于饮食中碘摄入较多的地区，应避免不必要的碘补充，并遵循当地碘盐供应政策。

2. 充足睡眠

婴幼儿睡眠充足有利于生长激素的分泌，对其生长发育有促进作用。

（三）常见疾病

儿童内分泌功能障碍所致的常见疾病有生长迟缓、性发育异常、甲状腺疾病、肾上腺疾病、糖尿病等。这些疾病产生的主要病因有遗传和环境两大因素。家长一旦发现孩子有内分泌功能障碍所致的疾病的表现，应及时就诊及治疗，减少对婴幼儿生长发育的影响。

八、免疫系统

人体免疫系统是由细胞和体液成分协同构成的动态网络。它具有三种基本功能：一是抵御病原微生物及毒素的侵袭；二是清除衰老、损伤或死亡的细胞组织，稳定机体内环境；三是免疫监视，识别与清理人体内非自身的异质性细胞。

（一）发育规律

免疫是机体的一种生理性保护反应，其本质是识别自己、排斥异己。免疫系统的发生、发育始于胚胎早期，到出生时尚未完善，随着年龄增长会逐渐达到成人水平，故婴幼儿往往处于生理性免疫低下状态。免疫功能失调或紊乱，可导致异常免疫反应。如果免疫反应过低，可发生反复感染和免疫缺陷病；如果免疫反应过高，可引起变态反应或自身免疫性疾病，而且由于不能识别和清除机体内异常突变细胞，易发生恶性肿瘤。

人类免疫反应分为非特异性免疫反应和特异性免疫反应两大类，后者又可分为特异性细胞免疫和特异性体液免疫。婴幼儿非特异性免疫功能尚未发育完善，随着年龄的增长逐渐成熟。胎儿的细胞免疫功能尚未成熟，因而对胎内病毒感染（巨细胞病毒）还不能产生足够的免疫力，故胎儿可长期携带病毒，但可能导致胎儿宫内发育畸形。出生时T细胞自身发育已完善，故新生儿的皮肤迟发性超敏反应在出生后不久即已形成。新生儿接种卡介疫苗数周后，结核菌素试验即呈阳性反应。特异性体液免疫B细胞功能在胚胎早期即已成熟，但因缺乏抗体及T细胞多种信号的辅助刺激，新生儿特异性体液免疫B细胞产生抗体能力低下，出生后随年龄增长，特异性体液免疫才逐步完善，包括IgG、IgM、IgA、IgD、IgE。IgG是唯一能够通过胎盘的免疫球蛋白。新生儿从母体获得的IgG于6个月时已全部消失，而婴儿自身产生的IgG从3个月时才逐渐增多，故出生后3～4个月血清IgG降至最低点，1岁时为成人的60%，6～7岁时其在血清中的含量才接近成人水平。来自母体的IgG在出生后数个月内对防御白喉、麻疹、脊髓灰质炎、肺炎球菌等感染起着重要作用。出生后 3～4 个月，IgM 在血清中的含量仅为成人的 50%，1～3 岁才达到成人的 75%。IgM 是抗革兰阴性杆菌的主要抗体，婴儿期低 IgM 血症是易患革兰阴性杆菌感染的重要原因。新生儿血清 IgA 含量很低，新生儿血清型免疫球蛋白 IgA 于出生后 3 个月开始合成，1 岁时 lgA 在血清中的含量仅为成人水平的 20%，至 12 岁时才达成人水平。分泌型免疫球蛋白（SIgA）不被水解蛋白酶所破坏，是黏膜局部抗感染的重要因素。新生儿及婴幼儿期 SIgA 水平很低，1 岁时仅为成人的 3%，12 岁时达成人水平。新生儿及婴幼儿 IgA 水平低下是其易患呼吸道感染和胃肠道感染的重要因素。IgD 的生物学功能尚不清楚。婴幼儿合成 IgE 能力不弱，患过敏性疾病时，血清中的 IgE 水平可显著升高。

（二）保健要点

1. 合理饮食

补充优质蛋白，经常摄入富含维生素 C、D、A 及锌的食物。

2. 多参加户外运动

每天保证 1 小时的户外运动，有助于提高免疫力。

3. 确保充足的睡眠

提供良好的睡眠环境，养成健康的睡眠习惯。睡眠不足会导致对抗病毒和肿瘤的 T 细胞数目减少，生病的概率随之增加。

（三）常见疾病

原发性免疫缺陷病的诊断依靠病史、体格检查和必要的辅助检查。主要的治疗方法包括替代疗法、免疫重建和基因治疗。获得性免疫缺陷病又称继发性免疫缺陷病，是指出生后因不利的环境因素导致机体免疫系统暂时性功能障碍，一旦不利因素被纠正，免疫功能即可恢复正常，其最常见的临床表现为反复呼吸道感染。

九、感觉器官

感觉是人们认识世界的途径，包括视觉、听觉、嗅觉、触觉、味觉等。感觉器官包括皮肤、眼、耳等。

（一）发育规律

1. 皮肤

皮肤是人体最大的感觉器官，且身兼数职，具有保护、调节体温、感觉、分泌、排泄、代谢、吸收等多种生理功能。婴幼儿皮肤具有以下特点：

（1）皮肤保护功能差，容易感染和损伤

婴幼儿皮肤表皮较薄，很多部位角质层尚未形成，容易发生皮肤感染，如脓疱疮、甲沟炎等。婴幼儿皮下脂肪较少，皮肤抗击外力作用较差，磕碰时容易受伤。

（2）调节体温功能差

婴幼儿皮肤中毛细血管丰富，散热多，神经系统对血管运动的调节功能较差，因此，婴幼儿对于外界环境温度的变化往往不能适应。环境温度过低，易受凉；环境温度过高，易受热。

（3）渗透作用强

婴幼儿的皮肤薄，血管丰富，有较强的吸收能力和通透性。因此，有害物质如有机磷农药、酒精等，都可以经皮肤吸收，引起中毒。

2. 眼

眼的结构和功能的发育始于胎儿期，持续至出生后6岁左右。3岁前是视觉发育时期。婴幼儿眼球的前后轴短，物体成像于视网膜的后面，称为生理性远视。随着眼球的发育，眼球前后轴变长，逐渐成为正视。另外，婴幼儿的晶状体有较好的弹性，调节能力强，所以他们可以看清很近的物体，但长时间近距离视物，就会使睫状肌疲劳，形成近视。

3. 耳

耳可分为外耳、中耳、内耳三部分。外耳包括耳廓、外耳道。外耳道皮肤耵聍腺的分泌物叫作耵聍（俗称耳屎）。它具有保护外耳道皮肤及黏附灰尘、小虫等异物的作用，干燥后会形成痂块。中耳包括鼓室、咽鼓管、鼓窦和乳突小房等。婴幼儿的咽鼓管比成人的短、粗，呈水平位，所以咽、喉和鼻腔感染时，易引起中耳炎。

（二）保健要点

1. 皮肤

（1）养成良好习惯，保持皮肤清洁

婴幼儿要常洗澡、洗头，勤换内衣、勤剪指甲，防止皮肤、头发及指甲中藏污纳垢。

（2）穿着棉质衣物

尽量为婴幼儿挑选棉质衣物，因为棉质衣物吸汗、透气性好，且不易过敏和刺激皮肤。

（3）选择合适的皮肤清洁剂

婴幼儿皮肤娇嫩，应避免使用强效清洁剂清洁皮肤，应使用婴幼儿专用的护肤品，不要用成人产品代替。不要给婴幼儿烫发和染发。

（4）预防中毒

皮肤用药要注意浓度、剂量和间隔，防止中毒。注意将农药、危险化学品等放在婴幼儿不易接触的位置，防止婴幼儿打翻后经皮肤吸收引起中毒。

2. 眼

（1）养成良好的用眼习惯

不在光线过强或较暗的地方看书、画画；不躺着看书；不在走路或乘车时看书；集中用眼一段时间后应远眺或去户外活动，以消除眼疲劳；电子产品（电视、手机、平板电脑）的使用要有节制，每次控制在半小时左右，使用时要注意距离不要太近。

（2）创设良好的采光条件，提供适宜的读物

当婴幼儿看书、画画时，要有良好的采光条件，光线最好来自左上方，以免造成暗影；婴幼儿的书籍字号宜大一些，字迹、图案应清晰。

（3）定期进行眼病筛查及眼科检查

不同年龄阶段儿童眼病筛查的方法是根据儿童视觉发育规律和常见眼病来进行筛查。新生儿期、3月龄、6月龄等体检时均应进行眼科检查，早期发现可疑眼病或视力异常，应及时诊治。早产儿需在出生后4～6周内进行眼底检查。

（4）注意用眼卫生

教育婴幼儿不要揉眼睛，毛巾、手绢要专用，以预防沙眼、结膜炎，并远离易伤害眼睛的危险品，如烟花、沙子、利器等。

（5）供给足够的营养

婴幼儿饮食要丰富多样，提供富含维生素 A 的食物，如肝脏、蛋黄、南瓜、胡萝卜等。

3. 耳

（1）预防中耳炎

教会婴幼儿正确擤鼻涕的方法，防止将鼻咽部的分泌物挤入中耳；在游泳、洗澡、洗头时要防止污水进入耳道，避免引起中耳炎。

（2）不要给婴幼儿挖耳

婴幼儿的外耳道脆弱，挖耳可能划破耳道的皮肤，易感染，若操作粗暴，会造成鼓膜穿孔，甚至影响听力。

（3）避免噪声伤害

要避免噪声对婴幼儿耳的伤害，家庭、托幼机构要在远离噪声的地方，说话、放音乐的声音不要过大，不要在婴幼儿附近放鞭炮，等等。另外，要教育婴幼儿在听到过大的声音时张开嘴巴并捂住外耳，防止伤害鼓膜。

（4）合理用药，慎用耳毒性药物

婴幼儿的听觉神经娇嫩，容易受到药物的影响。如果婴幼儿生病，用药前要考虑药物的耳毒性作用，尤其是含有链霉素、庆大霉素、万古霉素等成分的药物。

（5）按时进行听力筛查

要了解和掌握婴幼儿的听力情况，按要求定期进行听力筛查。若听力筛查未通过，则需尽快进行专科就诊，明确诊断，早期治疗。即使通过新生儿听力筛查，之后也应该按时筛查，这是因为部分患儿会有迟发性的听力损失，不易被察觉。

（三）常见疾病

婴幼儿易发生脓疱疮、甲沟炎等皮肤感染；出现近视、斜视等眼科疾病；容易发生中耳炎等耳部感染性疾病及听力异常的疾病。

【作业】

1. 线上：通过对线上教学资源"生理学发展"的学习，完成线上的习题。

2. 线下：小组讨论分析如何促进婴幼儿的大脑发育。

3. 思考：了解婴幼儿期生长发育的规律及对其早期教育和养育的指导意义。

第三章

生活照料

◆ 本章导语

　　本章将探讨婴幼儿营养与喂养、睡眠、生活与卫生习惯的重要性，以及这些因素如何影响婴幼儿的健康发展。营养是婴幼儿生长发育的物质基础。我们必须保证充足均衡的营养来促进其正常生长。同时，睡眠也是至关重要的，特别是在婴幼儿早期阶段，它对婴幼儿的健康发展有着深远的影响。此外，养成良好的生活与卫生习惯是婴幼儿健康发展的另一个关键因素。因此我们应培养孩子从小养成良好的习惯。本章将详细讨论这些话题，并强调合理喂养和生活习惯的形成对婴幼儿健康的长远影响。

◆ 学习目标

　　1. 知识目标

　　掌握0～3岁婴幼儿营养需求特点及膳食结构优化策略，熟悉母乳喂养、人工喂养、混合喂养的喂养方法及要点，理解辅食添加原则与营养搭配技巧；解析婴幼儿睡眠周期特点及影响因素，掌握睡眠环境营造标准与昼夜节律培养方法；系统掌握婴幼儿日常护理操作规范，熟悉常见疾病预防、意外伤害的处理与家庭护理技术。

　　2. 能力目标

　　能够根据月龄制订个性化喂养方案，熟练制作婴幼儿辅食并掌握不良饮食习惯干预策略；独立完成睡眠环境评估与优化，能够独立进行睡眠安抚并制订规律作息方案；规范执行清洁护理流程，正确处理常见意外伤害，建立科学消毒制度并进行卫生宣教。

　　3. 素质目标

　　通过营养与喂养、睡眠管理、卫生护理的理论与实践学习，掌握婴幼儿健康管理核心技能并形成科学育儿指导能力；培养观察分析、应急处理能力及多维度健康促进意识，树立以婴幼儿发展为中心的专业价值观。

4. 思政目标

　　强化"健康第一"教育理念,培养职业责任感与人文关怀精神;通过家长课堂传播科学育儿知识,助力家庭教育能力提升;结合国情推广传统育儿智慧与现代科学方法相结合的健康管理模式。

【本章导览】

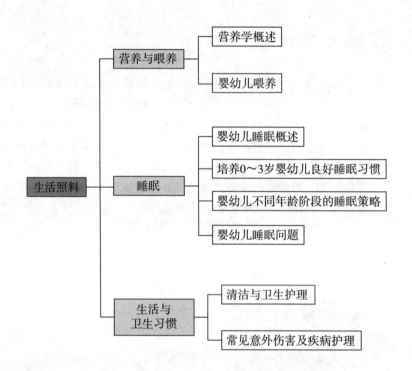

【第一节学习任务清单】

　　案例1

营养过剩的萌萌

　　家住厦门的萌萌今年两岁半,她和同龄的孩子相比,身高要高出一大截,体重也重不少。萌萌每天的主食是牛奶、鸡蛋、肉等富含高蛋白的食物,但蔬菜瓜果、五谷杂粮吃得很少。萌萌食欲好的时候一天要吃六七餐。萌萌平时不爱运动,不是坐着就是躺着。着急的父母带着萌萌到妇幼保健院检查。检查结果显示,萌萌的骨龄已经相当于6岁孩子的水平了。医生说,萌萌营养过剩,摄入过多的蛋白质导致骨骼快速生长。

　　请结合所学营养学知识进行分析。

　　案例2

想吃成人饭菜的阳阳

　　阳阳刚满8个月,每次看到大人吃饭都会流口水,也会伸手去抓饭菜。爷爷和奶奶看到阳阳想吃，于是拿筷子蘸点菜汤或者夹一点饭粒塞进阳阳嘴里。阳阳妈妈连忙制止："1 岁以前不能给宝宝吃这些。"爷爷和奶奶不以为意，还说阳阳不喜欢吃专门做给他的辅食，就是因为"没油没盐不好吃"。

请结合所学营养学知识对案例进行分析。

第一节 营养与喂养

一、营养学概述

婴幼儿期是人一生中体格生长最迅速的阶段，平均体重由出生时的约 3 kg 增加到 3 岁时的约 14 kg，增幅接近 4 倍；身长则由约 50 cm 增加到约 96 cm，增长近 1 倍。婴幼儿需要充足的营养供应才能维持正常生长。此外，婴幼儿期在脑重量增长、脑组织发育、脑细胞分化及神经网络构建等方面发展迅速，对营养尤其是蛋白质营养状况极为敏感，严重营养不良可造成脑细胞增长和分化障碍，引起脑发育不良。

（一）营养学基本概念

1. 营养

营养是机体摄取、消化、吸收和利用食物中的营养物质以满足生理需要的生物学过程[1]。狭义的营养也指食物中营养素含量的多少和质量的好坏。营养是生命活动的物质基础，是影响生长发育最重要的因素。婴幼儿年龄越小，营养对其影响就越大。婴幼儿期生长发育迅速，为一生的健康奠定基础，而保证充足均衡的营养是促进婴幼儿正常生长发育、维护生存和发展的必要条件。

2. 营养素

营养素是人类在生命活动过程中为满足生命活动需要，不断地从食物中摄取的营养物质。营养素可以分为产能营养素和非产能营养素。产能营养素是指产生热量的营养素，包括蛋白质、碳水化合物、脂肪。非产能营养素是指微量营养素，包括维生素和矿物质。

3. 膳食营养素参考摄入量常用指标

膳食营养素参考摄入量是指为满足健康人群个体基本营养所需的能量和特定营养素的摄入量，它是基于美国推荐的膳食营养素供给量（RDAs）设定的一组每日平均营养素摄入量的参考值[2]。它主要包括平均需要量、推荐摄入量、适宜摄入量、可耐受最高摄入量四个营养水平指标。

（1）平均需要量

依据特定指标评估，该摄入水平可以满足某一特定性别、年龄及生理状况群体中 50% 个体的营养需要量。这一摄入水平不能满足群体中另外 50% 个体对该营养素的需要。平均需要量是制定推荐摄入量的基础。

---

① 康松玲，贺永琴. 婴幼儿营养与喂养 [M]. 上海：上海科技教育出版社，2016：2.
② 陈辉. 现代营养学 [M]. 北京：化学工业出版社，2005：211—212.

（2）推荐摄入量

推荐摄入量是指可以满足某一特定性别、年龄及生理状况群体中绝大多数（97%～98%）个体需要量的摄入水平。长期摄入的营养素如果能够达到推荐摄入量水平，不但可以满足身体对该营养素的需要，而且会存在适当储备。

（3）适宜摄入量

适宜摄入量主要是指通过实验、观察等途径，获得的健康人群含有的某种营养素的摄入量。适宜摄入量的准确性不如推荐摄入量，但是适宜摄入量可以满足目标人群中几乎所有个体的需要。

（4）可耐受最高摄入量

可耐受最高摄入量是指平均每天可以摄入该营养素的最高值。可耐受最高摄入量的主要作用就是检查我们是否存在摄入量过高的情况，防止发生中毒。当摄入量突破可耐受最高摄入量时，就很有可能发生毒副作用。

（二）婴幼儿营养素需要、功能及食物来源

1. 产能营养素

婴幼儿生长发育迅速，新陈代谢旺盛。充足的营养不仅是促进婴幼儿体格、智力和免疫功能发展的物质基础，而且是婴幼儿近期和远期健康的重要保障。为了维持机体代谢需要，婴幼儿应从饮食中科学摄取蛋白质、脂类、碳水化合物、矿物质、维生素、水、膳食纤维这七大类营养物质，其中前三者在机体代谢过程中可产生能量，称为产能营养素。

（1）蛋白质

蛋白质是营养素中的第一要素，是组成人体一切细胞、组织的重要成分。机体所有重要的组成部分都需要有蛋白质的参与，它是与生命及与各种形式的生命活动紧密联系在一起的物质。蛋白质对婴幼儿的成长作用大，可以生成激素，促进代谢，维持身体酸碱平衡，促进婴幼儿骨骼的生长，同时还可以保护大脑。新生儿期对蛋白质需要量最大，以后随年龄增长而逐步下降。

①蛋白质的组成。

氨基酸是蛋白质的基本组成单位。氨基酸总共有 20 余种，其中人体自身不能合成，需要从食物中摄取的氨基酸称为必需氨基酸。婴幼儿必需氨基酸一般有亮氨酸、赖氨酸、苯丙氨酸、异亮氨酸、缬氨酸、苏氨酸、甲硫氨酸、色氨酸、组氨酸等。婴幼儿一般是需要依靠食物摄入来补充氨基酸，但由于不同食物的蛋白质序列不同，所含的氨基酸也不同，所以婴幼儿不要挑食，摄入的营养要均衡。如果婴幼儿缺乏必需氨基酸，可能会导致生长发育迟缓，影响智力发育，并导致婴幼儿的免疫系统功能下降。在严重的情况下，婴幼儿还可能出现水肿和贫血等症状。如果婴幼儿出现生长缓慢等营养不良迹象，建议及时去医院，排除相关疾病，进行治疗。家长日常应适当给婴幼儿添加一些富含蛋白质的食物，如鸡蛋、牛奶、鱼、豆类等。

②蛋白质的生理功能。

a. 构成人体细胞、组织、器官结构的重要组成成分。

蛋白质是构成人体细胞、组织、器官结构的重要组成成分，比如头发、皮肤、肌肉、骨骼、内脏等都是由蛋白质组成的，所以蛋白质对人的生长发育非常重要。蛋白质占人体重量的 16%～20%，即一个 10 kg 重的婴幼儿其体内约有蛋白质 1.6～2 kg。

b. 人体组织更新和修复的主要原料。

人体的生长发育、衰老组织的更新、损伤后组织的修复，都离不开蛋白质。所以每人每天都必须摄取一定量的蛋白质作为构成和修复组织的原料。人体蛋白质始终处于合成与分解的动态平衡过程中，每天约有3%的蛋白质参与更新。

c. 构成人体内酶、抗体和激素的主要成分。

人体内的酶、抗体、激素等生物活性物质都是由蛋白质组成的。酶是蛋白质，它参与了机体内环境的各项生命活动，如肌肉收缩、血液循环、呼吸、消化、神经传导、感觉功能、能量转换、信息加工、遗传、生长发育、疾病防治等活动。如果没有酶，生命将无法存在。抗体是具有防御功能的免疫球蛋白，能提高机体抵抗力，保护机体免受细菌和病毒的侵害。调节生理机能的一些激素也由蛋白质和多肽组成。

d. 维持人体内酸碱平衡。

蛋白质可维持和调节体内的酸碱平衡。如果膳食中长期缺乏蛋白质，不仅会破坏血液中的酸碱平衡，还会导致血浆胶体渗透压下降，血液中的水分便会过多地渗入周围组织，人体会出现营养性水肿。

e. 供给热量。

1g的蛋白质可以释放16.7 kJ热量，人体每天所需要热量的10%～15%来自蛋白质，但是提供热量并不是蛋白质的主要功能，只有碳水化合物和脂肪功能不足的时候，蛋白质才向人体提供热量。

f. 运输氧气。

人体新陈代谢过程中所需的氧气和生成的二氧化碳，是由血液中的血红蛋白完成运输，而血红蛋白是球蛋白与血红素的复合物。细胞代谢过程中的某些物质，也往往和蛋白质结合形成复合物，如血液中的脂肪酸、胆固醇、磷脂等与蛋白质结合成脂蛋白。

g. 提供特殊氨基酸。

蛋白质中的蛋氨酸是体内最重要的甲基供体，很多含氮物质在生物合成时都需要蛋氨酸提供甲基，如肌酸、松果素、肾上腺素、胆碱等。另外，牛磺酸也是一种特殊氨基酸，它对婴幼儿出生前后中枢神经系统和视觉系统的发育起到关键作用。

③婴幼儿膳食蛋白质适宜摄入量。

根据《中国居民膳食营养素参考摄入量（2023）》，0～6月龄宝宝每天需要9 g蛋白质；7～12月龄宝宝每天需要17 g蛋白质；1～2岁宝宝每天需要25 g蛋白质；3岁宝宝每天需要30 g蛋白质，如表3-1所示。蛋白质按食物来源可以分为植物性蛋白质和动物性蛋白质。总体来说，动物性蛋白质含量更高，质量更好。

表3-1 0～3岁婴幼儿膳食蛋白质适宜摄入量

单位：克/天

年龄	适宜摄入量
0～6个月	9
7～12个月	17
1～2岁	25
3岁	30

过多或过少的蛋白质摄入量对婴幼儿健康不利。婴幼儿若蛋白质摄入不足，易引发生长发育迟缓，导致对各种疾病的免疫力降低，从而更易患感染性疾病，并且可能影响其智力发育。婴幼儿若蛋白质摄入过多，容易引发消化不良，同时增加肾脏负担。另外，蛋白质过量也会加速骨骼生长，营养过剩后造成肥胖，引发性早熟，最终使身材矮小。

④婴幼儿膳食蛋白质的食物来源。

蛋白质的食物来源可分为植物性蛋白质和动物性蛋白质两大类。动物性蛋白的蛋白质含量更高。在植物性蛋白质中，谷类蛋白质含量约为 10%，为我国膳食蛋白质的主要来源。豆类含有丰富的蛋白质，大豆的蛋白质含量高达 36%～40%，其氨基酸组成比较合理，在人体内的利用率较高，是理想的植物性蛋白质来源。肉类包括禽肉、畜肉和鱼肉，新鲜肌肉蛋白质含量为 15%～22%，是人体蛋白质的重要来源。蛋类蛋白质含量为 11%～14%，是优质蛋白质的重要来源。奶类（牛奶）蛋白质含量为 3%～3.5%，是婴幼儿动物蛋白质的最佳来源，酪蛋白含量较高，但其营养价值不如母乳，因此提倡母乳喂养。奶类也是优质蛋白质的重要来源。总的来说，婴幼儿饮食中蛋白质供给的热量约占总热量的 10%～15%。

（2）脂类

①脂类的组成。

脂类是人体需要的重要营养素之一，供给机体所需的能量、提供机体所需的必需脂肪酸，是人体细胞组织的组成成分。脂类主要包括脂肪（如甘油三酯）和类脂（如磷脂、固醇类）。我们常吃的食物中的脂类，95% 是甘油三酯，5% 是其他脂类。在人体储存的脂类中，正常成年人按体重计算的脂类含量约 14%～19%，肥胖人群约为 32%，超胖人群可达 60%，且其中 99% 是以甘油三酯的形式储存于脂肪组织中的。

②脂类的生理功能。

a. 储存和提供能量。

脂类是人体主要的储能物质，人体的脂肪细胞可以储存大量脂肪。当人体摄入的能量大于消耗的能量时，能量会以脂肪的形式存储；当人体摄入能量不足时，脂肪会被释放并为机体供能，还可保持人体体温。每克脂肪在体内氧化可产生 37.56 kJ（约 9 kcal）的能量，即脂肪比同重量的其他两种产热营养素（蛋白质及碳水化合物）所提供的能量高出一倍多。在合理膳食情况下，由脂肪提供的能量约占成人所需总能量的 20%～30%，儿童年龄越小所占比例应越大。另外，脂类对身体一些重要器官起着支持和固定作用，使人体器官免受外界环境损伤。

b. 维生素的载体。

脂类是维生素 A、D、E、K 等脂溶性维生素的载体，可以促进机体对这些脂溶性维生素的吸收和利用。

c. 提供人体的必需脂肪酸。

必需脂肪酸不能依靠人体自身合成，必须从食物中摄取。必需脂肪酸包括亚油酸和亚麻酸，是维持机体生长发育和皮肤正常代谢所必需的多不饱和脂肪酸。实验证明，当动物缺少必需脂肪酸时，会出现生长迟缓的现象，且身体和尾部出现鳞状样的皮炎；相应地，若婴儿缺乏必需脂肪酸，则会出现皮肤干燥、鳞状脱屑，甚至湿疹等问题，并且体重增长速度也会减缓。

d. 磷脂和胆固醇是人体细胞中的组成成分。

磷脂几乎占人脑干重的 40%，有利于促进婴幼儿大脑和神经系统的发育。研究表明，磷脂能够帮助婴幼儿增强记忆力、学习能力和注意力等方面的认知能力，同时，它还可以提高抗氧化性，减少细胞损伤，促进免疫力增强。胆固醇是机体合成胆汁酸和类固醇激素的重要物质。

e. 使有机体节约蛋白质和更有效地利用碳水化合物。

脂肪在人体内的代谢产物可以促使碳水化合物更有效地释放能量。充足的脂肪还可以避免体内蛋白质被消耗用于产热，从而使其有效地发挥其他重要的生理功能。

③婴幼儿膳食脂肪参考摄入量。

婴幼儿对脂肪的需要量高于成人，脂肪中所含的不饱和脂肪酸为婴幼儿发育所必需的物质，是形成神经组织等的必需物质。我国婴幼儿膳食脂肪参考摄入量，通常依据脂肪所提供的能量占总体能量摄入的百分比来规定。根据《中国居民膳食营养素参考摄入量（2023）》，0～3岁婴幼儿膳食脂肪适宜摄入量如表3-2所示。

表3-2 0～3岁婴幼儿膳食脂肪参考摄入量

年龄	参考摄入量
0～6个月	48%
7～12个月	40%
1～3岁	35%

由表3-2可知，不同年龄段的脂肪摄入量是不同的。过多或过少的脂肪摄入量对婴幼儿成长不利。如果婴幼儿脂肪长期摄入不足，会导致婴幼儿生长发育速度减缓，胃肠道功能异常，皮肤干燥，等等；如果婴幼儿脂肪摄入过多，易导致消化不良、身体肥胖。我们应该多关注婴幼儿膳食脂肪摄入量，帮助婴幼儿健康成长。

④婴幼儿膳食脂肪的食物来源。

食物脂肪从来源上分为动物脂肪和植物脂肪两种。动物脂肪，如猪油、牛油、羊油、奶油等。在这些脂肪中，含饱和脂肪酸较多。只有鱼类脂肪例外，含不饱和脂肪酸较多。动物脂肪由于含饱和脂肪酸较多，在室温下呈固体状态。植物脂肪，如花生油、豆油、菜籽油、芝麻油等，含不饱和脂肪酸较多，且胆固醇含量较少，消化吸收率较高，因此建议膳食中多选用植物脂肪。

（3）碳水化合物

①碳水化合物的组成。

碳水化合物是自然界中最丰富的有机物，是人体最主要的能量来源。碳水化合物也称糖类，主要分为单糖、双糖、多糖三类。

a. 单糖。

单糖是不能再被简单水解成更小的糖类的分子，通常有葡萄糖、果糖、半乳糖等。葡萄糖是构成食物中各种糖类的最基本单位，常见于馒头、面条、米饭等食物中，能够为人体补充热量与体液。果糖是葡萄糖的同分异构体，能和葡萄糖结合，并生成蔗糖。果糖通常以游离状态存在于蜂蜜中，在水果中的含量也比较高，能够为机体提供热量，有助于调节血糖水平。半乳糖是哺乳动物乳汁中乳糖的构成物质，主要来自奶制品，能够在肠道内吸收，在一定程度上能够为人体提供能量。

b. 双糖。

双糖又名二糖，是由两个单糖分子组成的糖类化合物。常见的有蔗糖、乳糖和麦芽糖。蔗糖是人们日常生活中最常用的食糖，它在肠道内经由蔗糖酶的作用水解成单糖后被人体吸收。乳糖仅见于动物或人乳中，在双糖中甜度最小，对婴幼儿营养特别重要。麦芽糖是谷类发芽的产物，水解后可产生葡萄糖分子，易被人体吸收，可为婴幼儿提供身体所需的能量。

c. 寡糖。

寡糖是指由2～10个单糖分子组成的低聚糖，通常具有较低的甜度和较高的水溶性。常见的寡糖包括低聚果糖、低聚半乳糖等。寡糖类物质可以促进肠道内有益菌群的生长和代谢，从而增强肠道黏膜屏障的功能，减少有害物质的侵袭，改善肠道健康。

d. 多糖。

多糖是一种由10个以上单糖分子组成的聚合碳水化合物，如淀粉、纤维素和糖原。淀粉存在于谷薯类植物中，是人类膳食中碳水化合物的主要食物来源，也是人体主要供能物质。纤维素主要存在于植物中，它不能被人体消化和吸收，纤维素有利于维护婴幼儿肠道菌群平衡，预防便秘。糖原在肝脏和肌肉中合成并储存，能维持血糖稳定，给肌肉供能。

②碳水化合物的生理功能。

a. 提供和储存能量。

碳水化合物以葡萄糖为主，为机体提供各种组织能量，1g葡萄糖在体内氧化可以产生16.7 kJ的能量。中枢神经系统所需的能量，要靠摄入碳水化合物后转变成的葡萄糖来提供。科学研究表明，碳水化合物供应充足可提高婴幼儿的智力，增强其大脑功能和记忆能力。

b. 构成机体组织及生理活性物质。

人体的每个细胞都含有碳水化合物，主要以糖脂、糖蛋白和蛋白多糖的形式存在，在细胞膜、细胞质及细胞器膜中都有分布。碳水化合物还存在于各种组织中，特别是脑和神经组织中。除此之外，一些抗体、酶和激素的合成过程也需要碳水化合物参与。

c. 节约蛋白质和抗生酮的作用。

摄入足量的碳水化合物就不需要动用蛋白质来供能，可以减少蛋白质的消耗。除此之外，碳水化合物还具有抗生酮的作用，其所含的膳食纤维还可以促进肠道健康。适量摄入碳水化合物有利于身体健康。

d. 解毒作用。

肝糖原储备较充足时，肝脏对某些化学毒物和各种致病微生物感染引起的毒血症有较强的解毒能力。因此保证进食足量的淀粉类食物，不仅能维持肝脏中肝糖原的水平，也可在一定程度上保护肝脏免受有害因素的损害，使其正常发挥解毒功能，提高对疾病的抵抗力。

③婴幼儿膳食碳水化合物参考摄入量。

中国营养学会推荐我国居民膳食中碳水化合物所提供的能量以占摄入总能量的55%～65%为宜。根据《中国居民膳食营养素参考摄入量（2023）》，0～3岁婴幼儿膳食碳水化合物参考摄入量如表3-3所示。

表3-3　0～3岁婴幼儿膳食碳水化合物参考摄入量

单位：克/天

年龄	参考摄入量
0～6月龄	60
7～12月龄	80
1～3岁	120

婴幼儿碳水化合物摄入不足，易导致体内能量不足，增加蛋白质的消耗，出现体重减轻、生长发育缓慢等问题。婴幼儿碳水化合物摄入过量不利于婴幼儿健康，研究还表明，摄入过量碳水化合物易导致婴幼儿肥胖、龋齿，并与成年后血脂异常、糖尿病等疾病的发生有关。

④婴幼儿膳食碳水化合物的食物来源。

含有碳水化合物最多的食物是谷物类（大米、小麦等）和薯类（土豆、红薯等），其次是豆类（绿豆、黑豆等）和果蔬类食物。糖果、糕点和饮料含精制糖较多，虽受婴幼儿喜爱，但易导致肥胖和龋齿，应限制食用。

疑问与思考

结合所学知识，讨论婴幼儿为什么要少喝或不喝含糖饮料。

2. 非产能营养素

非产能营养素是指不能为人体提供能量的营养素，它在人的生命活动中扮演着重要角色。非产能营养素主要包括矿物质、维生素和水。

（1）矿物质

人体需要的矿物质包括钙、磷、镁、钠、钾等需要量较多的常量元素，以及铁、锌、铜、锰、硒、碘、氟等需要量较少的微量元素。婴幼儿较容易缺乏钙、铁、碘、锌四类矿物质。

①钙。

钙是人体所需的最重要的矿物质常量元素之一，它主要储存在骨骼和牙齿中，约占人体总钙量的99%。婴幼儿体内钙含量约占体重的2%。

a. 钙的生理功能。

一是钙可以构成机体组织。骨骼和牙齿中含有大量的钙，所以钙是构成骨骼和牙齿的重要组成成分，还能使牙齿和骨骼保持一定的硬度。当体内钙离子减少时，可引起骨质疏松、牙齿松动等症状。

二是钙可以激活细胞正常工作。钙能将营养物质传送到细胞内，细胞的分裂、繁殖、死亡与变异，基因的复制、修复等都需要钙的参与。如钙可以激活脑细胞，提高记忆力；钙能激活免疫细胞，提高免疫力；钙还能与磷脂结合，维持细胞膜的完整性与通透性，保证体液正常新陈代谢。

三是钙可以维持体内酸碱平衡。钙能激活体内多种酶，维持体内酸碱平衡。如脂肪酶、淀粉酶等均受钙离子调节。当婴幼儿缺钙时，蛋白质、脂肪、碳水化合物等不能被充分利用，可导致营养不良、厌食、发育迟缓、免疫功能下降。

四是钙可以调节肌肉活动。钙离子可以增加心肌收缩力，提高心肌兴奋性，以及与影响心肌舒张的钾离子存在拮抗作用，有利于心脏正常工作；对骨骼肌则具有稳定细胞膜电位的作用，当体内钙离子浓度异常时会引起手足异常抽搐。

五是钙可以参与人体凝血机制。钙作为一种凝血因子，参与人体凝血的整个过程。当人体出现出血反应时，若机体内钙离子含量减少，可能引起凝血功能异常。

b. 婴幼儿膳食钙参考摄入量。

根据《中国居民膳食营养素参考摄入量（2023）》，0～3岁婴幼儿膳食钙参考摄入量如表3-4所示。

表3-4　0～3岁婴幼儿膳食钙参考摄入量

单位：毫克/天

年龄	参考摄入量
0～6月龄	200
7～12月龄	350
1～3岁	500

处在快速生长发育期的婴幼儿若长期缺钙，会导致骨骼发育延缓，身高偏低、体重偏轻，严重者会出现骨骼变形和佝偻病。婴幼儿若钙摄入过量，可致高钙血症，出现厌食、恶心、呕吐、腹痛等症状，有的婴幼儿还会出现顽固的便秘。

c. 婴幼儿膳食钙的食物来源。

母乳、配方奶粉是0～1岁婴儿钙的最优质食物来源，1岁后可引入牛奶及奶制品。大豆及豆制品、绿色蔬菜、贝类及虾皮、小鱼等也含有较多的钙。菠菜、苋菜等高草酸蔬菜中含有较多草酸，故钙吸收率低。

②铁。

铁是人体重要的必需微量元素之一。正常人体内的铁含量随年龄、性别、营养状况和健康状况等的不同而有差异，铁缺乏仍然是世界性的主要营养问题之一。正常人体内含铁总量约为3～5 g，其中60%～75%的铁存在于血红蛋白中。铁在人体的分布以肝、脾含量最高，其次为肾、心、骨骼肌和脑。

a. 铁的生理功能。

一是铁可以维持体内正常造血功能，参与体内氧的运输。铁元素是血红蛋白和肌红蛋白的重要组成部分，这两种蛋白质能够将氧气运输到人体各个部位，使人体保持正常的生理功能。铁缺乏将导致贫血，表现为体力不足、疲劳、头晕、无力等症状。

二是铁能够调节机体免疫功能，增强人体抵抗力。它能够促进淋巴细胞的生长和增殖，使身体对病菌的抵抗能力更强。

三是铁可以参与人体内的蛋白质、脂肪和碳水化合物的代谢，帮助身体制造能量。铁缺乏将导致能量代谢障碍，容易感到疲劳和虚弱。

四是铁具有维持神经系统正常功能的作用。铁元素能帮助维持神经系统的正常功能，促进神经细胞的发育和修复。铁缺乏易导致注意力与记忆力下降，学习能力降低。

b. 婴幼儿膳食铁参考摄入量。

根据《中国居民膳食营养素参考摄入量（2023）》，0～3岁婴幼儿膳食铁参考摄入量如表3-5所示。

表3-5　0～3岁婴幼儿膳食铁参考摄入量

单位：毫克/天

年龄	参考摄入量
0～6月龄	0.3
7～12月龄	10
1～3岁	10

从表3-5中可以看出，6个月以内的婴儿对铁的需要量较低。如果是母乳喂养，则不需要额外补铁。6个月后，婴儿身体对铁的需求急剧增加，因此即使母乳良好、充足，婴儿在6个月后也需要添加富含铁的补充食物（如强化铁米粉、谷物、肉类、动物肝脏、绿色蔬菜等），以确保婴儿能获得正常发育所需的铁。

c. 婴幼儿膳食铁的食物来源。

食物中含有两种铁——血红素铁和非血红素铁。血红素铁存在于动物性食物中，例如肉类、家禽和海鲜。非血红素铁来自植物性食物，如谷类和豆类。与血红素铁相比，非血红素铁不易被人体吸收。富含维生素C的食物与非血红素铁食物一起食用后，可增强铁的吸收，而这些富含维生素C的食物包括柠檬、花椰菜、番石榴、猕猴桃、橙子、番茄、马铃薯等。

③碘。

碘是人体不可或缺的微量元素，在维持人体健康过程中发挥着重要作用。

a. 碘的生理功能。

一是碘可以参与甲状腺激素的合成，促进生长发育。碘是合成甲状腺激素的原料之一。甲状腺利用碘和酪氨酸合成甲状腺激素。甲状腺激素是人体重要的激素，是维持机体基础活动的激素，可以促进神经系统的发育、组织的发育和分化。

二是碘具有免疫调节作用。碘能够调节机体免疫功能，增强身体抵抗力。它能够促进淋巴细胞的生长和增殖，使身体对病菌的抵抗能力更强。

三是碘可以调节蛋白质、碳水化合物和脂肪代谢。当人体摄入蛋白质不足时，碘参与合成的甲状腺激素可以促进蛋白质合成；当人体摄入蛋白质充足时，碘参与合成的甲状腺激素可促进蛋白质分解。碘参与合成的甲状腺激素可促进糖和脂肪代谢，促进糖的吸收，加速肝糖原分解，以及促进周围组织对糖的利用。

四是碘可以促进维生素的吸收和利用。碘参与合成的甲状腺激素能促进烟酸的吸收和利用，促进胡萝卜素转化为维生素A。

b. 婴幼儿膳食碘参考摄入量。

根据《中国居民膳食营养素参考摄入量（2023）》，0～3岁婴幼儿膳食碘参考摄入量如表3-6所示。

表3-6　0～3岁婴幼儿膳食碘参考摄入量

单位：微克/天

年龄	参考摄入量
0～6月龄	85
7～12月龄	115
1～3岁	90

婴幼儿若碘摄入不足，会导致生长发育迟缓，甚至会出现大脑发育迟缓，智力低下。婴幼儿若碘摄入过量，会导致体内甲状腺激素分泌过多，一方面，会引起甲状腺功能亢进症，出现心慌、出汗、怕热、消瘦、突眼等症状；另一方面，会导致甲状腺肿大，出现颈部肿大、吞咽困难等症状。

c. 婴幼儿膳食碘的食物来源。

婴幼儿膳食碘的食物来源是多种天然食物和碘强化食品，其中以海产品为主要来源，如海带、紫菜、深海鱼类（如鳕鱼），以及虾、蟹、贝类等甲壳类海鲜。此外，食用加碘盐也是目前广泛使用的膳食碘补充方式，适量添加加碘盐可有效满足婴幼儿的碘需求。乳制品如牛奶、奶酪及配方奶粉，因其来源于使用加碘饲料喂养的奶牛，也含有一定量的碘。其他来源还包括鸡蛋（尤其是蛋黄）、富含碘的蔬菜（如生长于高碘土壤中的菠菜、胡萝卜等），以及部分谷物和碘强化食品。碘在婴幼儿的生长发育过程中起着至关重要的作用，但需注意控制摄入量，避免过量带来的健康风险。合理选择和搭配这些食物，可以有效满足婴幼儿对碘的营养需求，为其健康成长打下坚实基础。

④锌。

锌属于人体必需的微量元素，在人体中的含量仅次于铁。它参与人体许多正常生理功能，尤其对婴幼儿生长、智力发育有着极其重要的作用。

a. 锌的生理功能。

一是锌可以促进生长发育。锌参与机体内许多酶的组成，而酶在机体内起到非常重要的作用，许多反应需要酶参与，如 DNA 合成、蛋白质合成、脂质合成等，因此锌能促进生长发育。

二是锌可以维持人体正常食欲。婴幼儿缺锌会导致食欲不振、厌食，缺锌严重时会导致身材矮小，有异食癖，比如爱咬衣物、咬指甲、咬玩具等。

三是锌可以增强人体免疫力。锌是免疫器官胸腺发育的营养素，只有锌量充足才能有效保证胸腺发育，正常分化 T 淋巴细胞，促进细胞免疫功能。

四是锌可以促进维生素 A 的代谢和保持正常视觉。锌有促进维生素 A 吸收的作用，维生素 A 的吸收离不开锌。维生素 A 平时储存在肝脏中，当人体需要时，就要将维生素 A 输送到血液中，而这个过程是靠锌来完成"动员"工作的。

b. 婴幼儿膳食锌参考摄入量。

根据《中国居民膳食营养素参考摄入量（2023）》，0～3 岁婴幼儿膳食锌参考摄入量如表 3-7 所示。

表 3-7 0～3 岁婴幼儿膳食锌参考摄入量

单位：毫克/天

年龄	参考摄入量
0～6 月龄	1.5
7～12 月龄	3.2
1～3 岁	4

婴幼儿锌摄入不足会引起食欲不振、味觉减退、皮肤粗糙、免疫功能降低及性器官发育不良等症状。婴幼儿锌摄入过量，会引起腹痛、腹泻、恶心、呕吐等锌中毒症状。

c. 婴幼儿膳食锌的食物来源。

婴幼儿膳食锌主要来源于动物性食物和植物性食物。动物性食物来源包括牡蛎、甲壳类、肝脏、肉类和乳制品等；植物性食物来源包括全谷物、豆类、小麦胚芽和坚果。

（2）维生素。

维生素是维持人体正常生理功能和代谢反应的一类有机化合物，机体所需量极少，但依靠自身无法合成，只能从食物中摄取。维生素有很多种，根据其溶解性可分为脂溶性维生素和水溶性维生素两种。维生素 A、维生素 D、维生素 E、维生素 K 都是脂溶性维生素。水溶性维生素包括 B 族维生素和维生素 C。脂溶性维生素不易在体内代谢和排出，易发生中毒；水溶性维生素可以被迅速代谢和排出，不易发生中毒。

①维生素 A。

维生素 A 是一种脂溶性维生素，也被称为视黄醇。

a. 维生素 A 的生理功能。

维生素 A 可以参与视紫红质的合成，增强视网膜感光力；维护上皮组织的健全；促进正常的生长发育。

b. 婴幼儿膳食维生素 A 参考摄入量。

根据《中国居民膳食营养素参考摄入量（2023）》，0～3 岁婴幼儿膳食维生素 A 参考摄入量如表 3-8 所示。

表 3-8　0～3 岁婴幼儿膳食维生素 A 参考摄入量

单位：微克/天

年龄	参考摄入量
0～6 月龄	300
7～12 月龄	350
1～3 岁	340（男），330（女）

婴幼儿若维生素 A 摄入不足，易出现暗适应能力下降、夜盲症、皮肤和黏膜干燥、眼干燥、生长发育不良等症状。婴幼儿若维生素 A 摄入过量，会出现皮肤瘙痒、食欲不振、脱发和易激惹等症状。

c. 婴幼儿膳食维生素 A 的食物来源。

维生素 A 的良好食物来源首先是动物性食物，因为动物肝脏（尤其是海水鱼的肝脏）中含有大量的维生素 A，从鲨鱼、鳕鱼等深海鱼的肝脏中提炼的鱼肝油，主要功效成分之一就是维生素 A。其他动物肝脏，如猪肝、鹅肝等也是维生素 A 的主要食物来源，中国古代就提出可以用羊肝、猪肝治疗雀目症。其他动物性食物如全奶、奶油、禽蛋等也含有较丰富的维生素 A。其次是植物性食物，如深绿色或红黄色的蔬菜和水果，虽然植物性食物一般不含维生素 A，但是含有各种类胡萝卜素，在人体内可以转化为视黄醇或者视黄醛，称为维生素 A 原。

②维生素 D。

维生素 D 是一种脂溶性维生素，最主要的是维生素 D_3 与 D_2。

a. 维生素 D 的生理功能。

维生素 D 可以调节人体内钙、磷物质的代谢，提高人体肠道对钙、磷的吸收，维持血钙和血磷的平衡；维生素 D_3 可以促进骨骼生长和骨骼钙化，促进牙齿健全；调节人体细胞的生长和分化；维持血液中柠檬酸盐的正常水平，调节免疫功能。

b. 婴幼儿膳食维生素 D 参考摄入量。

根据《中国居民膳食营养素参考摄入量（2023）》，0～3 岁婴幼儿膳食维生素 D 参考摄入量如表 3-9 所示。

表3-9 0～3 岁婴幼儿膳食维生素 D 参考摄入量

单位：微克/天

年龄	参考摄入量
0～6 月龄	10
7～12 月龄	10
1～3 岁	10

婴幼儿若维生素 D 摄入不足，易出现缺钙现象，导致骨质疏松、佝偻病、骨软化症等症状，可以通过饮食补充。婴幼儿若维生素 D 摄入过量，易出现食欲不振、恶心、腹泻、便秘等症状。

c. 婴幼儿膳食维生素 D 的食物来源。

维生素 D 主要通过皮肤接触日光或从膳食中获得。维生素 D 良好的食物来源主要有动物肝脏、蛋黄等。鉴于母乳中维生素 D 含量低，故未添加辅食的婴幼儿需适当补充鱼肝油。

③维生素 B_1。

维生素 B_1 又称维生素 B_1 素，是一种水溶性维生素，是机体内糖代谢所必需的生物活性物质。

a. 维生素 B_1 的生理功能。

维生素 B_1 以辅酶的形式参与糖类代谢，促进糖氧化；参与部分脂肪酸和氨基酸的代谢；调节神经系统的重要功能。

b. 婴幼儿膳食维生素 B_1 参考摄入量。

根据《中国居民膳食营养素参考摄入量（2023）》，0～3 岁婴幼儿膳食维生素 B_1 参考摄入量如表3-10 所示。

表3-10 0～3 岁婴幼儿膳食维生素 B_1 参考摄入量

单位：毫克/天

年龄	参考摄入量
0～6 月龄	0.1
7～12 月龄	0.3
1～3 岁	0.6

若婴幼儿维生素 B_1 摄入不足，易导致脚气病、食欲减退和烦躁不安等情况发生。若婴幼儿摄入过量维生素 B_1，会出现头痛、疲惫、烦躁、食欲缺乏、浮肿、腹泻等症状。

c. 婴幼儿膳食维生素 B_1 的食物来源。

维生素 B_1 含量丰富的食物首先是谷类食物，如小麦、大米，多存在于谷皮的胚芽当中；其次是豆类食物，如黄豆、红豆、黑豆当中往往都有着非常丰富的维生素 B_1；最后是动物内脏，如肝、心、肾中含有维生素 B_1。另外，瘦肉和鸡蛋当中，也含有非常丰富的维生素 B_1。需要注意的是，维生素 B_1 是一种水溶性维生素，容易被烹调和加热破坏，所以在烹调食物时要注意保留维生素 B_1。

④维生素 B_2。

维生素 B_2 又称为核黄素，是一种身体不可缺少的水溶性维生素。

a. 维生素 B_2 的生理功能。

维生素 B_2 参与体内生物氧化与能量代谢，维护皮肤与黏膜的完整性。

b. 婴幼儿膳食维生素 B_2 参考摄入量。

根据《中国居民膳食营养素参考摄入量（2023）》，0～3 岁婴幼儿膳食维生素 B_2 参考摄入量如表 3-11 所示。

表 3-11   0～3 岁婴幼儿膳食维生素 B_2 参考摄入量

单位：毫克/天

年龄	参考摄入量
0～6 月龄	0.4
7～12 月龄	0.6
1～3 岁	0.7（男），0.6（女）

婴幼儿若缺乏维生素 B_2，易出现口角炎，包括口腔溃疡和口角糜烂等症状。另外，还可能对眼睛造成影响，容易出现视力模糊、视力疲劳、怕光、流泪、角膜出血等症状。婴幼儿若摄入过的维生素 B_2，可能造成尿液变黄、皮肤瘙痒、皮肤有刺痛感等危害。

c. 维生素 B_2 的膳食来源。

维生素 B_2 广泛存在于动物性食物与植物性食物中，如存在于奶类、蛋类、各种肉类、内脏、谷类、蔬菜与水果中。奶类和肉类提供相当数量的维生素 B_2，谷类和蔬菜是中国居民维生素 B_2 的主要来源。

⑤维生素 C。

维生素 C 又称抗坏血酸，是一种水溶性维生素，几乎是所有饮食中最容易获得的维生素之一。

a. 维生素 C 的生理功能。

维生素 C 可以使三价铁还原成二价铁，有利于铁的吸收；增强人体免疫力；促进胶原蛋白合成，有利于伤口愈合；参与胆固醇代谢，降低胆固醇含量。

b. 婴幼儿膳食维生素 C 参考摄入量。

根据《中国居民膳食营养素参考摄入量（2023）》，0～3 岁婴幼儿膳食维生素 C 参考摄入量如表 3-12 所示。

表 3-12   0～3 岁婴幼儿膳食维生素 C 参考摄入量

单位：毫克/天

年龄	参考摄入量
0～6 月龄	40
7～12 月龄	40
1～3 岁	40

婴幼儿若缺乏维生素 C，会出现面色发白、皮肤干燥、口腔黏膜容易长溃疡或者皮肤容易发炎、情绪烦躁、体重增长缓慢、毛发干枯、牙龈出血、免疫力低、爱感冒等症状。婴幼儿摄

入过量维生素 C 会对胃黏膜造成刺激和损伤，增加肝和肾负担，引起肝和肾损伤。

c. 婴幼儿膳食维生素 C 的食物来源。

维生素 C 主要来源为新鲜蔬菜和水果，叶菜类蔬菜维生素 C 含量比根茎类蔬菜多，酸味水果维生素 C 含量比无酸味水果多。维生素 C 含量较多的蔬菜，常见的有辣椒、西红柿、油菜、卷心菜、芥菜等。维生素 C 含量较多的水果，常见的有山楂、猕猴桃、草莓、柚子、橙子、苹果等。动物性食物所含的维生素 C 含量较少。谷物、豆类等主食中，一般不含维生素 C。维生素 C 加热后容易被破坏，在空气中放置过久也会流失，所以对于维生素 C 含量较多的水果，应尽快食用，防止维生素 C 氧化被破坏。

（3）水。

水是人体的重要组成成分，也是维持生命的必需物质。

①水的生理功能。

水是构成细胞和体液的重要组成部分，参与新陈代谢，调节体温，具有润滑作用。

②婴幼儿水参考摄入量。

根据《中国居民膳食营养素参考摄入量（2023）》，0～3 岁婴幼儿水参考摄入量如表 3-13 所示。

表 3-13　0～3 岁婴幼儿水参考摄入量

单位：毫升/天

年龄	参考摄入量
0～6 月龄	700
7～12 月龄	900
1～3 岁	1300

需要注意的是，0～6 月龄纯母乳喂养的婴儿，不需要额外补充水分。

③婴幼儿水的食物来源。

水的主要食物来源是饮水和食物。常见含水较多的食物有水果类、蔬菜类、奶类和汤粥类。

二、婴幼儿喂养

0～3 岁是婴幼儿生长发育的高峰期，在这一时期婴幼儿体格生长和大脑发育迅速，尤其是 1 岁以内，其体重在出生体重的基础上翻两倍，身长增长约 25 cm。如果这一时期婴幼儿营养不足，生长发育会严重受限，轻则会导致瘦小、贫血、抵抗力下降等问题，严重甚至会造成死亡。而婴幼儿营养过剩则可能造成肥胖，以及成年后发生高血压、冠心病的风险升高。因此，科学喂养既是每个家庭的责任，也是教育工作者、医务工作者需要了解的内容。

（一）0～1 岁婴儿的喂养方式与辅食制作

0～1 岁婴儿喂养主要可以分为两个阶段：0～6 月龄婴儿，母乳或者人工喂养；6～12 月龄婴儿，除奶类外，逐渐添加各种辅食。

1. 母乳喂养

母乳中水分充足，营养价值高，富含蛋白质、脂肪、维生素及各种矿物质，可以提高机体免疫力，增强体质，有利于婴儿的生长发育；母乳中含有消化酶，更容易被婴儿消化吸收；母乳中还含有脂肪酸和牛磺酸，可以促进神经系统的发育，从而有助于婴儿大脑发育。

（1）母乳喂养的方法

①产前准备。

保证孕期营养。孕期营养不良会影响产后乳汁分泌，多吃富含蛋白质、维生素等的食物，为产后泌乳做准备。同时做好乳房护理，从怀孕 7～8 月起，开始按摩乳房，增强乳房的血液循环，分泌更多的催乳素、催产素，可以帮助产后催乳。

②尽早开奶。

新生儿出生之后 1～3 天是开奶的黄金期，做到"早接触、早吸吮、早开奶"，可以刺激催乳素的分泌，有效提高母乳喂养的成功率。并且初乳富含丰富的免疫球蛋白、乳铁蛋白，可以有效地增加新生儿的抵抗力，减少患病机会。

③正确的含乳姿势。

婴儿下颌贴在乳房上，嘴巴张大，将乳头及大部分乳晕含在嘴里。如果能听到婴儿的吮吸声，表明婴儿的含乳姿势正确。

④正确的哺乳技巧。

a. 摇篮式。

这是一种经典的哺乳姿势，母亲需要用胳膊托住婴儿的头，并坐在有扶手的椅子上，或者靠在枕头上，把脚放在矮凳上，然后把婴儿放在大腿上，让婴儿侧面躺着，脸、腹部、膝盖直接对着母亲。例如，如果婴儿吮吸母亲右侧的乳房，则把婴儿的头放在母亲右臂的弯曲处，把前臂和手伸到婴儿的背上，托住其颈部、脊柱和臀部。

b. 交叉姿势。

把婴儿的头靠在母亲的前臂上，如果母亲用右侧乳房喂奶，则用左手和左臂抱住婴儿，让婴儿的胸腹朝向母亲，然后用手指托住婴儿头部后侧和耳朵下方，引导婴儿找到乳头。这种姿势适合有吮吸困难和低体重的婴儿。

c. 足球式。

这种姿势是把婴儿夹在胳膊下面（和哺乳乳房同侧的胳膊），形似环抱足球。首先，把婴儿放在身体侧面的胳膊下面，脚伸在母亲身后。用一只手托起婴儿的颈肩部。另一只手呈 C 形托住乳房，引导婴儿找到乳头。这种哺乳姿势适合乳头凹陷和剖宫产的母亲。

d. 侧卧式。

母亲身体侧卧，头下垫软枕。婴儿侧身与母亲正面相对，母婴腹部相贴，婴儿的嘴与母亲乳头处在同一平面，母亲手指并拢托住乳房。这种姿势适合夜晚喂养和剖宫产的母亲。

（2）母乳喂养的注意事项

①母乳喂养的次数和数量。

《儿童喂养与营养技术指导规范》指出："3 月龄内婴儿应频繁吸吮，每日不少于 8 次，可使母亲乳头得到足够的刺激，促进乳汁分泌。""3 月龄内婴儿奶量约 500～750 毫升/日。""4～6 月龄逐渐定时喂养，每 3～4 小时一次，每日约 6 次。""4～6 月龄婴儿奶量约 800～1000 毫升/日，逐渐减少夜间哺乳。"

②判断母乳量是否充足。

首先观察婴儿体重的增长情况。婴儿出生 6 个月以内，每月体重增长不少于 500 g，如果每月体重增长正常，说明得到了足够的母乳；其次，看婴儿的排尿次数，纯母乳喂养而且奶量足够的婴儿，每日排尿次数在6~8次。如果婴儿排尿次数少于6次，且尿浓味重，说明没有得到足够的母乳。

③双侧乳房交替喂奶。

每次哺乳时应喂空一侧乳房后再喂另一侧，下次哺乳从另一侧未喂空的乳房开始。若每次只让婴儿吃一侧乳房的奶，或仅从另一侧乳房中吃少量的奶，则吃得少的那侧乳房的乳汁分泌会减少，甚至停止，最后造成母亲两侧乳房大小不一。

④哺乳后要拍嗝。

母乳喂养以后给婴儿拍嗝能够帮助婴儿排出消化道内的空气，有效地减少婴儿溢奶和吐奶的发生。另外，给婴儿拍嗝时，要采取合适的体位，如让婴儿的头颈伏于在成人肩上，成人一手托着婴儿的腰，另一手扣住婴儿的后背，从下到上轻轻拍婴儿的后背，这时候可以有效促进婴儿胃内空气的排出，有效缓解婴儿打嗝的症状。拍完嗝以后把婴儿轻轻放在床上，采取侧卧位，这样婴儿即使出现吐奶的情况，也可以防止误吸。

⑤不宜喂母乳的情况。

如果婴儿出现母乳性黄疸，建议停喂母乳，待婴儿黄疸减轻后，再恢复母乳喂养。停喂母乳期间，母亲可定时挤奶，将多余的奶储存在冰箱中。另外，如果母亲患严重疾病或需服用药物时，应咨询医生，根据情况决定是否停喂母乳。

⑥纯母乳喂养应注重补充维生素D。

母乳中维生素D含量低，纯母乳喂养不能满足婴儿对维生素D的需要。婴儿从出生后数日就应按要求额外补充维生素D。

2. 人工喂养

母亲身患严重疾病、乳汁分泌不足，或婴儿自身疾病等原因，造成不能用纯母乳喂养时，就需要用配方奶粉进行人工喂养。

（1）人工喂养的方法

①物品准备。

a. 婴儿配方奶粉。

婴儿配方奶粉是指以乳牛或其他动物的乳汁为基本组成，并适当添加营养素，使其总合后的成分能满足婴儿生长与发育所需的一种人工食品。喂养者需根据婴儿月龄段选择合适的配方奶粉。0~6个月的婴儿选用第一阶段婴儿配方奶粉；6~12个月的婴儿选用第二阶段婴儿配方奶粉；12~36个月的婴儿选用第三阶段配方奶粉。若婴儿对牛奶蛋白有过敏反应，可选择水解婴儿配方奶粉。

b. 奶瓶。

奶瓶按材质可以分为玻璃奶瓶、塑料奶瓶和硅胶奶瓶等，喂养者可根据实际需要购买。

c. 奶嘴。

奶嘴可分为S、M、L三个型号，喂养者一定要根据婴儿的月龄段和吃奶情况及时更换奶嘴。

②奶液的调配。

调配婴儿配方奶粉需要严格按照奶粉包装上面的调配比例进行，若奶粉过多，奶液过浓，易导致婴儿消化不良、肥胖，甚至肾脏受损。若奶粉过少，易导致婴儿营养不良。

③喂奶方式。

在喂奶时，喂养者将婴儿抱起，使其身体和面部朝上斜卧于喂养者的怀中。在喂奶时，始终保持奶瓶倾斜45°左右，保持奶嘴及奶颈部充满奶液，以避免婴儿在吸奶时吸入大量空气，引起溢奶。

（2）人工喂养的注意事项

①喂养次数与奶量。

在将配方奶粉作为1岁以内婴儿的主要营养来源时，需要正确估算婴儿摄入的奶量。1月龄的新生儿胃容量较小，吃奶量也较小，可不定时喂养，奶量从每次15～20 mL开始逐渐增加。具体情况可参考表3-14。

表3-14　婴儿月龄与喂养次数、每次奶量、时间间隔

月龄/月	喂养次数/次	每次奶量/mL	间隔时间/h
0～0.5	8～12	1～3 天：5～15 4～7 天：25～50 8～15 天：60～90	1～3
0.5～1	8～10	60～120	3～4
1～2	6～7	120～150	3.5～4
2～3	5～6	150～180	4
3～5	5	180～200	4～5
5～6	3～5	200～240	4～6
7～12	3～5	200～240	6

②正确拍嗝。

人工喂养与母乳喂养的拍嗝方法一致。

③奶瓶的清洁。

在使用完奶瓶后，应用奶瓶刷和奶嘴刷进行彻底清洗，以防残留的奶垢滋生细菌。在清洗后，可高温蒸煮10～15分钟。

3. 混合喂养

混合喂养是指当母乳不足时，用婴儿配方奶粉作为补充进行喂养。

（1）混合喂养的方法

①补授法。

补授法一般是指用先母乳后配方奶粉的方式进行喂养。补授法比较适用于婴儿刚出生，母乳的分泌量比较少的情况，可以先让婴儿把左右两边的母乳喝完后再适量地加入奶粉。根据婴儿进食量逐步加大奶粉量，避免出现消化不良的情况。

②代授法。

代授法是指母乳和配方奶粉交替喂养，这种方法比较适合母亲需要外出，不能按时喂养婴儿的情况。婴儿每天都需要多次喂养，通常可以一次母乳、一次奶粉交替喂养，便于控制婴儿每顿的进食量。母乳消化、吸收得比较快，配方奶粉则比较慢，它们相互协作，既可以吸收足够的营养，还可以减轻婴儿胃肠道的负担。

（2）混合喂养的注意事项

①坚持母乳优先。

喂养婴儿时，先让婴儿吃母乳，坚持按时喂养母乳，每次两侧乳房吸空后再以配方奶粉

作为补充，这样可以保持母乳乳汁分泌。

②不要将母乳和配方奶粉混合着喂养婴儿。

当给婴儿喂奶时，同一次喂养中不得混合母乳与配方奶粉，以免导致婴儿消化不良。

③按规律喂养。

按规律喂养有利于婴儿消化、吸收，避免过度喂养。同时，加配方奶粉以后，婴儿喂奶的间隔时间可适当延长 0.5～1 小时。最后，夜间乳汁分泌相对增加，尽量母乳喂养。

4. 辅食添加

婴儿满 6 个月后，胃肠道等消化器官已相对发育完善，可消化除母乳和配方奶粉外的多样化食物。同时婴儿的口腔运动功能、味觉、嗅觉等也为接受新食物做好了准备。建议引入辅食的月龄为 6 个月左右，不早于 4 个月。

（1）各阶段辅食种类及制作

①吞咽阶段（6～7 个月）。

a. 辅食种类。

婴儿刚添加辅食，应该选择易吸收、不易产生过敏且富含铁的泥状食物。首选强化铁婴儿米粉；然后是根茎类的蔬菜泥和水果泥，训练婴儿的味觉以及吞咽能力。

b. 辅食制作。

一是制作强化铁米粉糊。不同品牌的婴儿米粉的冲调用量和方法不同，需要参考包装上的提示，或按宝宝可接受的稀稠程度冲调。

二是制作蔬菜泥和水果泥。蔬菜泥中蔬菜的选择一般是从根茎类的蔬菜开始，如南瓜、土豆、红薯、胡萝卜、山药等，再添加绿色蔬菜，如油菜、白菜、紫甘蓝等。蔬菜泥制作很简单，一般在蔬菜蒸熟后或煮熟后用料理棒打成泥和米粉混合在一起即可。水果泥可选苹果、香蕉、牛油果、梨等，将其洗净后再对半切开，用不锈钢小勺刮取果肉泥。

②嚼嚼阶段（8～9 个月）。

a. 辅食种类。

婴儿度过辅食添加的适应期，吞咽功能得到提升。在泥状食物基础上，逐步添加碎末状食物，如软米饭、蛋黄、肉、豆腐等食物。

b. 辅食制作。

一是制作肉泥或肉末。可选用瘦猪肉、牛肉、鸡肉等，洗净后剁碎，加适量的水蒸熟后用料理棒打成肉泥或剁成碎末，与米粉混合在一起即可。

二是制作蛋黄泥。将鸡蛋煮好后，取出蛋黄加温水搅成糊状。

三是制作粥面类。将粥、面煮熟后，适当添加肉末、蔬菜碎末。

③细嚼阶段（10～12 个月）。

a. 辅食种类。

这个阶段的婴儿可以靠门牙及牙床磨碎一些食物，所以要提供一些锻炼咀嚼的指状辅食，比如疙瘩汤、小馄饨、果蔬块等。

b. 辅食制作。

一是制作疙瘩汤。取适量面粉，分次加入少量清水，一边加水，一边搅拌成大小均匀的面疙瘩。待锅中水煮开后，下入面疙瘩搅匀，避免面疙瘩结成大块，盖上锅盖煮 5 分钟即可。可根据需要加入蔬菜碎末、肉末和蛋类，以增加营养和风味。

二是制作小馄饨。可将肉类和蔬菜剁成碎末，加入少许香油搅拌均匀，做好馄饨馅。馄饨皮一分为四,包入馅料,做成成人拇指大小的馄饨,方便婴儿入口咀嚼。

三是制作果蔬块。将水果或根茎类蔬菜切成便于婴儿用手抓握的大小,既可以锻炼婴儿的咀嚼能力,又能训练其自主进食能力。

5.0~1岁辅食添加注意事项

(1)注意食品安全

选择新鲜、优质、无污染的食物制作辅食,制作好的食物应及时食用或妥善保存。婴儿在进食前应洗手。注意保持餐具和进餐环境干净、卫生。另外,婴儿进食时一定要有成人看护,以防进食时发生意外,禁止喂食整粒花生、坚果、果冻等高风险食物。

(2)辅食不添加调味品

辅食应保持原味,不加盐、糖以及刺激性调味品,保持清淡。清淡口味的食物有利于提高婴儿对不同天然食物口味的接受度,减少偏食、挑食的风险。清淡口味的食物也可减少婴儿盐和糖的摄入量,降低其在儿童期及成人期患肥胖症、糖尿病、高血压、心血管疾病的风险。

(3)辅食烹饪以蒸、煮为主

辅食烹饪最重要的是要将食物煮熟、煮透,同时尽量保持食物中的营养成分和原有口味,并使食物质地能适合婴幼儿的进食能力。因此,辅食烹饪宜多采用蒸、煮方法,避免煎、炸。

(4)辅食添加应循序渐进

辅食要一种一种地添加。添加某种辅食,如婴儿表现出不适,如呕吐、腹胀、腹泻、消化不良、不爱吃等现象,就要暂时停止添加,也不要添加另一种新的辅食,但可继续添加已经适应的辅食。1周后,再重新添加该种辅食,但量要减少。

(5)不强迫进食

应尊重婴儿对食物的选择,耐心鼓励和协助婴儿进食,但绝不强迫进食。为婴儿营造良好的就餐氛围和就餐环境,另外,喂养者也应做好婴儿进食的好榜样。

(二)1~3岁幼儿的合理喂养

1.1~3岁幼儿的进食特点

从1岁到3岁,随着年龄的增长,幼儿乳牙由少到多,逐渐出齐,摄取、消化、吸收多种类食物的能力逐渐增强。幼儿的营养需要和喂养方式已不同于婴儿,以液体类食物为主的喂养方式已不能满足幼儿发育的需求。其适宜的食物种类、食谱结构、食物性状及进食安排均逐渐开始向成人转换。但由于幼儿消化系统发育尚未成熟,饮食还需特殊安排。

2.1~3岁幼儿喂养重点

(1)1~2岁幼儿喂养重点

1~2岁是食物转换的过渡阶段,喂养重点是主食由婴儿期的液体类食物转换为多种食物搭配的均衡膳食,相关饮食重点如下:

①正餐食谱结构。

谷物(米、面等)+动物性食物(肉、禽、鱼、虾、蛋)+蔬菜。

②正餐膳食制作要求。

以软饭、碎肉、碎菜为主,有利于消化、吸收。适当添加油、盐等调味品,增加食物的色、香、味，促进幼儿的食欲。但注意仍以清淡食物为主。

③每日膳食安排。

三次正餐，两次加餐，加餐以水果和奶类为主，虽然奶类已经不是幼儿的主食，但每天至少应有 400～600 mL 的摄入量，以满足幼儿生长发育对蛋白质的需求。

（2）2～3 岁幼儿喂养重点

2～3 岁幼儿已经完成食物转换，食物种类和膳食结构接近成人。喂养重点如下：

①培养自主进食能力。

1 岁左右可在成人辅助下用勺子吃粥、面，1 岁半起可以学会自主用勺子进食，2～3 岁可练习使用筷子。

②规范进食行为。

定时、定点、定量进食，并且快乐进食，每次就餐时间为 20～30 分钟。在婴幼儿进食过程中，喂养者应避免让其边玩边吃，或者边看电视边吃。限制幼儿的高脂食物、高糖食物、快餐饮品、碳酸饮料的摄入。

③膳食多样化。

食物要多样化，粗细粮搭配，荤素菜都有。多选择蛋类、鱼禽肉类和豆制品等富含优质蛋白的食物，交替食用。粮食除大米、白面外，要常与小米、玉米、黑米等杂粮搭配。

④注意进食安全。

花生、瓜子、核桃、果冻有呛入气管的危险，应避免给幼儿食用，鱼、蟹、肉应该去除刺、壳、骨之后再给幼儿食用。

3.1～3 岁幼儿良好饮食习惯培养建议

1～3 岁是良好饮食习惯形成的关键期，在这一时期帮助幼儿培养良好的饮食习惯，能促进幼儿更加健康地成长，甚至能够避免其成年后患高血压、糖尿病、冠心病等因为饮食不当而导致的慢性疾病。

（1）以身作则，塑造健康的饮食行为

幼儿通过模仿父母的行为来学习，作为父母，应该养成健康的饮食习惯并展示给幼儿，帮助幼儿学习并养成良好的饮食习惯。

（2）均衡的饮食

确保幼儿的饮食包括各种食物，如蔬菜、水果、谷物、蛋白质和健康脂肪，避免摄入过多加工食品和含糖饮料。

（3）食物多样

鼓励幼儿尝试不同种类的食物，可以邀请幼儿一起制定食谱，让幼儿参与食物的选择和准备过程。

（4）建立规律的饮食时间

规律的饮食时间可以帮助幼儿形成定期进食的习惯。建议每天固定三餐，并给予两次合理的小食时间。饮食规律可以让幼儿养成吃饭的节奏感，减少挑食和过度进食的可能性。

（5）做好饮食教育

向幼儿解释食物的营养价值和作用，帮助他们了解健康饮食的重要性。可以利用读书、观看视频和互动游戏等方式进行教育。

（6）不过分限制食物

尽量不要完全禁止某些食物，如糖果、薯片、冰激凌等，这会增加幼儿对这些食物的渴望。相反，可以教导他们适量享用这类食物，并强调适度的重要性。

（7）顺其自然，不强迫进食

在任何情况下，强迫进食都是无益的。不要强迫幼儿吃不喜欢的食物，也不要每餐都要求幼儿吃下"应该吃的量"，这样会引起幼儿情绪烦躁，食欲降低，消化液分泌也会减少，影响消化和吸收。

【资料卡】

反式脂肪酸

脂肪酸是组成脂肪的重要成分，可以分为饱和脂肪酸和不饱和脂肪酸。反式脂肪酸是一种不饱和脂肪酸。反式脂肪酸对身体有一定危害，如果摄入过多，则会引起动脉粥样硬化、冠心病等心脑血管疾病，从而危害健康。反式脂肪酸的产生主要是由于植物油被氢化，这类经过氢化处理的植物油又叫作氢化植物油，常见于代可可脂、起酥油、人造黄油等加工食品。《中国居民膳食营养素参考摄入量（2023）》提出：2 岁以上儿童和成人膳食中由食品工业加工产生的反式脂肪酸的最高限量应占膳食总能量的 1%，大约相当于每天 2 克的摄入量。

海姆立克急救法①

意外窒息占婴儿意外死亡原因的 90%，导致窒息的主要原因是呼吸道异物阻塞。海姆立克急救法适用于气道完全阻塞的人，这些人具体表现为无法咳嗽、呼吸困难、脸或肢端发青发紫。

针对 1 岁以下婴儿的海姆立克急救具体方法：①成人屈膝跪坐在地上，抱起婴儿，将婴儿脸朝下，使其身体倚靠在成人膝上；②单手用力拍婴儿两肩胛骨之间，拍击 5 次；③再将婴儿翻正，在婴儿胸骨下半段用食指及中指压胸 5 次；④重复上述动作，用压力帮助婴儿咳出堵塞气管的异物。

1 岁以上儿童及成人海姆立克急救具体方法：①在儿童或成人背后，用两手臂环绕其腰部；②双手放于儿童或成人肚脐和胸骨间；③一手握拳，另一手包住拳头；④双臂用力收紧，瞬时按压儿童或成人胸部；⑤持续几次挤压，直到气管异物吐出。

【作业】

1. 线上：通过对线上教学资源"营养与喂养"的学习，绘制婴幼儿所需各类营养素相关知识的思维导图。

2. 线下：设计婴幼儿一日营养食谱。

思考：还有什么培养幼儿（1～3 岁）良好饮食行为习惯的策略？

3. 去托育中心跟随早期教育工作者学习婴幼儿营养与膳食指导以及婴幼儿良好饮食习惯培养的实际操作。

---

① 陈志. 海姆立克急救法：生命的拥抱［J］. 大众健康. 2017：1.

【第二节学习任务清单】

案例 1

爱夜醒的果冻

果冻是一个活泼可爱的2岁男孩。在白天，他通常充满了活力和好奇心，喜欢跑来跑去，对周围的一切都抱有极大的兴趣。然而，果冻的睡眠质量非常差，他经常在半夜醒来，而且很难再安静地回到梦中。

果冻的父母非常担忧，因为他的这种状况已经持续了好几个月。他们尝试过各种方法来帮助他改善睡眠，如讲睡前故事、温柔地抚摸、保持规律的睡眠时间等，但似乎都没有太大的效果。在尝试的过程中，果冻的父母也了解到一些可能引发夜醒的因素，如过度兴奋、过度疲劳、尿急等，但他们注意到，这些因素似乎并不是导致果冻夜醒的主要原因。

在与儿科医生咨询后，果冻的父母了解到，有些孩子在成长过程中可能出现夜醒的情况，这可能与他们的生理节律或者心理状态有关。医生建议他们继续保持耐心，并尝试帮助果冻建立更健康的睡眠习惯。医生还提到，这个阶段的小朋友通常需要家长的陪伴来增强他们的安全感，这也有助于改善他们的睡眠质量。

果冻的父母决定按照医生的建议来做。他们开始在睡前和果冻进行一段温馨的亲子时光，给他讲一些轻松的故事，帮助他放松心情。同时，他们尽量保持一致的睡眠时间，并确保果冻的睡前活动不会让他过于兴奋。在半夜里，如果果冻再次醒来，他们会及时出现在他身边，给予他足够的安全感，并轻声告诉他："现在是晚上，你需要睡觉。"

经过一段时间的努力，果冻的睡眠质量明显提高了。虽然他偶尔还会在半夜醒来，但比起以前，他的睡眠时间已经大大延长了。果冻的父母感到非常欣慰，因为他们知道，通过持续的耐心和关爱，他们最终帮助果冻克服了这个难题。

请根据果冻的睡眠情况分析，还可以通过什么样的方式帮助他形成良好的睡眠习惯？

案例 2

睡不踏实的岢岢

在一个寂静的夜晚，月光透过窗户柔和地照在婴儿的小床上。床上的婴儿，小得像一只小鸟，静静地闭着眼睛，呼吸微弱而规律。

这个婴儿名叫岢岢，他来到这个世界上才五个星期。在过去的一个多月里，他的父母发现他总是容易惊醒，每次只有短暂的睡眠，而且即使在长时间的哺乳和抱着他的过程中，他也总是显得躁动不安。

他们带岢岢去了儿科医生那里咨询，经过一些检查和观察，医生认为岢岢可能有一些睡眠问题。他建议岢岢父母尽量保持家庭的日常规律，并在晚上保持安静，以便岢岢可以有一个稳定的睡眠环境。

虽然岢岢的父母已经遵循医生的建议，但岢岢仍然无法睡得安稳。每次当他开始进入深度睡眠时，他就会突然抽动一下或者哭出声来，就像是被什么东西吓到一样。然后，岢岢的父母就需要花时间重新安抚他，这让他们也感到非常疲惫。

岢岢的父母开始感到无助和焦虑，他们不知道如何帮助这个小生命获得更好的睡眠。他们也开始担心岢岢的这种状况会影响他的发育和健康。

在岢岢三个月大的时候，他的父母找到了一个儿童睡眠专家。这位专家和他们深入讨论了岢岢的睡眠问题，并给出了新的建议。专家认为，岢岢可能是在从浅睡眠过渡到深度睡眠时出现了困难，需要通过一些特殊的技巧和方法来帮助他。

岢岢的父母带着希望开始尝试新的方法。他们开始在晚上给岢岢更多的身体接触，比如拥抱和抚摸，尽量让他感到安全和放松。他们还在岢岢的床边放置一个能发出规律白噪声的机器，用来掩盖环境中的杂音和干扰。

经过一段时间的努力，岢岢的睡眠状况开始有所改善。虽然他仍然会在睡眠时抽动和哭出声来，但他的父母已经学会了如何快速安抚他，让他重新回到平静的睡眠状态。

分析岢岢的睡眠情况，并找出岢岢睡不踏实的原因。

第二节　睡眠

一、婴幼儿睡眠概述

（一）婴幼儿睡眠的功能

婴幼儿睡眠的重要性无可忽视。婴幼儿睡眠与生长发育密切相关，尤其是夜间睡眠时脑垂体分泌的生长激素达到高峰，能促进机体生长发育。此外，在睡眠期间婴幼儿大脑和各器官组织也能得以休息，重新储存能量和物质，保障婴幼儿清醒时的活动质量。因此，了解婴幼儿睡眠的概念、特点和规律，并掌握各年龄阶段的睡眠引导策略，对于家长和教育工作者具有重大意义。

（二）婴幼儿睡眠的概念

婴幼儿睡眠是指婴幼儿在生理和心理需求驱动下，所展现出的一种周期性的、反复出现的、由清醒至睡眠的过渡意识状态。这种状态通常伴随着身体的休息和大脑的活跃，是婴幼儿成长过程中不可或缺的一部分。例如，新生儿每天的睡眠时间大约在16～20小时，而3岁的幼儿每天则需要12～13小时的睡眠。

（三）婴幼儿睡眠的特点和规律

婴幼儿睡眠具有三个主要特点：时间长，受生物钟控制，且与清醒状态相互切换。婴幼儿的生物钟使其在日间保持清醒状态，晚上则进入睡眠状态。此外，婴幼儿的睡眠周期较短。这使得他们需要多次短暂的休息来保持精力充沛。0～3岁婴幼儿睡眠时间可参考表3-15。

表 3-15 0~3 岁婴幼儿睡眠时间

年龄	每天睡眠时间 /小时	日间小睡次数 /次	说明
新生儿	18~20	若干	大多数时间都在睡觉，每个睡眠周期约 45 分钟，每隔 2~4 小时要吃奶，并睁开眼睛觉醒几分钟到 1 小时，昼夜规律尚未建立
1~3 月	18	3~4	白天睡 3~4 次，1.5~2 小时/次；夜间睡 10~11 小时
4~6 月	15~16	2~3	睡眠逐渐规律，睡眠时间逐渐集中在晚上，一般上午睡 1 次，1~2 小时/次，下午睡 1 次，2~3 小时/次
7~12 月	14~15	2~3	一般上午睡 1 次，1~2 小时/次，下午睡 1~2 次，1~2 小时/次，夜间睡 10 小时，此月龄的婴儿很少一觉睡到天亮，一般夜间要醒来 2~3 次
1~3 岁	12~13	2~3	白天觉醒时间长，有固定的 2~3 次的小睡时间，夜间能一觉睡到天亮

二、培养 0~3 岁婴幼儿良好睡眠习惯

0~3 岁是婴幼儿身体和大脑发育的关键时期，良好的睡眠习惯对于婴幼儿的健康成长至关重要。关于 0~3 岁婴幼儿良好睡眠习惯培养的内容可从以下几个方面了解。

（一）规律的睡眠时间

0~3 岁婴幼儿的睡眠时间应该保持规律。家长应该合理安排婴幼儿的睡眠时间，避免使其过度疲劳，这样才有助于婴幼儿的身体健康和生长发育。

（二）固定的睡眠环境

为了帮助婴幼儿形成良好的睡眠习惯，家长应该保持睡眠环境的稳定。这包括在睡觉前调整室内温度、选择合适的床品等，为婴幼儿创造一个舒适、安静的睡眠环境。

（三）避免过度刺激

在婴幼儿睡觉前，家长应该避免使用过于明亮的灯光、听过于嘈杂的音乐等，以避免干扰婴幼儿的睡眠和影响其身体发育。

（四）培养独立入睡的能力

随着婴幼儿的成长和发展，家长可以逐渐培养其独立入睡的能力，避免其过度依赖父母。这有助于提高婴幼儿的自我独立性，同时也能提升家长的休息质量。

（五）建立睡前仪式

在入睡前进行适当的准备工作，如洗澡、换尿布、喂奶等，有利于婴幼儿建立良好的睡前仪式，进而提高婴幼儿的睡眠质量。

（六）避免睡前饥饿或饱食

喂食应适度，避免婴幼儿睡前饥饿或饱食，影响睡眠质量。家长应该根据婴幼儿的饮食需求合理安排喂食时间和喂养量。

（七）父母榜样作用

家长是婴幼儿的榜样，应树立良好的睡眠习惯，避免不良习惯影响婴幼儿睡眠。例如，家长应该保持规律的作息时间，为婴幼儿树立榜样。

（八）关注需要与反应

家长应该关注婴幼儿的需要和反应，及时调整睡眠时间和环境，以帮助婴幼儿形成良好的睡眠习惯。例如，如果婴幼儿在睡前表现出疲倦的迹象，家长应该尽快安排其睡觉。

（九）持续的耐心和关注

耐心和关注对婴幼儿睡眠习惯的养成十分重要，家长应该给予婴幼儿充分的关怀和帮助。在培养婴幼儿良好睡眠习惯的过程中，家长需要持续关注并耐心引导，确保婴幼儿能够获得充足的睡眠和良好的睡眠质量。

总之，0~3岁婴幼儿良好睡眠习惯培养的内容包括规律的睡眠时间、固定的睡眠环境、避免过度刺激、培养独立入睡的能力、建立睡前仪式、避免睡前饥饿或饱食、父母榜样作用、关注需要与反应以及持续的耐心和关注。这些方面的关注和引导将有助于婴幼儿形成良好的睡眠习惯，促进其健康成长。

三、婴幼儿不同年龄阶段的睡眠策略

（一）0~1月新生儿睡眠策略

1. 建立基本的睡眠习惯

在新生儿出生后的几周内，开始建立基本的睡眠习惯。例如，每天晚上在相同的时间入睡，并保持相对固定的清醒时间。

2. 培养新生儿对声音和光线反应的敏感性

对于新生儿来说，母亲的心跳声、母乳喂养和触摸是最有安全感的声音和触感。通过这种母子间的互动，新生儿可以认识声音和光线，从而形成稳定的睡眠模式。

3. 建立昼夜感

尽量保持白天光线明亮，晚上黑暗安静的睡眠环境，有助于新生儿建立昼夜感。

（二）1~3月婴儿睡眠策略

1. 建立规律作息

从1~3月开始，逐步建立起规律的作息节奏，通过区分白天和黑夜，让婴儿慢慢适应昼夜交替，从而形成自己的生物钟。

2. 培养独立睡眠的能力

此时可以开始培养婴儿独立睡眠的能力，让婴儿慢慢习惯自己在床上睡觉，而不是依赖父母。

3. 保持安静环境

婴儿的睡眠环境需要安静，尽量避免噪声和干扰，让婴儿在安静的环境中入睡。

（三）4～6 月婴儿睡眠策略

1. 建立规律的作息

在此阶段，婴儿的生物钟会变得更加稳定，同时逐渐建立起更规律的作息。家长应该根据婴儿的实际情况，制定合理的作息时间表。

2. 培养自我安抚能力

随着婴儿的成长，家长可以逐渐培养婴儿的自我安抚能力，如通过拥抱、哺乳等方式让婴儿安静下来，然后逐渐减少安抚的次数和时间，让婴儿逐渐适应自主入睡。

3. 保持适当的运动

适度的运动对婴儿的睡眠有好处，家长可以安排一些简单的活动，如婴儿体操、按摩等，增加婴儿的运动量，从而促进婴儿入睡。

（四）7～12 月婴儿睡眠策略

1. 调整作息时间

随着婴儿的成长，他们的睡眠时间会逐渐减少。家长应该根据婴儿的实际情况，调整作息时间表，以满足婴儿的需求。

2. 保持规律的作息

在这个阶段，婴儿已经有了较为规律的作息时间，家长应该继续保持这种规律性，使婴儿的生物钟更加稳定。

总之，不同阶段的婴儿需要不同的睡眠策略。家长需要根据婴儿的实际情况，逐步调整和改变策略，以促进婴儿健康成长。

（五）1～3 岁幼儿睡眠策略

1. 建立规律的作息

1～3 岁的幼儿需要建立规律的作息，包括固定的起床和睡觉时间。尽量让幼儿在每天同一时间入睡和起床，这有助于调整他们的生物钟。在白天，可以安排固定的午休时间，让幼儿养成按时休息的好习惯。

2. 营造良好的睡眠环境

良好的睡眠环境可以帮助幼儿更好地入睡。要保持房间安静，尽量减少噪声的干扰。在幼儿准备睡觉前，可以拉上窗帘或关灯，以创造一个安静、黑暗的睡眠环境。此外，床铺要舒适，床上用品要柔软，确保幼儿能够得到充分的休息。

3. 注意睡前活动

睡前活动对幼儿的睡眠也有很大影响。建议在幼儿入睡前一小时内，避免使幼儿进行过于兴奋的活动，如看动画片、玩游戏等。可以给幼儿讲轻松的故事，或者进行一些安静的活动，如听音乐、画画等，以帮助幼儿更好地入睡。

4. 保持适当的白天小睡

1～3 岁的幼儿仍然需要白天小睡，一般建议在中午或下午进行。小睡的时间不要过长，以免影响晚上入睡。如果幼儿白天不睡觉，也要保持安静的环境，以便他们能够适应安静的休息时间。

四、婴幼儿睡眠问题

如果婴幼儿出现了睡眠问题，如失眠、夜间惊醒等，家长要认真排查原因，并采取相应的措施。如果婴幼儿无法入睡，可以尝试以下方法。

（一）建立睡前程序

在睡觉前进行一系列固定的程序，如洗澡、换衣服、读书等，有助于婴幼儿放松身心，更好地入睡。

（二）保持安静的环境

在婴幼儿准备睡觉前，家长应尽量避免让其接触嘈杂的声音和刺激性的光线，以免影响婴幼儿的情绪和睡眠质量。

（三）适当的安抚

在婴幼儿睡觉时，家长可以给予适当的安抚，如拥抱、轻拍等，让婴幼儿感到安全和舒适。

（四）坚持规律的作息

家长要坚持规律的作息时间，让婴幼儿养成按时入睡的好习惯。

（五）注意饮食

避免让婴幼儿在睡前过度饮食，也不要让他们喝含咖啡因的饮料或吃刺激性食物，以免影响睡眠。

（六）建立良好的睡前故事时间

讲一些轻松愉快的故事可以帮助婴幼儿放松心情，更好地入睡。在婴幼儿准备睡觉前，避免与婴幼儿进行过于兴奋或激烈的互动，以免婴幼儿难以入睡。

（七）考虑婴幼儿的心理需求

家长要关注婴幼儿的情感需求，了解他们的心理状况，以便更好地帮助他们解决睡眠问题。

（八）寻求专业帮助

如果婴幼儿的睡眠问题持续存在或影响到日常生活，家长可以考虑寻求专业医生或睡眠专家的帮助。

总之，通过建立规律的作息、营造良好的睡眠环境、注意睡前活动、保持适当的白天小睡和解决睡眠问题等措施，可以帮助婴幼儿养成良好的睡眠习惯，促进婴幼儿的健康成长。

【资料卡】

1～3 岁婴幼儿睡眠观察记录表

观察项目	观察详情
观察时间	2024 年 8 月 1 日，19：00—7：00
入睡时间	19：30
起床时间	6：45
睡眠时长	11 小时 15 分钟
睡眠质量	前半段睡眠较安稳，中间有一次短暂翻身，后半段进入深度睡眠，无明显梦境。醒来后情绪良好，无困倦感，主动玩耍。
睡眠环境	房间温度维持在 26 ℃，凉爽宜人。睡前拉上遮光窗帘，无光干扰，周遭环境安静。入睡时为仰卧姿势，睡眠过程中转变为侧卧，未因不适而频繁调整睡姿。
生活习惯	晚餐时间为 18：00，进食一小碗蔬菜瘦肉粥与少量水果。睡前半小时开展亲子阅读，聆听轻柔的睡前故事，随后安静入睡。

【作业】

1. 线上：通过对线上教学资源"生活照料"的学习，完成习题。
2. 线下：小组内列举婴幼儿因睡眠不足导致发展迟缓的案例，讨论可能的干预措施。
3. 思考：为什么婴幼儿的睡眠质量对其大脑发育至关重要？

【第三节学习任务清单】

案例：

小明今年 2 岁，家中有一个较高的非固定书架。一天，小明在无人看管的情况下尝试攀爬书架拿玩具，结果书架倾倒，小明被压在下面。幸好，他的伤势不重，主要是擦伤和轻微撞击。这个事件引起了家长对家庭安全的重视。

1. 意外伤害预防知识

学习如何评估家中的安全隐患，特别是针对幼儿的潜在危险。

理解不同类型家具和物品的固定方法，避免类似意外的发生。

2. 急救处理技能

学习初步的伤口处理方法和紧急情况下的急救措施。

掌握在等待专业医疗援助时安抚受伤幼儿的方法。

3. 家庭安全教育

了解如何教育婴幼儿避免危险行为，如不要攀爬不稳定的物体，以防止意外发生。

探讨如何有效地与幼儿沟通安全知识，以增强他们的自我保护意识。

第三节　生活与卫生习惯

一、清洁与卫生护理

(一) 0~3 岁婴幼儿大小便特点及护理

1. 婴幼儿大小便的特点

(1)"吃完就拉"是婴幼儿大便的一个典型特点

这一特点在一些母乳喂养的婴幼儿身上更为明显。因此，如果在婴幼儿进食后安排其排便（或使用坐盆），一般比较容易排出便。但应注意让婴幼儿自己坐便盆时，便盆的大小要合适。

(2) 婴幼儿大便的颜色、次数、气味和形状，因喂养方式不同而有差别

母乳喂养的孩子，大便为黄色或金黄色，呈膏状，略带难闻的酸性气味。婴儿在出生头几周，每天大便数次，甚至每次吃奶后都要大便一次，以后大便的次数逐渐减少为 2~4 次/日。食用牛奶的婴幼儿的大便比较干燥，常有少量奶瓣，呈淡黄或棕黄色，有一种腐臭味。起初往往大便 1~4 次/日，随着婴幼儿的发育，大便次数会减少到 1~2 次/日。既喝母乳又喝牛奶的婴幼儿大便与成人的相仿，呈暗褐色，臭气较重，次数介于母乳喂养与牛奶喂养的婴儿之间，为 1~2 次/日。

(3) 婴幼儿对小便的控制晚于对大便的控制

婴幼儿一般是先能控制大便，再能控制白天小便，最后才能控制夜间小便。

2. 婴幼儿大小便注意事项

(1) 可适时地对其进行把尿训练

把尿不宜过勤，否则可能使婴幼儿养成尿频或不能憋尿的习惯，这一习惯对婴幼儿今后的生活、学习甚至工作都可能产生不利的影响。

(2) 不要久坐便盆

虽然从婴幼儿半岁左右就可培养其定时排便的习惯，但切记一次排便时间一般不超过 5 分钟，否则孩子会产生反感，还可能造成脱肛（肛管或直肠向外翻出，垂于肛门之外）。

(3) 注意大便的变化

婴幼儿的大便有时会发生变化，如拉的次数比平日多些或稀些，有时从大便中还能看到一些奶瓣等，只要婴幼儿没有不舒服的表现，这些都属于正常现象。但是如果大便明显与以往不同，如呈黑色，便中带丝、黏液等，就要引起充分的重视，因为大便的这些变化很可能是某些疾病的征兆。总之，要记住，大便稠度和气味的变化比次数与颜色的变化更重要，因此，在照料婴幼儿大便时尤其要注意观察这两方面的变化。

(二) 身体清洁与护理

1. 洗脸

宝宝的皮肤娇嫩，脸部皮肤常会受到眼泪、奶汁和唾液的刺激，如果不注意清洁，时间一

长，脸部皮肤就会发红、起疹子，甚至会糜烂、破溃，因此应该及时洗脸并保持脸部皮肤的清洁。

早晚洗脸时，先准备好婴幼儿专用的脸盆和毛巾。倒好洗脸水，水温以温热为宜，大约38～40 ℃，用手背或手腕试一下温度，感觉温热即可。把毛巾弄湿后，轻轻给婴幼儿洗脸，特别要注意眼角、鼻孔、上下唇、耳廓、耳朵后面、下颌部位的清洁。洗完脸后，把脸擦干。建议婴幼儿每日清洁面部，但应避免频繁使用肥皂或婴幼儿专用洁面产品。此类洁面产品可在每周沐浴时或当面部有明显污垢时使用一次。婴幼儿脸上被弄脏，如喂奶后或吐奶后，可以用湿毛巾或湿纸巾及时将奶汁、污物擦去。

2. 清洁眼部

婴幼儿眼中经常会有分泌物（俗称"眼屎"），尤其在早晨醒来时。此时，最好先用清洁棉球蘸温开水将分泌物弄湿软化后，再将其擦干净。

3. 洗臀部

婴幼儿每次大小便后是否都需要清洗臀部，这不能一概而论。一般来说，婴幼儿每次大便或腹泻时，需清水冲洗；每次小便后就不一定需要清洗。频繁清洗，臀部皮肤容易出现发红、起疹或糜烂等现象。

4. 洗澡

洗澡前准备好婴幼儿的换洗衣服、尿布、毛巾、浴巾，婴幼儿专用的肥皂、沐浴露、洗发精、护肤用品，以及医用酒精、棉签。准备洗澡水，应先倒入冷水后再加热水，调整到适当的温度。脱去婴幼儿的衣服，用浴巾包裹好婴幼儿的身体。先清洗婴幼儿的头面部。让婴幼儿斜躺在照护者的左臂上，照护者的左肘部和腰部夹住婴幼儿的下半身，左手掌托着婴幼儿的头部，用拇指及食指将婴幼儿耳朵向内盖住耳孔，防止水流入耳朵内。用温湿的毛巾清洗脸部，注意清洗耳廓、耳后、脖子等皮肤皱褶处。擦浴或上下身分开洗，先清洁身体再洗头发。将婴幼儿头发弄湿后，在照护者的手掌上滴上几滴洗发液，轻轻在婴幼儿的头皮上按揉，再用清水洗干净并擦干。暴露婴幼儿的上半身，擦洗颈部、腋下、前胸和后背、双臂与双手，注意清洗婴幼儿的腋窝、肘关节及手指缝，这些部位容易有污垢，也最容易被忽视。洗完后用干浴巾包裹好婴幼儿上半身。接着把婴幼儿的头靠在照护者左肘窝里，照护者左手托着婴幼儿两大腿根部后洗下半身，注意清洁婴幼儿的会阴部、大腿根部、腿弯处和脚趾间。洗完后把婴幼儿放在干浴巾上，轻轻擦干水渍，再穿好衣服，包好尿布。

（三）婴幼儿物品清洁与消毒

清洁与消毒工作是托幼机构减少疾病发生和防止传染病传播的有效措施。为婴幼儿提供整洁、安全、舒适的环境，保证入园婴幼儿拥有一个健康的环境，有效地促进婴幼儿的健康成长，适时地采取清洁与消毒措施是非常重要的。

1. 托幼机构常用清洁与消毒方法

（1）物理消毒方法

①流动水（自来水）。

非传染病流行的季节，自来水可以达到清洁的目的，如日常清洁卫生利用水力机械作用清洗、刷洗、擦拭、冲淋，此方法简便易行，无毒无害，操作范围较广。

②蒸汽消毒。

a. 性能与特点。

蒸汽消毒可利用热力杀灭细菌、病毒等病原微生物。

b. 适用范围。

蒸汽消毒适用于餐饮具、毛巾、餐巾、玩具等耐湿热物品。

c. 使用方法。

蒸汽消毒用于预防性消毒时，每日需蒸汽消毒 15～20 分钟；用于污染物品消毒时，需蒸汽消毒 30 分钟。因电力障碍等原因不能使用蒸汽消毒柜时，可煮沸消毒。

d. 注意事项。

使用蒸汽柜消毒餐饮具时，餐具和饮具之间要留有间隙（约一根筷子的间隙），方能达到消毒效果。托幼机构的蒸饭箱也可用于蒸汽消毒。在煮沸消毒时，物品要清洗干净，无油腻，水要浸没物品，水开后计算时间，中途如添加物品进去，需重新计算时间。在使用蒸汽柜消毒时，温度要达到 100 ℃以上。不能用保洁柜或烘干箱替代消毒柜。

③空气消毒。

a. 性能与特点。

空气消毒是大自然赋予的最好消毒方法，可有效去除空气中的微生物。

b. 适用范围。

空气消毒适用于所有带门窗的房屋、空间。

c. 使用方法。

常温季节每日无条件开窗通风。冬季温度过低，每日开窗通风 2 次，每次 10～15 分钟；夏季温度过高，每日开窗通风 2 次，每次 10～15 分钟。

d. 注意事项。

无窗的房屋或空气不流通的空间，可采用紫外线灯消毒。雾霾天气时，可避免开窗。

④紫外线消毒灯。

a. 性能与特点。

紫外线消毒灯可杀灭各种细菌、病毒，但必须在无人的情况下进行。紫外线消毒灯对黏膜及皮肤有刺激。

b. 适用范围。

紫外线消毒灯用于托幼机构保健室、观察（隔离）室、食堂、教室、活动室、卧室。

c. 使用方法。

采用移动式或悬挂式。用于室内空气消毒，紫外线消毒灯的要求为每立方米不少于 1.5 W，照射时间为 30～60 分钟。用于物体表面消毒，紫外线消毒灯垂直距离应在 1 m 以内，照射时间为 30～60 分钟。一般教室可采用两盏 30～40 W 紫外线消毒灯。

d. 注意事项。

利用紫外线消毒灯进行空气消毒时，必须在无人的情况下，关好门窗消毒。紫外线消毒灯开关必须和照明灯开关分开设置，且开关应设置在婴幼儿够不到的地方。消毒后开窗通风方可进入。紫外线消毒灯灯管表面要保持清洁，无尘、无油腻，否则会影响消毒效果。可每周用酒精纱布擦拭灯管。一般紫外线消毒灯灯管使用寿命为 1000 小时，需定期请疾控部门检测效果或更换。紫外线的穿透力较弱，消毒物体表面时要将物体充分暴露。室内要干燥，如果室内潮湿要延长消毒时间。

⑤日光暴晒。

a. 性能与特点。

日光暴晒是利用日光中的紫外线和红外线达到消毒目的。

b. 注意事项。

暴晒物品不要叠放，要翻晒，每次晒4～6小时。每周或每两周晒一次。

⑥空气消毒机。

a. 性能与特点。

空气消毒机采用静电吸附除菌的原理，可过滤灰尘并吸附微生物，达到消毒目的。

b. 适用范围。

有人或无人的房间都可使用，对人体安全。

c. 使用方法。

利用臭氧的空气消毒机，就必须在无人的环境中使用。

d. 注意事项。

空气消毒机的滤网须定期更换。

（2）化学消毒方法。

此方法是利用各种化学消毒粉剂、液体、片剂对各种物体和物品进行消毒。化学消毒方法应用范围广，使用方便，但有一定腐蚀性和刺激性，易造成环境污染。

①含氯消毒剂。

a. 性能与特点。

含氯消毒剂的化学名称为次氯酸钠，如84消毒液、漂白粉以及超市里常见的消毒剂。

b. 适用范围。

用于环境、物体表面、玩教具、便具、纺织品、分泌物、排泄物、垃圾、医疗器具等。流动人口多的地区会用消毒剂浸泡餐具和果蔬，但浸泡后必须用清水冲洗干净，以防残留氯对人体产生影响。

c. 使用方法。

含氯消毒剂用于预防性消毒。它的浓度要根据包装说明来调配，消毒液作用时间为5～10分钟。它还可以用于传染病消毒，消毒液作用时间为20～30分钟。

d. 注意事项。

使用有效氯消毒液要现用现配。粉剂易受潮，要密闭保存，放置于阴暗处。液体存放时间过长会失效，稳定性较差。含氯消毒液对织物有漂白作用，有颜色的玩具及织物不宜使用。含氯消毒液对金属有腐蚀作用，所以不宜用金属器皿盛装。如果用金属器皿盛装含氯消毒液，使用后要用清水冲洗干净。将其用于餐饮具、体温计消毒后，必须用清水冲洗干净残留氯，以免对人体造成伤害。

②皮肤黏膜消毒。

a. 碘酊。

性能与特点：可杀灭细菌、真菌和病毒，对皮肤黏膜无刺激，常用液体浓度为0.3%和0.5%。

适用范围：皮肤、黏膜、手、物体表面、物品。

使用方法：浸泡、擦拭、冲洗等方法。

注意事项：对碘过敏者慎用。液体不稳定，需使用前配制，避光密封保存。避免接触银和铝金属品。

b. 乙醇（酒精）。

性能与特点：常用75%浓度。可杀灭细菌、真菌及部分病毒，但对肠道病毒灭活效果差，对黏膜有刺激。

适用范围：手、皮肤、医疗器械、体温计。

使用方法：可浸泡、擦拭，作用快速。

注意事项：有可燃性，容易挥发，要密闭保存。

c. 生理盐水。

常用于伤口清洗，刺激小，伤口疼痛轻。

2. 婴幼儿常用物品消毒

（1）水杯、奶瓶、餐具卫生消毒

吸管杯、奶瓶，每次使用后可煮沸或蒸汽消毒1～2分钟。消毒后保持清洁以防止二次污染。餐饮具不宜用消毒液浸泡。使用消毒柜消毒，必须使用符合国家标准规定的产品。保洁柜无消毒作用，不得代替消毒柜。餐饮具消毒时要沥干水分，餐具之间应留有间隙，以免影响消毒效果。餐具必须先去残渣，用洗涤剂去除油腻，然后用清水冲洗干净，再用高温蒸汽消毒。

（2）毛纺织品卫生消毒

托幼机构常用毛纺织品为擦手毛巾、餐巾、浴巾、被褥、床单、枕套、窗帘等。擦手毛巾、餐巾、浴巾需要每日清洗消毒，可用肥皂搓洗后用清水冲洗干净，放在阳光下照射4～6小时，不相互叠加；煮沸或蒸汽消毒，时间为15～20分钟；用含氯消毒液浸泡消毒，浸泡时间为20分钟，消毒后用清水将残留氯冲洗干净；用消毒柜消毒毛巾、餐巾等时，要将毛巾松散开，不能叠放，每次消毒30分钟；毛巾消毒前不要拧得太干，以免烤焦；被褥每两周清洁晾晒1次，每次晾晒4～6小时，被褥不相互叠加；窗帘每学期清洗1～2次。

（3）毛巾架、茶杯箱、保温桶卫生消毒

毛巾架、茶杯箱、保温桶表面每日用清水擦拭1遍。保温桶内胆每周用肥皂水清洗，并用清水冲洗干净。保温桶壶嘴每日用清水擦拭；茶杯放入茶杯箱内，杯口向上放。摆放时，操作人员要拿杯柄，不能将手指伸进杯内；如使用含氯消毒液擦拭茶杯箱、毛巾架、保温桶，擦后停留10～15分钟，然后用清水将残留氯擦拭干净。

（4）厕所、便盆、水池卫生消毒

水池、厕所使用后随时冲洗干净，要求厕所无黄垢、无异味，厕所内无须用消毒液冲洗；便盆、吐泻物容器用含氯消毒液浸泡，浸泡消毒时间为10～30分钟；地面保持清洁干燥，每日用清水拖2遍，传染病流行季节再用消毒液拖1遍；水龙头每日用肥皂水、清水早晚各擦拭1遍。

（5）玩教具、图书卫生消毒

玩教具、图书每周至少通风晾晒1次，定期更新。对于可以湿式擦拭的玩具，可用清水擦拭或清洗，并且每周用含氯消毒液擦拭，表面擦拭或浸泡消毒时间为10～30分钟；对于不可以湿式擦拭的玩具、图书，可将其放在日光下暴晒，玩具和图书不相互叠加，暴晒时间不低于6小时。

（6）抹布、拖把卫生消毒

抹布、拖把每次使用后用肥皂水、清水冲洗干净，每日用消毒液浸泡冲洗，浸泡消毒时间为20分钟；抹布、拖把消毒后可直接拧干或晾干存放。抹布也可用煮沸或蒸汽消毒方式消毒10～15分钟；卫生间里应设摆放抹布、拖把的空间。拖把每日用肥皂水或清水冲洗干净再晾干。

二、常见意外伤害及疾病护理

(一) 常见意外伤害的原因及处理

1. 窒息

(1) 原因

异物进入呼吸道，如豆类、花生米、纽扣、瓜子、别针、小玩具等；内外科疾病，如喉头水肿、梗阻、有外伤等；其他，如触电、溺水、受压等。

(2) 处理

若为疾病原因导致窒息，应立即送往医院。

若为异物进入气管，最初可引起持续刺激性咳嗽，继而出现呼吸困难，严重可引起窒息死亡。此时，应立即用力拍打后背，借助震动，帮助异物从气管中排出。年龄较小的婴幼儿在吃饭或游戏时，如突然有异物卡入气管，可使用海姆立克急救法：首先应将婴幼儿倒立，头向下，拍击胸部，同时用手自下腹部向上腹部推压，以使异物从气管排出。如无效，应立即送医院抢救。

2. 溺水

如婴幼儿不慎溺水，可采用以下方法：清除口鼻内分泌物和异物，解开衣服使其呼吸通畅；控水（头低脚高压腹部）；注意保暖。

3. 触电

发生触电后，应立即断电或用绝缘器移开电源线。解开妨碍婴幼儿呼吸的紧身衣服，检查婴幼儿口腔及处理口腔黏液，立即就地进行抢救，进行人工呼吸。如有电烧伤的伤口，应包扎好后到医院就诊。

人工呼吸方法如下：

(1) 口对口呼吸法

在进行口对口人工呼吸时，要让婴幼儿保持仰卧位，保持头部尽量后仰的姿势，保持其呼吸道通畅。如果口腔与呼吸道内有分泌物的，应及时清除。抢救者可以站在婴幼儿头部右侧的位置，先深呼吸，之后再对着婴幼儿的口部吹气，让婴幼儿完成被动吸气的动作。在吹气时，需要将婴幼儿的鼻孔捏住，吹气完成之后，可以松开其鼻孔，如此反复操作两次。在完成两次的吹气之后，可以进行胸外按压，在完成 15 次的胸外按压之后，再次进行人工呼吸。如此循环操作 4~5 次，再观察婴幼儿的情况。

(2) 胸外心脏按压法

首先要评估环境的安全，将婴幼儿置于硬板床上，或者置于平地之上，充分暴露婴幼儿的胸廓。按压的位置是胸骨中下 1/3 与正中线的交点，按压的手法是一只手的大小鱼际紧贴于婴幼儿的胸壁之上，五指翘起；另一只手交叉重叠于施术手之上，按压的频率是每分钟 100~120 次，按压的深度是 5~6 cm。按压的时候，肘关节、肩关节和腕关节三点呈一条直线，这条直线要与婴幼儿垂直，不能出现肘关节的弯曲。

人工呼吸应耐心，不可随意放弃抢救机会，在坚持人工呼吸及心脏按压的同时，必须联系急救站或紧急运送至附近医院进行进一步抢救。

4. 创伤

(1) 原因和症状

闭合性损伤，如由钝性暴力引起皮下组织损伤，出现皮肤青紫、瘀血、血肿，有疼痛感或关节功能损伤、韧带损伤等症状。

开放性损伤，如皮肤被粗糙物擦伤，引起表皮擦痕或略有出血；被针刺、碎玻璃划伤或小刀切割伤，伤口小且深，呈直线状。

（2）处理

①闭合性损伤。

可在48小时内用冰毛巾冷敷，1小时后热敷。

②开放性损伤。

如表皮擦伤，首先用双氧水或生理盐水冲洗伤口，清除污物后，涂一些消炎药膏。如伤口较深且出血多，应立即止血，可先用消毒纱布将局部包扎压迫止血，再送医院进行缝合处理，途中要把受伤部位抬高。

③面部皮肤损伤。

裂口须止血，并送医院清创缝合。

5. 骨折

（1）原因和症状

直接或间接暴力、跌跤、坠落或病理性骨折（如佝偻病）引起的自发性骨折。

根据外伤暴力程度，骨折可分闭合性骨折和开放性骨折。闭合性骨折为骨折处皮肤表面未损伤，与外界不相通；开放性骨折为骨折处皮肤损伤，与外界相通。两者紧急处理原则有很大的不同，如处理不当会造成肢体残疾，甚至危及生命。

（2）处理

婴幼儿受伤后未经急救包扎不要轻易搬动其肢体，特别是受伤的肢体，以免引起骨折移位、损伤血管或神经，发生大出血，甚至使闭合性骨折转为开放性骨折。骨折处用木板固定，木板长度应超过近端及远端两关节间的距离，检查和包扎时动作轻柔。如找不到合适的木板或棍，可将患肢与健肢固定在一起送往医院进一步处理。对开放性骨折可在伤口处覆盖消毒敷料（纱布），包扎伤口止血后再送往医院。

6. 脱臼（脱位）

（1）原因和症状

因牵拉婴幼儿四肢时用力过猛而引起。常见肩关节、肘关节脱位及桡骨头半脱位。局部活动受限，主动、被动活动时局部疼痛，脱位的关节有变形；桡骨头半脱位，表现为肘关节囊屈伸功能正常，但不能向后旋，有剧痛。

（2）处理

脱臼须送医院，请医生复位。

7. 烧（烫）伤

（1）原因

因皮肤接触沸水、蒸汽、热汤（饭）、热油、火或化学性药物（强酸、强碱）引起的局部或大面积组织损伤。

（2）分度

Ⅰ度烧（烫）伤：表皮红、肿、痛。Ⅱ度烧（烫）伤：在皮肤浅层有水疱，有疼痛感；烧伤达真皮层的为深度烧伤，痛觉迟钝。Ⅲ度烧（烫）伤：烧伤达真皮深层、皮下组织、神经、血管、肌肉及骨骼等均受到破坏，并伴有全身症状。

婴儿皮肤细嫩，接触60℃水1分钟即可形成Ⅰ度烫伤，接触70℃水30秒钟即可形成

Ⅱ度烫伤，接触高于 80 ℃水 15 秒钟即可形成Ⅲ度烫伤。因此，为婴儿洗澡时可用手臂内侧试水温（约 38～40 ℃），以热而不烫为宜。

（3）处理

脱离烧（烫）伤源，在皮肤未出现水泡前立即用冷水浸冲局部降温，浸泡冷水 20 分钟；烧（烫）伤部位衣服粘连皮肤的，要立即用冷水浸透衣服，剪开衣服要小心，避免损伤皮肤；烧（烫）伤面积较大的，不要随便涂药，可用消毒纱布或干净床单、衣服包裹，送往医院治疗；强酸、强碱灼伤，应先以冷开水或 1∶2000 高锰酸钾液冲洗后，送医院处理。

8. 鼻出血

（1）原因

婴幼儿鼻腔黏膜血管很丰富，有些地方汇集成血管网，血管弯曲扩张，当鼻部受外伤或者打喷嚏时，都可使曲张的血管破裂而出血。鼻出血的常见原因是外伤，如跌倒或遭受暴力等；内科疾病，如风湿热、疟疾、伤寒、麻疹等；血液病，如血友病、白血病、血小板减少性紫癜等，以及维生素 C、K、B 等缺乏症。可见，鼻出血除了要注意局部原因，还要注意全身性疾病。

（2）处理

当婴幼儿鼻出血时，紧张或大哭、用力擤鼻子等都会加重其出血。此时，应立即抱起婴幼儿，可采取坐位、直立或直坐位，但不要采用后仰位。可让婴幼儿头略低，弄清楚是哪侧鼻出血，用消毒棉球蘸 1%的麻黄碱或 0.5%的肾上腺素塞进出血侧鼻腔，也可用餐巾纸塞鼻，再用手捏紧两侧身体，让婴幼儿用口呼吸，数分钟即可止血；或者用冷毛巾或毛巾内包冰块放在前额部冷敷。用上述方法处理仍不止血，应立即去医院进一步检查是否有全身性疾病。如每次出血量不多，但经常发生鼻出血，则亦应在出血时或出血后立即去医院检查。出血后数小时或数日内，鼻黏膜尚未愈合，要避免剧烈运动和挖鼻孔。

9. 异物

（1）鼻腔异物

①原因和症状。

婴幼儿鼻腔有异物，多因其好奇，如玩耍时将花生米、豆类、纽扣、塑料小玩具、纸团、棉球等塞入鼻腔内，或因小昆虫突然飞进鼻腔内所致。植物性异物，如豆类等，放入鼻孔内吸收水分会发生腐败，产生臭味，还会引起经常流鼻涕并带血。如为金属异物或塑料玩具等，会出现一侧鼻孔不通气或通气不好，长期刺激产生脓涕甚至炎症。

②处理。

小异物可让婴幼儿用手紧按无异物的鼻孔，用力擤，使异物排出。如不配合，可用纸捻成棍刺激鼻黏膜，使其打喷嚏将异物排出。但若异物在鼻腔时间长且用上述方法排不出，不要自行挖取，应去医院取出异物。

（2）耳部异物

①原因和症状。

常见为婴幼儿玩耍时将异物置入耳内，或因婴幼儿互相嬉闹将异物放入对方耳内。异物多为豆类、纽扣、塑料小玩具等；还有动物性异物，如蚊子、飞虫、苍蝇等突然飞进或爬进耳内。耳部异物常引起耳鸣、耳痛、异物感。动物性异物常由于动物爬动刺激鼓膜引起疼痛；植物性异物遇水膨胀后，可继发感染引起外耳道炎。体积大的异物会影响听力和引起反射性咳嗽等。

②处理。

对于植物性异物，如体积较小，可让婴幼儿把头歪向异物侧，单脚跳，使其自行脱落；对于动物性异物，可用手电筒放在耳边诱使昆虫自行爬出。如效果不好，应去医院取出；如异物体积较大，也要去医院取出。

（3）眼异物

①原因和症状。

常见的眼异物为灰尘、砂土、谷皮等，可引起流泪、不适、异物感；当异物嵌入角膜时，疼痛的症状更为严重。

②处理。

千万不要用手揉眼睛，以免擦伤角膜。应立即用生理盐水冲洗眼睛，再滴眼药水，将异物冲出；也可翻开眼睑用消毒棉签蘸生理盐水或冷开水，拭去异物。当异物嵌入角膜时，应立即送往医院处理。

（4）咽、喉部异物

①原因和症状。

常见异物为鱼刺、糖块、枣核、硬币、纽扣、小塑料玩具等。异物停留在咽喉、扁桃体上，可出现不能进食、吞咽疼痛等症状。

②处理。

如为鱼刺等，建议将婴幼儿送医院取出，不能随意让婴幼儿吃饭团或馒头强行把异物带下去，这样不仅不会生效，反而会把异物推向深处，给取出工作带来困难。如果是较大的异物嵌在咽喉部，可造成呼吸困难、急性喉梗阻而引起窒息。发现有声音嘶哑、呼吸困难现象，应立即将婴幼儿抱起，用手拍背，使异物咳出或改变位置，并紧急送至医院处理。

（二）常见疾病

1. 维生素缺乏性佝偻病

（1）原因

维生素 D 摄入不足会导致佝偻病，孕妇和哺乳期妇女维生素 D 摄入不足，将直接导致婴幼儿维生素 D 摄入不足；日光照射不足也会导致佝偻病，婴幼儿户外活动少或活动场地处于高层建筑物之下，日光照射少，或者大气污染（如烟雾、尘埃）、冬季寒冷等原因导致其户外活动受限，日照时长不足；生长速度过快会导致佝偻病；早产儿、双胎或多胎婴幼儿因追赶生长造成维生素 D 相对不足；其他疾病的影响。婴幼儿反复呼吸道感染，患慢性消化道疾病或肝、肾疾病等导致维生素 D 摄入不足。

（2）主要症状

初期。多见于 6 个月以内，特别是 3 个月以内的婴儿，主要表现为非特异性的神经兴奋性增高症状，如易激惹、烦躁、睡眠不安、夜间惊啼，多汗（与季节无关）、枕秃（因烦躁及头部多汗致婴儿常摇头擦枕）。

活动期。除初期症状外，主要表现为骨骼改变和运动机能发育迟缓。骨骼改变往往在生长最快的部位最明显，故不同年龄有不同的骨骼表现。如方颅，多见于 7～8 个月以上婴儿；胸廓畸形，多见于 1 岁左右婴幼儿，如佝偻病肋骨串珠、肋膈沟（郝氏沟）、鸡胸、漏斗胸等。

恢复期。经适当治疗后，婴幼儿临床症状减轻至消失，精神活泼，肌张力恢复。

（3）预防措施

妇女妊娠期间应每日到户外活动，每天至少 1 小时，多晒太阳；饮食中要含有丰富的维生素、钙、磷和蛋白质；新生儿（尤其是纯母乳喂养的新生儿）出生后数天开始补充维生素 D。早产儿、双胎儿出生后即应补充维生素 D。家长应为婴儿及时添加辅食，多带婴儿晒太阳，每日户外活动在 2 小时以上。

（4）干预与保育

托幼机构对确诊的佝偻病患儿要进行登记和专案管理；保育员在一日生活活动中应当特别关注患儿并对其进行重点护理。如入托时主动向家长了解患儿当天的健康状况；在进餐过程中引导患儿不挑食、不偏食，鼓励患儿吃完自己的饭菜；在洗手、如厕过程中给予恰当的帮助，避免其打湿或尿湿衣裤；在午睡前后及午睡过程中，帮助其整理衣物，盖好被子避免着凉，保证睡眠质量；户外活动时应帮助其及时加减衣物、擦汗等，避免受凉引起上呼吸道感染。活动期佝偻病患儿应在专科医生的指导下口服维生素 D；同时进行日光照射，在日光充足、温度适宜时保证每日户外活动 1～2 小时且充分暴露皮肤。活动期佝偻病患儿每月到儿科门诊复查 1 次；恢复期佝偻病患儿每 2 个月复查 1 次，至痊愈。

2. 蛋白质–热量营养不良

由于蛋白质–热量摄入不足而造成的营养缺乏症称为蛋白质–热量营养不良，简称营养不良，多见于 2 岁以下婴幼儿。

（1）原因

早产儿、低出生体重儿或小胎龄儿；摄入不足或喂养不当；家庭或托幼机构为婴幼儿提供的膳食中蛋白质和热量不足；偏食、挑食等不良饮食行为也可引起蛋白质、热量的摄入不足；反复感染或患有其他疾病，如反复上呼吸道感染、腹泻、肠道寄生虫病、急慢性传染病、消化道畸形，以及内分泌、遗传代谢性疾病等都可引起蛋白质–热量营养不良。

（2）主要症状

早期表现为体重不增，随后体重减轻，活动减少；进一步发展可出现皮下脂肪逐渐变薄、消失，肌肉松弛、萎缩，皮肤、毛发干枯且失去弹性；当病情加重时，表现为身高增长迟缓、水肿、反应迟钝、智力落后、抵抗力下降等。

（3）评估与分度

托幼机构应每季度对婴幼儿身长（高）、体重进行监测并做出评价，发现异常时，应及时干预，以保证婴幼儿身体健康。按照《世界卫生组织儿童生长发育标准（2005 年版）》，对儿童年龄/体重、年龄/身长（高）、身长（高）/体重三个指标进行全面评价。营养不良可分为低体重、发育迟缓、消瘦三种类型。具体内容如下：

低体重是指婴幼儿体重低于同年龄、同性别参照人群平均体重的两个标准差以下。

发育迟缓。身长（高）低于同年龄、同性别参照人群平均体重的两个标准差，主要反映婴幼儿慢性营养不良。

消瘦。体重低于同性别、同身长（高）参照人群平均体重的两个标准差，主要反映婴幼儿近期急性营养不良。

（4）预防措施

①鼓励、促进和支持母乳喂养。

及时为婴幼儿添加辅食；家庭和托幼机构在婴幼儿膳食中要保证优质蛋白质的摄入量；托幼机构应每季度做一次婴幼儿膳食调查、营养计划与分析，发现热量、各种营养品的摄入出现偏差时，要及时调整膳食计划和食谱；家长和保育员要培养婴幼儿养成不偏食、不挑食等良好的饮食习惯，避免因膳食营养失衡而导致蛋白质、热能的摄入不足。

②托幼机构应制定科学的一日生活作息时间。

托幼机构要保证婴幼儿每天有 2 小时以上的户外活动，以增强体质，增进食欲。

③培养良好的卫生习惯。

家长和保育员要培养婴幼儿养成饭前、便后洗手等良好的卫生习惯，以预防腹泻和其他胃肠道疾病的发生。

④及时治疗。

发现有消化道疾病、反复呼吸道感染及其他影响婴幼儿生长发育的慢性疾病时，家长应带婴幼儿到专科门诊及时治疗。

⑤按时测量身高、体重。

保育员应每三个月对婴幼儿进行身长（高）、体重的测量。对体重不增或下降的婴幼儿要深入了解其近期的饮食和健康状况，判断体重不增或下降的原因。有条件的托幼机构可为营养不良的婴幼儿提供特殊膳食，如在饮食上多补充一些谷类食物和蛋白质食物，在一日三餐以外的点心中适当增加谷类点心。

⑥托幼机构对中度营养不良婴幼儿进行登记和专案管理。

保育员与家长进行沟通，找出婴幼儿营养不良的原因，并针对原因进行个体化指导。对于因营养缺乏或存在饮食行为问题的婴幼儿，保育师应指导家长进行合理营养和健康的饮食行为；对于由疾病所致营养不良的婴幼儿，要督促家长积极带其治疗；对于由照顾不当所致营养不良的婴幼儿，应向家长宣传科学育儿知识和有关常识，为婴幼儿创造一个良好的生活环境和条件。在一日生活活动中应当特别关注营养不良婴幼儿并对其进行重点护理。

3. 肥胖

肥胖是由能量代谢失衡导致全身脂肪组织过度增生、体重超常的一种慢性营养性疾病。流行病学调查显示，超重和肥胖人群数量正以惊人的速度在全球范围内增长，已构成 21 世纪全球医学和公共卫生的严重问题。认识婴幼儿肥胖发生发展的危险因素，实施成人期疾病在婴幼儿期的早期防治，成为婴幼儿保健工作的重要内容之一。

（1）影响与危害

运动障碍，如行动迟缓，肢体行动缓慢；智力障碍，智力水平降低，反应不敏捷；性早熟；心理问题，易产生社会心理问题，如性格孤僻、自卑、抑郁、自我意识受损、自我评价低、幸福与满意感差、社会适应力降低等；阻塞性睡眠呼吸暂停，表现为夜间打鼾，反复觉醒，烦躁不安，日间倦怠嗜睡，注意力不集中，易激惹，为成人期疾病埋下隐患。

（2）原因

一是遗传，肥胖有明显的家族聚集性，肥胖父母所生的子女肥胖发生率高达 70%～80%；二是饮食，如婴儿期过度喂养、过早添加辅食、膳食结构不合理、不良饮食行为等；三是活动过少，运动强度低，以车代步、长时间看电视、玩游戏等，生活方式以静坐为主，等等；四是家庭环境，家庭健康理念与健康思维模式出现偏差；五是心理，父母由于缺乏育儿经验，在婴幼儿有轻声哭闹、不适和烦躁时，常常不加区别地喂食，久而久之形成条件反射，使婴幼儿无法区分对饥饿和其他痛苦的辨别能力，进食成了缓解内心焦虑、恐惧痛苦等心理行为障碍的最好解决方法。这一反射可能会持续终身，当出现情感创伤、精神紧张和心理障碍时，往往以不断进食来缓解心神不安，导致其养成进食过量的习惯。

（3）评价指标

①体重指数（BMI）。

体重指数（BMI）是目前国际上广泛采用的肥胖症诊断标准。BMI = 体重（kg）/［身高（m）］^{2}。现采用 BMI 在同年龄、同性别的 $P_{85} \sim P_{95}$ 为超重，大于 P_{95} 百分位为肥胖。

②身高标准体重法。

身高标准体重法用于评价 2 岁以下的儿童，若体重/身长 ≥ P_{97} 为肥胖。

（4）预防措施

①健康教育。

家长错误的健康观以及对营养知识的缺乏助长婴幼儿暴饮暴食，引起婴幼儿超重或肥胖。托幼机构应通过家园联系、专题讲座、网络宣传、班级主题活动等形式开展健康教育，提高家长和婴幼儿对肥胖的认知能力，如肥胖对生理和心理的危害等，促使家庭养成良好的生活方式，从而减少或消除肥胖发生的因素。

②健康饮食。

托幼机构应合理安排一日三餐，提供带量食谱，保证膳食结构合理，避免热量摄入过高；家长与保育员要培养婴幼儿规律就餐、自主进食、不挑食，不喝或少喝含糖饮料、碳酸类饮品；家长应为婴幼儿选择健康的食材。

③健康运动。

托幼机构要科学制订一日生活活动计划，做到动静结合，保证婴幼儿每日户外活动和体育活动时间在 2 小时以上，通过增加活动量消耗热量，保持能量代谢平衡。

④健康行为。

在日常生活中，家长应以身作则，如多运动、少静坐，少玩或不玩电子产品；工作和学习之余多参加户外活动和体育运动；避免第二次晚餐。

⑤定期测量。

婴儿期每月测量一次体重，每 3 个月测量一次身长；3～6 岁幼儿每季度测量一次身高、体重，并根据测量结果做出体格发育评价，发现体重异常时要及时找原因。

（5）干预与保育

托幼机构通过定期体检发现并排除疾病因素的单纯性肥胖儿，对肥胖儿进行登记专案管理，根据肥胖原因制订适合肥胖儿的综合治疗方案，包括行为矫正、饮食调整、运动治疗等。

①行为矫正。

家长和婴幼儿需了解肥胖对健康的危害以及控制饮食的必要性，让家长与婴幼儿在观念上发生改变；保育员可对婴幼儿进行心理疏导。还可通过家园联系、婴幼儿健康状况调查等方法了解婴幼儿饮食行为、运动行为、日常生活行为，从中梳理出婴幼儿肥胖的主要原因。

②合理的饮食。

家中不过量采购食物，不储存高热量的零食和饮料；改变睡前进食，乱吃零食、甜点、饮料的习惯；不劝食，不以食品作为行动或惩罚的方式；可少食多餐。

③饮食调整。

无论家庭还是托幼机构，每日食谱必须满足婴幼儿基本营养及生长发育的需要；控制脂肪的过多摄入，保证蛋白质摄入；主食以碳水化合物为主，但应限制甜食、零食的摄入；家长在饮食原料上多选择低热量食品，如西红柿、西瓜、芸豆、大白菜、香菇等；适量吃中热量食品，如米饭、馒头、鸡蛋、瘦肉、乳制品等；少吃或不吃高热量食品，如快餐、奶油蛋糕、肥肉、巧克力等。

④具体实施方法。

进餐时应在满足婴幼儿基本营养及生长发育需要的前提下，适当限制肥胖儿食量，在肥胖儿要求添饭时，应给予肥胖儿热量低的食物，如多给蔬菜，而尽量少添加主食；控制进食速度，就餐过程中，应提醒肥胖儿"慢点吃"或"慢慢嚼，把饭嚼烂"等，以促进肥胖儿放慢进食速度；也可在进餐时让肥胖儿先喝汤，然后再加蔬菜、主食，以控制主食的摄入量。

⑤运动治疗。

肥胖儿的运动强度应为中等强度，一般运动时脉搏达到 140～160 次/分钟较为合适，避免其过于疲劳；运动应当循序渐进，逐步提高运动强度，掌握适宜的运动量。每次运动不少于 15 分钟，每天运动总时间大于 30 分钟（建议 45 分钟），每周运动 5 天，可达到较好的减肥作用，但应避免因运动量过大而增加食欲。

选择有全部肌肉参加的有氧、移动身体重心的运动。保育员在设计户外活动时可用游戏的方式吸引肥胖儿参加运动，增加运动量，原则上要选取有趣味性、易于坚持的活动项目，如跑步、跳绳、球类活动等。

另外，在一日生活中也可增加一些消耗热量大的活动。如肥胖儿的衣柜可安排到远一点的地方，让他们拿取物品时也能加强锻炼；多让肥胖儿做值日生，拿户外体育器械、摆椅子、帮助老师做一些力所能及的事情，督促肥胖儿增加运动。

肥胖儿在家庭中也应注意锻炼。建议父母陪同肥胖儿，每天坚持锻炼，效果会更佳。保育员可带动家长放学后带婴幼儿在生活区玩耍 1 小时左右；对于家离托幼机构较近的，鼓励家长取消代步工具，与幼儿一起步行；周末保证每天 2 小时以上的户外运动。

4. 营养性缺铁性贫血

（1）概述

营养性缺铁性贫血是婴幼儿时期的常见病，是因食物中铁摄入不足造成的机体缺铁，从而导致血红蛋白合成减少而引起的贫血。营养性缺铁性贫血主要表现为面色苍白、头晕、耳鸣等。营养性缺铁性贫血严重危害婴幼儿健康，是我国重点防治的婴幼儿常见疾病之一。

（2）影响与危害

营养性缺铁性贫血可影响胃肠道正常消化和吸收，引起各种营养缺乏症；铁缺乏时可引起肌肉组织供氧不足，婴幼儿易疲劳、乏力等；营养性缺铁性贫血可引起婴幼儿反应低下、注意力不集中、记忆力差、易怒、智力减退等；还会影响免疫功能，易发生各种感染。贫血严重时，可出现心率增快、气急、心脏肿大等症状。

（3）原因

一是先天性铁储备不足。如早产、双胎或多胎、妊娠期母亲贫血等。

二是食物中铁摄入不足。这是发生营养性缺铁性贫血的最主要原因。婴儿 6 月龄后不及时增加含铁丰富的辅食，挑食、偏食等不良饮食习惯，膳食结构不合理，等等，均会导致铁摄入不足，从而引起营养性缺铁性贫血。

三是生长发育过快，对铁的需要量增大。婴儿期和青春期处于生长的两个高峰，如不注意供给富含铁的食物，则易发生营养性缺铁性贫血；早产儿、出生低体重儿，追赶生长，生长速度过快，等等，也易发生营养性缺铁性贫血。

四是疾病影响铁的吸收。长期慢性失血导致铁流失过多，如肠息肉、钩虫病、鼻出血等慢性失血；腹泻，反复感染等慢性疾病影响铁的吸收利用，增加消耗；其他急性出血、溶血性疾病等均可引起贫血。

（4）评估与分度

血红蛋白量正常值：6月龄～6岁婴幼儿的血红蛋白量≥110 g/L

轻度：血红蛋白量90～110g/L（不含110 g/L）

中度：血红蛋白量60～90g/L（不含90g/L）

重度：血红蛋白量30～60 g/L（不含60 g/L）

极重度：血红蛋白量<30 g/L

（5）预防措施

婴儿期：提倡母乳喂养，视情况添加辅食。

幼儿期：为幼儿提供的膳食要均衡、营养，纠正幼儿挑食、偏食等不良饮食习惯；多采用含铁量高、吸收率高的食物；保证足够的动物性食物和豆类制品；鼓励幼儿进食含维生素C丰富的蔬菜和水果，以促进铁的吸收。

（6）干预与保育

①定期体检，专案管理。

托幼机构按期进行健康检测，卫生保健人员要对体检结果为营养性缺铁性贫血的婴幼儿进行专案管理，可为营养性缺铁性贫血婴幼儿提供特殊膳食，强化含铁、蛋白质、维生素丰富的食物摄入。

②调整饮食。

通过家园联系了解可能造成婴幼儿营养性缺铁性贫血的原因，如因膳食中铁摄入不足，及时调整膳食结构，在原来的基础上补充优质蛋白和增加含铁丰富的食物，如肝、动物血、瘦肉等，同时补充富含维生素C的蔬菜和水果。

③排除疾病原因，补充铁剂。

在排除其他疾病引起的营养性缺铁性贫血原因外，可在专科医生的指导下，口服铁剂、维生素C等。

④病因治疗。

如因慢性出血、感染、肝和肾疾病等原因造成营养性缺铁性贫血，应及时治疗原发病。

⑤加强保育。

保育员要加强对营养性缺铁性贫血婴幼儿的护理，避免或减少呼吸道感染、肠道感染等疾病的发生；培养婴幼儿养成良好的饮食习惯，纠正婴幼儿厌食、偏食等不良习惯。

5. 过敏性疾病

过敏性疾病在各个年龄段都可能发生，往往具有明显的遗传倾向。过敏性疾病不仅会让婴幼儿出现剧烈反应而带来不适，还会造成婴幼儿的行为和学习问题，包括过度活跃、易怒、破坏性行为、疲劳、精力难以集中、对各种活动不感兴趣等。

（1）常见过敏原

能引起过敏反应的物质称作过敏原（变应原）。过敏原包括：摄入类过敏原，如食物和口服药品，可造成消化不良和呼吸问题；吸入类过敏原，如花粉、灰尘、悬浮颗粒、动物皮屑和化学物质（如香水和洗涤剂），可影响呼吸系统造成流鼻涕、咳嗽、哮喘、发痒、流泪不止等；接触类过敏原，如肥皂、化妆品、染料、纤维、乳胶、直接涂抹的药物、某些植物等，可造成皮肤刺激、皮疹、荨麻疹、湿疹等；注入类过敏原，如注射的药品和昆虫叮咬，可引起呼吸、消化、皮肤等问题。

（2）食物过敏

在托幼机构最常见的过敏性疾病是食物过敏。在食物过敏中，极少数婴幼儿是由于遗传性免疫失调而引起真正的食物过敏，这种食物过敏不会随着个体的发育成长而自动消失。大多数婴幼儿对某些食物的不良反应实际上是食物耐受不良，与食物过敏不同，食物耐受不良不会造成生命威胁，并且会随着婴幼儿发育而消失。

常见症状：荨麻疹、皮疹，脸发红或脸色苍白，呕吐和腹泻，流鼻涕、流泪、鼻塞和哮喘，嘴唇、舌头和口腔的周围出现肿胀、发痒，紧张、坐立不安，呼吸困难。

常见食物过敏原：乳和乳制品，如奶酪和冰激凌；蛋类；鱼和贝类；花生；树生坚果，如杏仁、腰果、山核桃；小麦及小麦产品；大豆。

（3）干预与保育

①调查和登记。

托幼机构应对所有新入园婴幼儿有无过敏性疾病进行调查和登记，卫生保健人员与保育员应共同对有过敏性疾病的婴幼儿进行管理。

②与家长密切沟通。

对于有过敏性疾病的婴幼儿，保育员应当与家长密切沟通，制订应对预案。

③将食物过敏婴幼儿及其食物过敏原情况登记上墙。

保育员应对有食物过敏症状的婴幼儿及其食物过敏原登记上墙；提前了解托幼机构安排的婴幼儿食谱是否含有食物过敏原，避免因进餐而引起食物过敏；有条件的托幼机构可为食物过敏婴幼儿提供特殊膳食服务。

④避开过敏原和及时送医救治。

花粉过敏的婴幼儿在户外活动时（尤其是春季）要避开植物，应对他们进行重点关注和保护。过敏反应严重时应及时送医院进行救治。

6. 支气管哮喘

支气管哮喘简称哮喘，是一种由多种因素引起的复杂疾病。哮喘不仅是一种慢性疾病，也是一种急性呼吸障碍，主要表现为反复发作的喘息、咳嗽、气促、胸闷等，夜间和清晨加剧。哮喘是患有过敏性疾病的婴幼儿最为常见的一种过敏反应，和过敏性疾病一样，哮喘如果不及时治疗，将会越来越严重。

（1）原因

空气中传播的过敏原，如花粉、动物毛屑、尘螨、香水、清洁剂、油漆等；食物，如坚果、小麦、奶类、蛋类等；二手烟；呼吸道感染，如感冒和支气管炎；情绪因素，如压力、愤怒、疲劳、焦虑、情绪低落等；天气或气温变化，如寒潮、下雨、刮风等；剧烈运动。

（2）干预与保育

①做好登记。

患有哮喘的婴幼儿新入托幼机构时，除了卫生保健人员应当详细了解患儿的病情并登记，带班教师、保育员也应与家长进行沟通，了解婴幼儿发病时的症状、可能引起哮喘发作的物质、需要采取的急救措施等，并将这些信息详细记录，张贴在能迅速看到或找到的地方。

②管理策略。

保持室内清洁卫生，每日开窗通风，保证空气新鲜；每日用湿拖把拖地，减少空气中的过敏原；每月清洁空调过滤网，清除有害物质；托幼机构内禁止吸烟；管理好班级的消毒剂、洗涤用品等，避免婴幼儿接触化学物品；掌握哮喘儿是否有食物过敏，避免其接触过敏原食物；关注哮喘儿的情绪，避免其过度疲劳；在一日生活活动中，当发现哮喘儿出现愤怒、疲劳、焦虑、情绪低落等情况时，应及时给予关爱和心理疏导；当天气或气温变化时，应让哮喘儿留在室内并留有保育员陪伴，注意增减衣物，切忌让哮喘儿独处；在哮喘儿健康状况允许的条件下，应鼓励他们尽可能多地参加体格锻炼以增强体质，但要控制活动强度，避免因各种剧烈的体育活动诱发哮喘。

③哮喘急性发作时的处置。

保育员应保持镇静，让婴幼儿放松，使其呼吸顺畅。按照家长提供的急救措施进行处置，同时立即与家长取得联系。若症状无缓解，应立即联系"120"急救中心，在与"120"急救中心联系时，讲清楚发病特征、机构所处的地址、联系电话等。

7. 龋齿

龋齿俗称蛀牙，是在细菌、食物等因素共同作用下，导致牙体硬组织进行性破坏的疾病。如果没有及时治疗，可引发牙髓炎、根尖周炎甚至颌骨炎症等并发症。龋齿可见于乳牙萌出后任何年龄段的人群，但不同个体、不同年龄段患龋率不尽相同。

龋齿的发生与发展较为缓慢，从早期损害到龋洞，平均需要15个月的时间，如果能及时发现、及时干预，将取得良好的预防效果。预防措施如下：

（1）口腔卫生教育

教育幼儿认识口腔卫生的重要性，了解龋齿对健康的危害。

（2）定期进行口腔检查

托幼机构应每半年对幼儿做一次口腔检查，发现龋病后，及时采取相应措施，防止龋病继续发展和加重。

（3）保持口腔清洁

训练幼儿早、晚各刷一次牙，饭后自觉漱口，尤其是在喝完牛奶及吃糖之后，一定要用清水漱口，保持口腔清洁。牙刷要彻底冲洗干净，放在通风处，每人1支牙刷，每3个月更换一次。

（4）合理营养

幼儿食物要多样化、合理搭配，以提供牙齿发育所需的营养物质；注意培养幼儿的咀嚼能力，鼓励幼儿进食含膳食纤维的食物，如蔬菜、粗粮等，限制甜食。

（5）体格锻炼

保证户外活动的时间，接受足够的日光，使牙齿得到正常发育，增强防龋能力。

（6）采取防龋措施

使用儿童专用含氟漱口水，用含氟牙膏刷牙，在牙表面涂氟化物等方法。3岁以上幼儿可由口腔专业人员应用氟化物为其进行局部防龋。对龋病高危幼儿，可适当增加局部用氟的次数。

（7）窝沟封闭

窝沟封闭是预防磨牙窝沟龋的最有效方法。由口腔专业人员对幼儿窝沟较深的乳磨牙及第一恒磨牙进行窝沟封闭，用高分子材料把牙齿的窝沟填平，使牙面变得光滑、易清洁，细菌不易存留，达到预防窝沟龋的目的。

8. 常见眼科疾病

（1）结膜炎

结膜炎为眼科常见病和多发病，可由细菌、病毒、衣原体感染所致，也可由超敏反应或外伤（物理或化学原因）所致。如常见的沙眼是由沙眼衣原体引起的慢性感染性结膜炎。结膜充血和分泌物增多是各种结膜炎的共同特点，患眼常有异物感、烧灼感、眼睑沉重，当病变累及角膜，可出现畏光、流泪及不同程度的视力下降。

预防措施：养成不用手揉眼睛的习惯，不共用脸盆、面巾；改善环境卫生，培养幼儿养成良好的卫生习惯；加强对家长和幼儿的健康教育；定期做健康检查，发现结膜炎及时治疗。

（2）屈光不正

屈光不正包括散光、远视和近视。一旦怀疑儿童存在屈光不正的问题，需要进一步做屈光检查（验光），确定屈光不正的性质和程度。

①散光。

多因角膜曲度不均匀所致。在婴儿期较多见，出生后6月龄高度散光多发，随着年龄增长，2岁左右散光度数逐渐降低。散光容易引起头痛、视力疲劳等，散光分规则与不规则两种，多见的规则散光又分为远视性散光、近视性散光和混合性散光，需戴镜矫正。

②远视。

婴幼儿轻度远视属于生理性远视，至青春期可逐渐正视化。远视度数超出生理范畴伴有视力异常，经常出现视觉疲劳或伴有内斜视者需要屈光矫治。

③近视。

幼儿的视力直接影响到体育活动、集体游戏等。幼儿6岁后近视多发，整个青春期持续增加，并且屈光度变化很大，主要表现为视物不清，有眯眼、歪头、蹙眉等表现。近视需要佩戴眼镜。视力不良重在预防，防控视力不良需贯穿学龄前期及学龄期。

【作业】

1. 线上：学习线上教学资源"生活照料"，并完成习题。
2. 线下：小组讨论如何培养婴幼儿的排尿习惯。
3. 总结：梳理婴幼儿常见意外伤害及疾病护理类型，制作婴幼儿保健卡。

第四章

心理学发展与教育建议

◆ 本章导语

　　本章我们将探讨婴幼儿心理学发展的各个方面，内容涵盖认知、情绪与社交能力的培养，以及具体的案例分析和理论指导，旨在帮助教育工作者和家长更好地理解和支持婴幼儿的心理发展需求。我们将学习如何识别和应对常见的婴幼儿心理发展问题，并通过活动和游戏促进婴幼儿的心理健康发展。同时，本章也强调了在婴幼儿早期教育中实施心理健康教育的重要性，以及如何将这些教育实践与国家教育政策和目标相结合。

◆ 学习目标

　　1. 知识目标
　　理解婴幼儿心理发展的基本理论；学习不同年龄阶段婴幼儿的心理需求和发展特点；熟悉婴幼儿心理健康问题的识别和基本干预方法。
　　2. 能力目标
　　能够观察和评估婴幼儿的心理行为表现；掌握与婴幼儿心理发展相适应的教育方法；培养处理婴幼儿心理问题的实际操作能力。
　　3. 素养目标
　　增强对婴幼儿心理健康重要性的认识；发展与婴幼儿有效沟通的方法和技巧；提升在实际教育中运用心理知识的综合素质。
　　4. 思政目标
　　强化理解和应用心理健康教育政策的能力；培养关注并促进婴幼儿全面发展的责任感；传播科学养育和教育理念，增强家庭和社会的教育功能。

【本章导览】

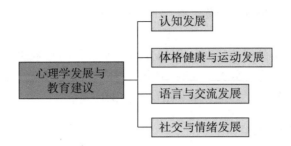

【第一节学习任务清单】

案例 1

总是把玩具塞到嘴里的贝贝

贝贝 8 个月了，已经学会了有意识地抓握东西。父母给贝贝准备了许多好玩的玩具，但令人烦恼的是，贝贝总是把玩具塞到嘴里，而且啃得"津津有味"。妈妈每次看到后都制止她，可并不管用，她不仅一点儿也没有放手的意思，甚至已经发展成一种习惯，凡是拿给她的玩具，她总要塞到嘴里。

分析：面对贝贝总是把玩具塞到嘴这一行为，妈妈应该制止贝贝吗？为什么？

第一节　认知发展

一、认知概述

（一）定义

认知是指个体通过感知、思维、推理和记忆等心理过程来获取、处理和组织信息的能力。它不仅包括个体对外部世界的观察和理解，也包括个体对自身的认识和理解。在婴幼儿这个特定群体中，认知发展是指婴幼儿从出生到 3 岁期间，逐渐建立起对世界的认知模式和能力的过程。

（二）认知发展的主要成分

1. 感知觉

人类认识世界是从感觉开始的，当婴幼儿直接接触周围世界时，需要通过感觉来认识客观现实，并且通过知觉来获取关于客观世界的知识。0～3 岁的婴幼儿通过视觉、听觉、触觉、味觉和嗅觉等感官渠道来感知和认识世界。他们开始注意并辨别各种颜色、声音和触感等刺激，并逐渐将这些刺激与物体、人和事件联系起来。

2. 记忆

在0～3岁的早期阶段，婴幼儿开始形成和存储简单的记忆。他们可以通过重复的经验来记住某些事件，比如家庭成员的面孔和声音，以及日常生活中的常见物品。记忆的发展有助于婴幼儿理解和预测事件的发生，并增强他们对世界的认知。

3. 思维

婴幼儿能发展基本的思维能力，例如分类、比较和问题解决。他们能够将事物按照大小、形状、颜色等特征进行分类，比较不同的物体和现象，并通过试错来解决问题。这种思维能力的发展促使婴幼儿更好地理解和适应不同的环境。

（三）认知发展的理论框架

1. 皮亚杰的认知发展理论

瑞士心理学家让·皮亚杰的认知发展理论是理解婴幼儿认知发展的基石之一。皮亚杰将儿童的认知发展划分为四个主要阶段。

（1）感知运动阶段（0～2岁）

在这一阶段，婴幼儿通过感官和运动活动探索世界。这一时期的主要成就包括对物体恒常性的认识，即理解物体即使不在视线中，也仍然存在。婴幼儿开始通过基本的动作，如抓握、看、听、吞咽和敲打来了解物体的属性。

（2）前运算阶段（2～7岁）

在这一阶段，儿童开始使用符号（如言语和想象）来代表具体的对象，但还没有能力运用操作性思维思考或解决抽象问题，思维仍然是以自我为中心，难以采取他人的视角。

（3）具体运算阶段（7～11岁）

此阶段的儿童开始理解和使用逻辑操作来处理具体信息，例如，他们能够理解数量、质量和体积等概念，并进行分类和串联操作。

（4）形式运算阶段（11岁以上）

这是认知发展的最后阶段，青少年开始能够进行抽象思考和系统规划。他们能够使用逻辑推理，并能够理解假设的概念。

皮亚杰认为，儿童在这些阶段中通过两个基本过程来适应环境，即同化和顺应。同化是将新信息纳入现有的思维框架中；而顺应则是改变现有的思维框架以适应新的信息。这两个基本过程在儿童的整个发展过程中相互作用，促进了认知结构的不断调整和完善。

皮亚杰的理论对教育实践有着深远的影响，它强调了教育应该与儿童的认知发展阶段相匹配，教育者应设计与儿童当前认知能力相适应的学习活动。此外，教育活动应鼓励儿童进行探索和实验，以促进其自主学习和认知能力的发展。

2. 维果茨基的社会文化理论

苏联心理学家列夫·维果茨基的社会文化理论强调社会互动在认知发展中的作用。维果茨基认为，婴幼儿的认知能力是通过更有经验的成年人（如父母或教师）指导或与同伴合作发展起来的。

维果茨基的核心观点包括以下四方面。

（1）社会互动的重要性

维果茨基认为认知发展首先发生在社会层面，然后才内化为个体的心理结构。在这个过程中，语言扮演了至关重要的角色，它是连接社会与个体心理的桥梁。

（2）最近发展区

维果茨基提出了"最近发展区"的概念，将其定义为儿童在成人帮助下或在与同龄人合作时能够达到的认知水平和他们单独完成任务时的认知水平之间的差距。这个概念强调了教育的重要性，即教育应当针对儿童的最近发展区，通过适当的指导和支持，帮助儿童达到更高的认知水平。

（3）鹰架教学

在儿童学习的过程中，成年人和更有能力的同伴提供的支持（如提示、示范、鼓励等）可以帮助儿童完成原本无法独立完成的任务。随着儿童能力的提高，可以逐渐撤销这些支持，直至儿童独立完成任务。

（4）文化工具的作用

维果茨基还强调文化工具（如语言、书写、艺术等）在认知发展中的作用。这些工具不仅能帮助儿童获取知识，还能帮助儿童形成解决问题的思维。

3. 埃里克森的心理社会发展理论

美国心理学家埃里克·埃里克森的心理社会发展理论认为，个体从出生到成年共经历八个发展阶段，每个阶段都伴随着一次心理危机。在婴幼儿早期，主要包括以下两个阶段。

（1）信任对失信的危机（0～1 岁）

在这一阶段，婴儿通过与抚养者的互动来学习信任或不信任世界。如果抚养者能够提供稳定的、一致的、可靠的关怀和满足需求，婴儿将发展出信任感，相信世界是一个安全的地方。如果抚养者忽视或不一致地响应婴儿的需求，婴儿可能会发展出对环境的不信任感。

（2）自主性对羞耻和怀疑的危机（1～3 岁）

在此阶段，儿童开始探索自己的独立性发展，他们学习自主控制行为。成功的自主性发展可以增强儿童的自尊心和能力感，而失败则可能导致儿童产生羞耻感或怀疑自身能力。父母在这一阶段的支持和鼓励是关键，过度的批评或控制可能阻碍儿童的自主性发展。

4. 信息加工理论

信息加工理论将婴幼儿的大脑比作一台计算机，强调认知发展是逐步提高信息处理速度和效率的过程。这一理论关注婴幼儿如何接收、编码、存储和检索信息。研究显示，记忆的发展是婴幼儿时期认知成长的关键方面，通过重复和模式识别，婴幼儿能够形成对世界的早期理解。在信息加工理论中，认知发展被看作是一系列信息处理技能的不断增强。这些技能包括以下四个。

（1）感知编码

婴幼儿通过视觉、听觉等感觉器官接收外部信息，并将这些感觉信息转化为神经信号。

（2）信息存储

婴幼儿将接收的信息存储在短期记忆和长期记忆中。短期记忆信息存储时间有限，并且容量较小；而长期记忆信息存储时间更长，容量更大。

（3）记忆检索

记忆检索是指从长期记忆中回忆信息的过程。在婴幼儿的认知发展中，记忆检索的效率逐渐提高，他们能够更快地访问和使用已经存储的知识和信息。

（4）注意力控制

注意力是认知处理的一个关键方面，影响信息编码和存储的效率。随着年龄的增长，婴幼儿的注意力控制能力会逐渐提高，能够更长时间地将注意力集中在特定的任务或对象上。

信息加工理论提供了一个框架，用于理解婴幼儿如何逐步建立和优化其认知结构，包括语言、问题解决能力和逻辑思维等。研究表明，通过日常活动中的重复和模式识别，婴幼儿能够逐渐形成对周围世界的认知，并提高信息处理的效率。

二、认知发展的规律与特点

（一）认知发展的规律

1. 由简单到复杂

刚出生的婴儿对外部事物的认知有限，只能感知到一些简单的刺激，如声音、光亮和对皮肤表面的触摸等。随着时间的推移，他们开始逐渐认识到对象的多样性和复杂性。他们能够区分不同的颜色、形状和材质，并且能注意到事物的细微差异。他们也开始了解简单的因果关系，比如按下按钮会有声音等。

2. 由主体到客体

在早期阶段，婴幼儿的认知活动主要以自身为中心。他们通过将物品放入嘴巴、摇晃玩具等方式来探索世界。然而，随着年龄的增长，他们逐渐认识到外部事物是独立存在的，随之建立起自己与物体之间的关系。他们学会了通过触摸、推拉和抓取等方式来探索外部物体，了解它们的属性和功能，并逐渐认识到客体的永久性，以及主体客体分离。

3. 由表象到本质

在认知发展的早期阶段，婴幼儿对事物的理解主要停留在表象和表面特征上。随着认知能力的提升，他们逐渐能够将注意力集中在物体的本质和内部特征上。例如，他们开始理解物体的内部结构和组成部分，并能够通过拆卸、组装等方式来探索物体的结构；也开始理解事物之间的内在关系，进行判断和解决问题。

（二）认知发展的特点

1. 认知与动作协同发展

动作发展促进婴幼儿的认知发展。婴幼儿最初的动作不受主观意识的控制，需要大量的爬行和行走经验才能对环境的变化做出适应性的反应。同时，随着动作的不断发展，婴幼儿学习适应新环境，从而促进认知的发展。举例来说，物体的许多个别属性，诸如冷暖、软硬、轻重、质地等，都是婴幼儿通过抓握、触摸物体而获得的感性经验。这些信息促进了感知觉的发展，从而提高了婴幼儿的认知能力。爬行等运动经验对婴幼儿客体永久性的发展具有明显的促进作用，手势在婴幼儿掌握各种抽象概念（如数字）的过程中也发挥着非常重要的作用。

动作发展是认知发展的外在表现。最初婴幼儿的动作是缺乏目的性的，到1岁半左右，婴幼儿能够有目的地运用手部动作来尝试错误并解决问题。在婴幼儿动作发展的过程中，可以逐渐看到目的与手段的协调，这是个体智力的最初表现形式。

2. 自我认知开始发展

婴幼儿出生时是不能认识自己的，新生儿不能把自己与周围环境区分开来，这时的一切活动都是本能的条件反射。1972 年，荷兰心理学家阿姆斯特丹等人通过"标记测验"的方式，以婴幼儿能否做出"自我指向行为"作为判断其自我认知形成的依据。综合研究发现，15 个月是婴幼儿表现出自我认知的最早年龄，而在 24 个月时，所有的或大部分的婴幼儿表现出自我认知。自我认知可以分成视觉自我认知和言语自我认知，可通过这两类观察指标来判断婴幼儿自我认知的发展情况。视觉自我认知是指婴幼儿能从镜子等媒介物中识别自己的一种认知能力；言语自我认知是指婴幼儿通过自我参照言语识别自己的一种认知能力，也就是使用名字表述自己以及使用"我""我的"或与"我"有关的短句来表述自己。

三、0～3 岁婴幼儿认知发展的核心能力

（一）感知觉

感知觉是婴幼儿认知世界的首要通道，包含感觉（通过感官接收外界刺激）与知觉（大脑整合信息形成认知）的双向过程。作为 0～3 岁认知发展的基石，婴儿通过视觉捕捉光影、听觉接收声调、触觉感知质地等多元感官体验，逐步构建对物体属性、空间关系和人际互动的初级理解。这种原始的信息加工能力不仅推动神经系统的成熟，也为后续语言、思维和社会化发展奠定基础。

1. 视觉的发展

（1）视觉注视

婴幼儿在出生后几周内开始逐渐出现视轴集中现象，1 个月大时开始能够视觉注视物体。婴幼儿的视觉注视特点为时间短、距离近。随着月龄的增长，婴幼儿的视觉注视能力逐渐提高，到了 2 个月左右，他们的视觉注视时间通常可达 2 分钟左右（但具体时间可能因个体差异而有所不同）。婴幼儿对于视觉刺激的反应也越来越敏感，他们能够注视并追踪移动的物体，对于色彩鲜艳、对比度高的视觉刺激更感兴趣。家长可以与婴幼儿进行互动，通过面对面交流、眼神接触等方式来增强婴幼儿的视觉注视能力，进而促进其视觉认知的发展。

（2）视觉追踪

视觉追踪是指婴幼儿能够跟随移动的物体，使眼睛保持对物体的注视，并在物体移动时能够平滑地移动视线的能力。到了 3 个月左右，婴幼儿开始能够较好地追踪移动的物体，他们的视线可以更加稳定地跟随目标移动。到了 6 个月左右，婴幼儿的视觉追踪能力进一步提高，他们能够更加准确地追踪复杂的移动轨迹，比如追视家长手中的玩具。随着婴幼儿年龄的增长，他们的视觉追踪能力也会不断完善和提高。

（3）视觉分辨

婴幼儿视觉分辨是指他们在视觉上对不同的形状、颜色和大小开始有更加敏锐的感知和区分能力，可概括为差别分辨和颜色分辨。婴幼儿在出生后的几个月内，视觉分辨能力逐渐增强，他们开始能够分辨出不同的颜色和高对比度的图形，并且对于熟悉的面孔和物体有更强烈的视觉偏好。随着年龄的增长，婴幼儿的视觉分辨能力进一步提升，他们开始能够分辨更细微的差异，比如不同的形状和图案。

观察指标可参考【资料卡】中的表 4-1。

2. 听觉的发展

（1）听方位

4个月时，婴幼儿就能够寻找声音来源，例如有人在他耳后侧一段距离摇铃，他能回头找到声源。7个月大的婴幼儿就能比较迅速地追踪声音了。这也表明婴幼儿具有声音的定向力。

（2）听分辨

婴幼儿的听觉在他们出生前就开始发育了，新生儿能够对声音进行辨别。0～3个月的婴幼儿只能分辨低频音，6个月的婴幼儿对音调的分辨才达到成人水平，这表明婴幼儿能够区分声音的高低、强弱。婴幼儿对语音刺激比非语音刺激更敏感，并且能区分不同的语音，进而逐渐发展听觉理解的能力，2个月大的婴幼儿能够区分带有不同情感色彩的语音。婴幼儿对声音种类也有倾向，他们比较喜欢有规律、优美活泼的音乐声；不同的声音对婴幼儿听觉有着不同的作用，经研究，超过70分贝的声音会对婴幼儿的听力造成一定的损坏。

观察指标可参考【资料卡】中的表4-2。

3. 触觉的发展

触觉是指通过皮肤感受外界刺激的能力，是婴幼儿认识世界的重要方式之一。因此，观察婴幼儿的触觉发展，对于了解其认知、情感、社交等方面的发展具有重要意义。婴幼儿在不到3个月大时，如果有物体靠近婴幼儿的手，他们会无意识地用手去触摸。婴幼儿触觉的发育经历两个时期：第一个时期是婴幼儿在0～1岁年龄段从被动触摸发展为主动触摸时期；第二个时期是从眼睛和手脚不协调到眼睛和手脚协调时期，主要集中在婴幼儿1～3岁年龄段。在第一阶段婴幼儿触觉发展时期，如果给予婴幼儿适当的皮肤刺激，婴幼儿的触觉就能够得到较快速的发展。

观察指标可参考【资料卡】中的表4-3。

4. 本体感觉的发展

本体感觉是指婴幼儿对自己身体位置和姿势的感知能力。它涉及身体各部位在空间中的位置、运动状态以及身体姿势等方面的感觉。本体感觉是由身体内的多种感觉器官协同作用而产生的，包括肌肉、关节感受器、皮肤感受器等。这些感觉器官不断向大脑发送信号，让大脑能够实时感知身体的位置和状态。对于0～3岁的婴幼儿来说，本体感觉的发展不仅影响着他们的日常行为，还为他们未来的学习生活打下基础。刚出生时，婴幼儿对于自己的身体并没有清晰的认知，他们通过感觉器官接收到的外界刺激来感知世界。随着时间的推移，他们开始对自己的身体有了深入的认识，他们不仅能够感受到自身姿势的平衡与运动状态，还能感受自身空间位置以及空间方向。在这个过程中，家长和照顾者的角色至关重要。他们可以通过各种方式促进婴幼儿本体感觉的发展。例如，可以进行简单的"抓手指""踩影子"等亲子活动，让婴幼儿意识到自己的身体部位和运动。针对本体感觉的训练，可以通过身体抚触训练、平衡感训练、前庭觉训练来实现，这一训练可借助专业的感统训练工具进行。

观察指标可参考【资料卡】中的表4-4。

5. 空间知觉的发展

（1）形状知觉

在婴幼儿刚出生的几个月里，他们的视觉系统还在发育初期，对形状的感知能力相对较弱。然而，随着时间的推移，他们的视觉系统逐渐发育成熟，能够分辨出不同的形状。通常，婴幼儿最先能够辨认出简单的几何形状，如圆形、正方形和三角形。

（2）大小知觉

4个月大的婴幼儿开始显示出对物体大小恒常性的认知。到了6个月，婴幼儿已经能辨别大小。到了1岁，婴幼儿开始学会使用工具，如使用勺子敲打碗。这时，他们对大小的理解更加深入，知道大的物体通常需要更大的力量来移动或抓取。到了2岁，婴幼儿的大小知觉已经相当成熟。此时，他们不仅能够区分大小，还可能开始理解大小与距离、速度等其他物理量之间的关系。3岁时，婴幼儿的大小知觉已经接近成人水平。他们能够明确地描述物体的大小，甚至可以进行简单的比较，如"这个球比那个大"。

（3）深度知觉

视崖实验的结果表明，婴幼儿在非常小的年龄就已经具备了深度知觉的能力。在这个实验中，研究者会让婴幼儿躺在一个视觉上看起来像悬崖的装置上。这个装置的一侧是实地，另一侧则是一块透明的玻璃，玻璃覆盖在一些图案上面，使得婴幼儿看起来就像是在悬崖边上。研究者会观察婴幼儿是否能够分辨出哪里是实地，哪里是悬崖，以判断他们是否具有深度知觉能力。实验结果表明，即使只有几个月大的婴幼儿也能够感知深度，他们通常会拒绝爬向看起来像是悬崖的那一侧。这表明婴幼儿在非常小的年龄就已经开始感知周围环境的深度信息，并据此作出决策。

（4）方位知觉

方位知觉是指个体对自身在空间中所处的位置及对空间中物体间的方位关系的感知。方位关系包括上下、左右、前后、里外等。方位定向能力并不是与生俱来的，上、下、左、右对于新生儿而言并无区别，婴幼儿辨别空间方位是以自身为参照（以自己为中心点）逐步发展成以其他客体为参照的。婴幼儿对不同方位的分辨难度也有差距，左右方向最难，接着是前后方向，最容易的是上下方向。研究发现，方位知觉发展开始于婴幼儿时期的后期，3岁的婴幼儿能辨别上下方向，但还不能很好地辨别前后、左右方向。方位知觉中最难掌握的左右关系需到6岁才开始初步发展。

观察指标可参考【资料卡】中的表4-5。

（二）记忆

1. 婴幼儿记忆的特点

婴幼儿的记忆以无意识和机械记忆为主，具有形象性、留存时间短的特点。2岁的婴幼儿产生了有意识回忆以前发生事件的能力。这与婴幼儿模仿言语能力密切相关。一旦婴幼儿获得了必要的语言，他们就会说出自己在以前经历的事件。另外，婴幼儿期的记忆缺失症被定义为人们对特定的年龄（一般为3~5岁）之前发生的早期生活事件无法进行回忆的现象。这表明了早期生活事件是以一种"全"或"无"的形式进入记忆的。而实际上诸多研究已显示出人们对早期生活事件的记忆是更富"弹性"的，人们对年幼时期的记忆受很多因素的影响，因而并没有一个很固定的记忆出现的时间点。越来越多的研究者赞同在由婴幼儿期向学前期的过渡中，儿童记忆系统的发展是连续的而非间断的。

2. 工作记忆

研究发现，从出生到3个月的婴幼儿已经会记住妈妈的脸和妈妈身上的气味，以及经常出现在他周围的人。3~6个月的婴幼儿已经能够记住玩具的颜色和图案，在相同的情况和环境之下，他已经能记住怎样操作拿到的玩具。6~9个月的婴幼儿会记住玩具摆放的位置。

9个月的婴幼儿能够记住在2个月以前经常看到的人。记忆对社会关系的建立是很重要的，婴幼儿借助记忆可以和照护者建立依附关系。

观察指标可参考【资料卡】中的表4-6。

(三) 思维

1. 概念发展

(1) 实体概念

实体概念是指婴幼儿对于周围环境中物品和人的认知能力，是婴幼儿思维发展的基础。在0~3岁，婴幼儿开始逐渐认识到周围的物品和人都是实际存在的，这种认识是通过感官体验和不断探索逐渐形成的。在0~1岁，婴幼儿主要是通过视觉和触觉来感知周围的环境。他们会通过摸索和抓握物品来了解物品的形状、大小和材质等特征，逐渐形成对于物品的简单认知。同时，在这个阶段，婴幼儿也开始逐渐认识到人的存在，对于熟悉的面孔和声音会展现出更为积极的反应。在1~2岁，婴幼儿的实体概念得到了进一步的发展。他们开始能够区分不同的物品，并逐渐形成对于物品的分类和归纳能力。例如，他们可以将玩具车、球等物品归为"玩具"类。

(2) 数量概念

研究表明，婴幼儿对于数量有一种天生的敏感性，他们可以通过视觉和听觉来感知数量的变化。例如，当婴幼儿看到两个玩具被拿走一个时，他们会展现出不同的反应，这说明他们已经对数量有了一定的认知。随着婴幼儿的成长，他们开始能够理解更多的数量概念，如计数、比较数量、认识数字等。在这个过程中，家长可以通过各种方式来帮助婴幼儿加强对于数量概念的理解，如使用玩具、书籍、歌曲等。计数是婴幼儿数量概念发展的重要里程碑之一。通常情况下，2岁的婴幼儿已经可以开始进行简单的计数。家长可以通过手指、玩具等方式来教婴幼儿计数，并逐渐引导他们认识数字。除了计数外，比较数量也是婴幼儿需要掌握的重要技能之一。家长可以通过比较不同数量的玩具、食物等物品来帮助婴幼儿理解数量的概念。例如，可以拿出两份不同数量的水果，问他们哪个更多或哪个更少，以此来引导婴幼儿进行数量比较。认识数字也是婴幼儿数量概念发展的重要组成部分。家长可以通过数字拼图、数字卡片等方式来教婴幼儿认识数字，并逐渐引导他们将数字与数量联系起来。

2. 符号性思维

符号性思维是指婴幼儿开始能够使用符号来代表事物，并通过符号进行思考和解决问题。符号性思维是表征思维的核心表现形式。这就表明婴幼儿能够通过感官接收外界的信息，例如通过视觉、听觉和触觉等感知外界的事物，并将这些感知信息转化为表象记忆保存在脑海中。这些表象记忆是婴幼儿日后认知和学习的基础。在1~2岁，婴幼儿的表征思维开始进入象征性思维阶段。此时，婴幼儿开始能够通过符号和象征来理解世界。例如，婴幼儿可以使用简单的语言、手势和面部表情来表达自己的意思，例如用手指指向物品并发出声音来表示自己想要它等。此外，婴幼儿能够理解一些简单的指令和要求。在2~3岁，婴幼儿的表征思维进入图像思维阶段。在这一阶段，婴幼儿开始能够形成和操作内部的心理图像。例如，当婴幼儿想起某个事物时，他们能够在脑海中形成该事物的图像，并能够对这些图像进行操作和变换，从而进行想象和创造。这一阶段可以使用一些简单的图形和颜色来教婴幼儿认识不同的事物，并通过问答的方式来检验他们的理解能力。需要注意的是，婴幼儿的表征思维发展是一个渐进的过程，并且存在个体差异。因此，在教育和抚养过程中，需要根据婴幼儿的实际情况和需要，提供适当的刺激和支持，促进婴幼儿表征思维的发展。同时，还需要注意尊重婴幼儿的个体差异，避免过度干涉和压制婴幼儿的发展。

观察指标可参考【资料卡】中的表4-7。

3. 逻辑与推理

(1) 因果关系

因果关系是指第一种事件（原因）和第二种事件（结果）之间的作用关系，其中后一事件被认为是前一事件的结果。在0~3岁时，婴幼儿开始通过观察和探索来了解因果关系，这对他们未来的学习和解决问题能力的发展至关重要。在0~1岁时，婴幼儿开始通过观察周围的环境和人来了解因果关系。例如，当他们摸到一个玩具时，它会发出声音或移动，这样的经验让他们逐渐认识到自己的行动可以影响周围的世界。这种初步的因果认知为他们日后的学习和探索打下了基础。在1~2岁时，婴幼儿开始进行更为复杂的因果推理。例如，他们可能会推断，如果一个玩具车被推了一下，它将会移动一段距离，然后停下来。这种能力使他们能够通过实验和学习来解决问题，并逐渐掌握更为复杂的技能。在2~3岁时，婴幼儿的因果认知能力得到了进一步的发展。他们开始理解更为抽象的概念，例如时间和空间的关系，以及更为复杂的物理原理。例如，他们可能会理解到，朝同一个方向扔球，越用力，它就会落得更远。这样的理解能力使他们能够解决更为复杂的问题并进行创意思考。在这个阶段，家长和照顾者可以通过提供各种各样的玩具和活动来帮助婴幼儿发展因果认知能力。例如，搭积木、拼拼图和滑滑梯等活动可以让婴幼儿体验不同的行动和结果，从而了解因果关系。同时，通过阅读绘本和讲故事等方式，也可以帮助婴幼儿理解更为复杂的因果关系和抽象概念，为其未来的学习和创造力的培养打下坚实的基础。

(2) 分类

分类能力是婴幼儿的数概念关系建立的前提和基础。皮亚杰认为，数概念是婴幼儿建立在物体之间关系的集合。它包含两种关系：第一种是类包含关系，第二种是顺序性关系。分类能力是婴幼儿在活动中理解并形成类包含关系的媒介，婴幼儿在不断的分类活动练习中了解类包含关系，直至掌握类包含关系。0~3岁的婴幼儿的分类能力可以分为三个阶段。第一阶段是0~1岁，这个阶段的婴幼儿主要是通过感官来接触世界，对于分类还没有明显的意识。他们主要是通过视觉、听觉和触觉等感官来感知外界环境，逐渐熟悉和认识周围的人和事物。第二阶段是1~2岁，这个阶段的婴幼儿开始逐渐形成简单的分类意识。他们能够根据一些简单的特征将事物进行归类，比如将颜色相同或形状相似的玩具放在一起。第三阶段是2~3岁，这个阶段的婴幼儿的分类能力有了明显的提升。他们能够通过更加复杂的特征进行分类，比如将动物和植物进行分类，将不同种类的车辆进行分类等。此时，婴幼儿也开始逐渐形成自己的分类标准和方法。

(3) 排序

排序是较高水平的比较，比较是婴幼儿根据某些具体特征或属性在两个或两组物品间建立关系，比较是排序的基础。只有在比较的基础上进行选择，才能保证将物体长度、大小等特质的不同变量区分开来。研究发现，排序在感知运动阶段就已经开始发展。例如，2岁之前的婴幼儿喜欢玩套娃之类的玩具。这类玩具的形状相同，但是大小不一，可以将一个套在另一个的里面。排序是等量增加的模式，其他类型的模式则是一种按预定规则重复的序列。而日常生活活动的顺序是婴幼儿最早学会的模式之一，即婴幼儿能够逐渐认识黑夜和白天，知道换尿布、吃饭、活动和睡觉的顺序。随着感知运动阶段的发展，婴幼儿会把积木摆成一排，先摆一个大的，再摆一个小的，然后再摆大的、小的；或者先摆一块红的，再摆一块绿的、一块黄的，再摆红的、绿的、黄的。

排序主要分为量的排序和事件排序。量的排序能力是指婴幼儿对于数量、大小、长度、重量等概念的认知和排序能力。量的排序能力的主要观察指标包括以下方面。

①数量概念的认知：0～3岁的婴幼儿对于数量的认知经历了一个由模糊到逐渐清晰的过程。一般来说，1岁左右的婴幼儿开始能够区分出两个不同数量的物品，但还无法准确地数出物品的数量。2～3岁的婴幼儿逐渐能够准确地数出小数量的物品，并能够进行比较和简单的加减法运算。

②大小、长度、重量等概念的认知：婴幼儿对于这些概念的认知也经历了一个由简单到复杂的过程。在0～1岁时，婴幼儿可能只能够通过视觉或触觉来感知物品的大小、长度或重量等特征。随着年龄的增长，他们逐渐能够通过比较和分类来认知这些概念，并能够将其应用于实际生活中。

事件排序能力是指婴幼儿对于时间顺序和事件逻辑的认知和理解能力。事件排序能力的主要观察指标包括以下方面。

①时间顺序的认知。婴幼儿对于时间顺序的认知也经历了一个由模糊到清晰的过程。在0～1岁时，婴幼儿可能还无法理解时间的概念，随着年龄的增长，他们逐渐开始能够理解一些简单的时间概念，如"早上""晚上""昨天""明天"等。

②事件逻辑的认知。婴幼儿对于事件逻辑的认知是指他们对于事件发生的顺序和因果关系的理解。在0～1岁时，婴幼儿可能无法理解事件之间的逻辑关系，但随着年龄的增长和经验的积累，他们逐渐能够理解一些简单的事件逻辑关系，并能够将其应用于实际生活中。

【资料卡】

婴幼儿认知发展核心能力与主要观察指标查阅表

表4-1　0～3岁婴幼儿视觉发展核心能力与主要观察指标

月龄	视觉发展主要特点	学习与发展的核心能力	代表性行为（主要观察指标）
0～6个月	视觉敏锐度不足，视物模糊	1. 视觉注视； 2. 视觉追踪； 3. 视觉颜色分辨、差别分辨	1. 眼睛跟随悬环追踪至中央线（横向0°～90°）； 2. 头追随摇晃的环向上、向下移动0°～180°； 3. 随成人手的移动注视任意方位的东西； 4. 会辨认生人与熟人（婴幼儿面部表情有差异）； 5. 区别人脸图形差异：能认出照护者； 6. 认识黑色和白色； 7. 能把相同的颜色找出来； 8. 当成人问哪个物体是红（黄/橙/绿/蓝）色的时候，婴幼儿能正确指认3种以上与颜色匹配的物体，能说出物体的颜色名称
7～12个月	视觉范围扩大，具备多种视觉能力		
13～18个月	差别分辨能力		
19～24个月	视神经髓鞘化完成，能够认识基本颜色		
25～36个月	正确分辨基本颜色，视觉活动意识化		

表4-2 0~3岁婴幼儿听觉发展核心能力与主要观察指标

学习与发展的核心能力	代表性行为（主要观察指标）
1. 听方位； 2. 听觉分辨	1. 听到2~3 m远处的声音（或耳语）转头； 2. 能辨别温和或生气等不同腔调和强度的语音； 3. 可以说出或指出是什么东西（门、水、电视等）在发声； 4. 成人在一定距离外拍手几次，婴幼儿能立即模仿拍击次数； 5. 根据节奏鲜明的音乐做出符合节奏的动作（如抬放脚后跟、点头）； 6. 以比较准确的节奏模仿唱出简单歌曲； 7. 对语言的反应：懂"再见""欢迎"等，并做相应动作； 8. 懂"不"的含义； 9. 能根据歌曲内容，做出相应的行为和表情

表4-3 0~3岁婴幼儿触觉发展核心能力与主要观察指标

学习与发展的核心能力	代表性行为（主要观察指标）
1. 探索性触觉； 2. 手的触觉； 3. 触觉敏锐度	1. 会将手中的物品放入口中咬嚼，或者通过手触摸、拍打、抓握等方式来感知外界物体； 2. 喜欢用手掌拍打物品、摸索物品表面、按压等； 3. 能够使用手指来探索更小的物品和细节，喜欢用手指摸索细小的物品、捏泥巴、玩沙子等； 4. 能够分辨出软硬、光滑粗糙等不同的触感，并展现出相应的反应

表4-4 0~3岁婴幼儿本体感觉发展核心能力与主要观察指标

学习与发展的核心能力	代表性行为（主要观察指标）
1. 身体感知能力； 2. 运动控制能力； 3. 姿势调整能力	1. 可以竖起头部并在支撑下坐立； 2. 会开始尝试转头四处观察周围的环境； 3. 逐渐掌握翻身、爬行和坐立等动作； 4. 开始尝试用手抓取物品，并逐渐发展出手眼协调能力； 5. 在行走时根据地面情况调整脚步的幅度和频率

表4-5 0~3岁婴幼儿空间知觉发展核心能力与主要观察指标

学习与发展的核心能力	代表性行为（主要观察指标）
形状知觉（能够辨别和认识不同的形状，如圆形、方形、三角形）	1. 在9个月时，能够抓握不同形状的物体； 2. 在12个月时，能够通过摸索，找出与孔洞形状相匹配的物体； 3. 在2~3岁时，能够用不同形状的积木进行简单的拼搭
大小知觉（能够辨别和认识不同大小的物体，如大小关系、比例等）	1. 在1岁时，能够分辨大小不同的玩具； 2. 在2岁时，能够在比较大小的活动中正确指出大小关系； 3. 在3岁时，能够按照大小顺序排列一组物品
深度知觉（能够感知物体之间的距离、深度和高度等关系）	1. 在6个月时，开始有视觉悬崖的反应； 2. 在1岁时，开始试探性地往前走几步； 3. 在2~3岁时，能够在行走过程中避开障碍物

续表

学习与发展的核心能力	代表性行为（主要观察指标）
方位知觉（能够感知自身在空间中的位置和方向，如上下、左右、前后等）	1. 在 1 岁时，开始能够指出简单的方向； 2. 在 2 岁时，能够在活动中正确使用方位词汇； 3. 在 3 岁时，能够在空间中正确判断方向并移动位置

表 4-6　0~3 岁婴幼儿记忆发展核心能力与主要观察指标

学习与发展的核心能力	代表性行为（主要观察指标）
1. 感官记忆； 2. 短暂记忆； 3. 物体恒存性； 4. 情感记忆	1. 当听到熟悉的声音或歌曲时，会转向声源或表现出愉悦； 2. 当尝到熟悉的食物或闻到有特殊气味的物体时，会表现出喜欢或厌恶； 3. 在玩具被隐藏后，会试图找回它； 4. 在一系列物体中，可以记住并指认出之前看到的特定物体； 5. 当玩具被布遮住时，会知道玩具仍然在布下方并试图找到它； 6. 会寻找被移动到其他位置的玩具； 7. 当遇到之前使其害怕的物体或情境时，会表现出害怕或回避； 8. 在与熟悉的照顾者分离后重逢时，会表现出高兴和亲近

表 4-7　0~3 岁婴幼儿概念发展核心能力与主要观察指标

概念	学习与发展的核心能力	代表性行为（主要观察指标）
实体概念	1. 指出或列举所熟悉的一些事物； 2. 能说出实物突出的外部特征； 3. 能说出实物功用上的特征	1. 能说出家里 10~20 种日用品的名称； 2. 能说出 10~20 种常见动物的名称； 3. 能叫出 5~10 个亲人的名字； 4. 当听到常用名词时，能直指某个具体的事物，如在被问到"什么是狗"时，能指着家里的狗回答"这就是狗"； 5. 知道 10~20 种常用物品的功能，如知道杯子是用来喝水的，衣服是用来穿的； 6. 在给一些常用物品下定义时，能说出此物品的常见特征，如长着长耳朵的是兔子，鸟是会飞的，鸟是吃虫子的； 7. 在给一些常用物品下定义时，能说出此物品的功用，如在被问到"什么是筷子"时，能回答"筷子是用来吃饭的"
数量概念	感知"数量"： 1. 能用词标注大小、高低、粗细等物体外观的"量"的特征； 2. 按物体"量"的特征（大小、高低、粗细）排序； 3. 初步感知"数"的特征； 4. 对环境中各种数字的含义有初步了解	1. 能说出两个实物（如不同的笔、尺子、鞋、牙刷）哪个长哪个短； 2. 能说出两个实物（如笔和杯子）横截面哪个粗哪个细； 3. 能说出同一形状物体（如两张圆形纸张）面积哪个大哪个小； 4. 能说出两个同一形状、大小的物体（如铁球、塑料球）的重量哪个轻哪个重； 5. 能说出两个不同形状、不同材质的物体（如铁、棉花）哪个重哪个轻； 6. 能将同形状物体按大小（如粗细、长短）等"量"的特征排序(1~5 个物体)； 7. 能找到生活中用数字作标志的事物，如电话号码、时钟、日历和商品的价签等； 8. 了解和感受"数"用在不同的地方表示的意义是不一样的（如天气预报中表示气温的数代表冷热状况，钟表上的数表明时间等）

续表

概念	学习与发展的核心能力	代表性行为（主要观察指标）
数量概念	了解数量关系： 1. 唱数能力； 2. 分辨相等与多少（10以内）的能力； 3. 按物点数能力； 4. 按数取物能力； 5. 初步测量能力	1. 能按顺序唱数 1～10； 2. 成人从 1 开始念，婴幼儿可按顺序念出 1 后面的数字 2，3，4，5，6； 3. 成人从 1，2，3，4，5，6，7，8 任意数开始起头，婴幼儿可接着往下念 3 个数以上； 4. 成人从 3，4，5，6，7，8 任意数开始起头，婴幼儿可倒数 3 个数以上； 5. 能判断两堆物体的个数（10 以内）是相等还是不相等； 6. 能比较物体数量是"1"还是"许多"； 7. 将同色的方木块摆成 4 块一堆和 6 块一堆，能指出哪堆少哪堆多； 8. 能进行两组物体的一一配对（如 1 个苹果配 1 个橘子，2 个苹果配 2 个橘子）； 9. 能手口一致地点数 3～5 块积木； 10. 能手口一致地点数图片上的动物个数； 11. 在成人要求取出 3 个或 5 个物体时，能在一堆物品中取出相应数量的物体； 12. 点数 3～5 块积木后，能说出积木的总数； 13. 在成人量长短时，能配合拿出尺子，在称重量时拿出秤； 14. 知道用脚（手臂、积木、鞋）测量物体长度，并说出这个物体的长度相当于多少个脚（手臂、积木、鞋）的长度
	认识序数： 初步理解序数的能力	1. 知道每个物体对应一个位置（如根据语言指令可以将汽车玩具放在玩具柜的第一格，将毛绒玩具放在第二格）； 2. 能按成人口头指示的排列顺序，将物体（3 个以内）放在正确的位置； 3. 在有序排列的物体中，能够用位置数表示指定物体的位置（说出它纵向排在第几位，横向排在第几位）

【作业】

（1）线上：通过对线上教学资源"认知核心能力的教育建议"的学习，完成线上的习题。

（2）线下：学生以小组为单位，选择 0～6 个月、7～12 个月、13～18 个月、19～24 个月、25～36 个月这 5 个阶段中任意一个阶段，根据该阶段婴幼儿认知发展特点，设计游戏或者活动。

【实践活动案例】

【活动 1】7～12 个月视觉训练

活动名称：拍打吊球。

活动目标：通过此活动，帮助婴幼儿提升手眼协调能力，同时让婴幼儿在拍打球的过程中体验到乐趣。

活动准备：充气小球一个、绳子适量。

活动过程：

(1) 准备阶段：将充气小球用绳子绑紧，确保球固定且不易脱落。然后将绳子的另一端挂在比婴幼儿站立位置稍高的地方，让小球自由悬挂。选择的高度应使小球位于婴幼儿胸口稍上的位置，方便婴幼儿触摸。

(2) 活动启动：引导婴幼儿站立或坐在球前，妈妈可轻握婴幼儿的手指，帮助婴幼儿进行第一次拍打，让小球前后摆动。

(3) 互动加强：当小球摆动时，它会自然地前后移动并可能发出轻微的声响，吸引婴幼儿的注意力。婴幼儿在这个过程中会尝试自己拍打小球；虽然刚开始可能会不太准确地拍到球，甚至拍空，但通过不断尝试，婴幼儿可逐渐学会如何控制手的力度和方向。

(4) 变换挑战：在婴幼儿逐渐适应后，可以轻微调整小球的悬挂高度或位置，让婴幼儿从不同角度尝试拍打，这不仅能增加活动的趣味性，还能进一步锻炼婴幼儿的手眼协调能力。

(5) 总结回顾：每次活动结束时，与婴幼儿一起回顾拍打的乐趣，鼓励婴幼儿的努力，增强其成就感。

温馨提示：为保护婴幼儿的视力，建议每次活动不超过 15 分钟；定期更换小球的悬挂位置，避免婴幼儿长时间注视同一位置，导致视觉疲劳或斜视；活动结束后，将小球和绳子妥善收纳，以避免在婴幼儿无人看管时造成安全隐患。

【活动 2】适合 2～3 岁婴幼儿开展的数量比较活动

活动名称：送橘子？

活动目标：通过这个活动，帮助婴幼儿初步理解和感受数量"1"的概念。

活动准备：3 个橘子。

活动过程：

(1) 介绍阶段：照护者先将 3 个橘子放在一个盘子中，并向婴幼儿展示，如说："看，这里有许多橘子。"通过这种方式引起婴幼儿的注意和兴趣。

(2) 执行任务：请婴幼儿从盘中拿起 1 个橘子，然后递给照护者。在这个过程中，照护者可以边引导边讲解，如说："现在，请你给我一个橘子。"

(3) 交互反馈：当婴幼儿完成任务后，照护者应给予积极的反馈和夸奖，如说："太棒了！你成功地给我送了 1 个橘子。"如果婴幼儿弄错了，如拿了 2 个或没有拿，照护者应耐心指导，重新解释"1 个"的概念，并鼓励婴幼儿再试一次。

(4) 重复练习：可以让婴幼儿多次练习这个活动，逐步加深对数量"1"的理解和感知。

温馨提示：在活动过程中，保持耐心和鼓励的态度是非常重要的，避免对婴幼儿进行责骂或给予负面反应，以免影响婴幼儿的学习积极性。适时调整难度，例如先从把 1 个橘子递给 1 个人开始，逐渐增加橘子的数量或变换递送的对象，帮助婴幼儿理解更复杂的数量关系。活动结束后，照护者及时收拾橘子和其他物品，确保婴幼儿的活动空间安全整洁。

【活动 3】适合 2～3 岁婴幼儿开展的量的比较活动

活动名称：谁的鞋子？

活动目标：帮助婴幼儿通过观察和尝试，初步感知和理解大小关系。

活动准备：一双爸爸的鞋、一双婴幼儿的鞋。

活动过程：

（1）准备阶段：照护者需提前准备好一双爸爸的鞋和一双婴幼儿的鞋，并确保鞋子是干净的，以保证活动的卫生和安全。

（2）观察对比：将两双鞋子混合摆放在婴幼儿面前，让孩子根据大小配对，引导婴幼儿观察两双鞋子的不同点，如说："这双鞋子大，那双鞋子小。"

（3）尝试体验：鼓励婴幼儿尝试穿上这两双鞋子，感受大小的差异。家长可以辅助婴幼儿穿鞋，并观察婴幼儿对不同大小鞋子的反应。

（4）交流分享：在婴幼儿尝试后，家长可以与婴幼儿交流他们的观察和感受，如说："你觉得哪双鞋子更合适？为什么？"通过问答促进婴幼儿思考，提高其语言表达能力。

（5）总结认识：最后，父母可以帮助婴幼儿总结学到的关于大小的知识，如说："爸爸的鞋子比宝宝的鞋子大，因为爸爸比宝宝大。"

温馨提示：确保所用的鞋子内外都已彻底清洗干净，避免婴幼儿接触到不卫生的物品。注意在婴幼儿尝试大鞋子时给予适当的支持和监护，防止婴幼儿摔倒。在活动过程中保持耐心和鼓励的态度，重视婴幼儿的感受和体验，不仅仅是完成任务。活动结束后，和婴幼儿一起整理鞋子，培养婴幼儿的整理习惯和责任感。

【活动4】适合家庭开展的2～3岁婴幼儿空间认知的活动

活动名称：盒子的妙用。

活动目标：帮助婴幼儿学习并分辨方位概念，如上、下、里、外。

活动准备：一个盒子、几个小玩具。

活动过程：

（1）开始探索：家长拿一个盒子，里面有几个小玩具，指导婴幼儿将玩具从盒子里面拿到盒子外面。

（2）学习上下：家长把盒子盖上，再指导婴幼儿把玩具从盒子外面拿到盒子上面；家长拿起盒子，指导宝宝再把玩具放到盒子下面。

（3）理解里外：家长打开盖子，指导婴幼儿把玩具从盒子下面拿到盒子里面。

（4）强化和练习：用简洁的语言，通过重复关键词（上、下、里、外）进行指导，从而强化孩子对上、下、里、外的理解。

温馨提示：确保盒子和玩具的安全性，避免有尖锐边角或小零件等安全隐患，确保婴幼儿在活动过程中的安全。在活动过程中，家长应保持耐心，避免因操作失误而责备婴幼儿。适时给予婴幼儿正面的鼓励和帮助。可以通过语言描述婴幼儿的动作，如"你把玩具从盒子里拿出来了"或"现在玩具在盒子上面"，以帮助婴幼儿理解空间位置的概念。改变活动难度，如使用不同大小或形状的盒子，以适应婴幼儿的学习进度和兴趣。

（改编自：文颐，石贤磊. 婴儿认知指导活动设计与组织 [M]. 北京：科学出版社，2015：72—89.）

 【第二节学习任务清单】

案例2

不会走路的琪琪

早早和琪琪都刚满1岁。早早已经开始走路，并且腿部很有力量。琪琪目前可以站立，但腿上无力，没有办法较长时间支撑自己的身体，更别提走路了。琪琪妈妈看到早早已经会走路后有些着急，每天都会让琪琪多站一会，但琪琪有时候不愿意站，还会因此哭闹。

分析：琪琪为何还不会走路？琪琪妈妈对琪琪的训练有问题吗？请从婴幼儿动作发展规律帮琪琪妈妈答疑解惑。

第二节　体格健康与运动发展

一、体格健康

（一）体格健康概述

婴幼儿期是人类生命中最为关键的阶段之一，这个时期婴幼儿的体格增长和运动能力的发展对于其未来的身体健康有着至关重要的影响。因此，评价婴幼儿的体格健康需要根据其体格增长和运动能力的发展情况来进行。

婴幼儿的体格增长是一个复杂的过程，其中包括身高、体重、头围等多个方面的指标。在出生后的头几个月内，婴幼儿的身高和体重增长速度非常快，而在接下来的几年中，增长速度会逐渐放缓。此外，婴幼儿的头围也是一个重要的指标，头围可以反映其大脑发育的情况。医生通常会使用生长曲线图来记录婴幼儿的身高、体重、头围等指标，并对其进行评估，以及时发现问题并采取相应的干预措施。除了体格增长外，婴幼儿的运动能力发展也是评价其体格健康的重要依据。在出生后的头几个月内，婴幼儿的运动能力主要表现为反射动作，例如握持反射和吸吮反射等。随着时间的推移，婴幼儿会逐渐掌握更多的运动能力，例如抬头、翻身、爬行、坐立、站立和行走等。这些运动能力的发展不仅有助于婴幼儿探索周围的环境，还可以促进其肌肉、骨骼、神经系统和心肺系统等身体系统的发展。

（二）基本生理指标

1. 体重增长

新生儿出生后的头几天，由于排出胎便和水分丢失，体重可能有所下降，但通常在1～2周内恢复并超过出生体重。在接下来的几个月里，婴幼儿体重的增长速度非常快。一般来说，婴幼儿在3个月时的体重约为出生时体重的2倍。此后，增长速度会逐渐放缓，但仍保持稳定增长。到3岁时，婴幼儿的体重通常是出生时的4倍左右。从2岁到青春期开始，体重每年增长约2 kg。

2. 身高发育

与体重增长相似，婴幼儿在0～3岁期间的身高发育也非常迅速。在出生的第一年里，婴幼儿的身高增长速度最快，平均每月增长2.5～3 cm。到1岁时，婴幼儿的身高通常可达到出生时的1.5倍。在接下来的几年里，身高增长速度会逐渐放缓，但仍保持稳定增长。到3岁时，婴幼儿的身高为90～100 cm。

3. 头围增大

婴幼儿的头围在0～3岁期间会显著增大。头围的增长与大脑发育密切相关，因此头围的测量是评估婴幼儿神经系统发育的重要指标。新生儿出生时的头围约为 33～35 cm。在婴幼儿期的前几个月里，婴幼儿头围增长迅速，平均每月增长约 1 cm。到 1 岁时，头围通常可达到 45～47 cm。头围在之后的 2 年内增加约 3.5 cm，至 3 岁时达到成人大小的 80%，7 岁达到成人大小的 90%，此后头围增长速度会逐渐放缓。

4. 出牙

婴幼儿乳牙萌出的时间存在差异性。一般情况下，正常婴幼儿在 12 个月时出牙 6 颗，18 个月时出牙 12 颗，2 岁时出牙 16 颗，2 岁 6 个月时萌出所有乳牙（20 颗）。5～13 岁时，恒牙替换乳牙。

(三) 体格锻炼方法

1. 新生儿期（0～1 个月）

（1）皮肤接触

新生儿对于外界环境还处在适应阶段，在此期间多与其进行皮肤接触，如轻轻抚摸、拥抱等，给予婴幼儿温暖的感觉，有助于其神经系统的发育。

（2）被动操

在医护人员的指导下，可以进行简单的被动操，促进新生儿的肌肉和骨骼发育。

2. 婴幼儿期（1～12 个月）

（1）翻身训练

用玩具引导婴幼儿翻身，锻炼其肌肉协调性。开始时，可以在一侧用玩具吸引婴幼儿的注意力，然后将玩具慢慢移动到另一侧，引导婴幼儿翻身。随着婴幼儿的进步，可以逐渐增加翻身的难度。

（2）腹部运动

将婴幼儿放在柔软的垫子上，轻轻抬起其双腿进行腹部运动，有助于消化和增强腹部肌肉。

（3）抓握训练

提供各种不同形状和质地的玩具，让婴幼儿练习抓握，促进其手部精细动作的发展。

3. 学步期（1～2 岁）

（1）走路训练

学步车或其他辅助工具可以帮助婴幼儿学习走路，但要确保其在安全的环境中进行。

（2）推拉玩具

利用推拉玩具让婴幼儿练习行走，同时锻炼其手臂和腿部的协调性。推拉玩具不仅可以增加婴幼儿行走的乐趣，还可以帮助婴幼儿掌握行走所需的平衡感。

（3）户外活动

天气适宜时，带婴幼儿到户外散步，通过接触自然环境，婴幼儿的身体和心理能得到全面发展。户外活动可以让婴幼儿呼吸新鲜空气，感受阳光和大自然，对其身心健康有很大益处。

4. 早期儿童期（2～3 岁）

（1）跑步和跳跃

鼓励婴幼儿在安全的地面上跑步和跳跃，锻炼其大肌肉群。

（2）球类活动

简单的球类活动如踢球、滚球等，可以锻炼婴幼儿的身体协调性和反应能力。

（3）平衡训练

通过走平衡木或骑三轮车等活动，锻炼婴幼儿的平衡能力。

二、运动发展

（一）运动发展概述

1. 运动发展的概念

运动发展，又称为动作发展，是指婴幼儿在成长过程中，其身体运动技能和协调性随时间的变化而逐渐提高的过程。运动发展不仅包括粗大动作，如爬、走、跑、跳等，还涉及精细动作，如抓握、捏拿、书写等。运动发展是婴幼儿整体发展的重要组成部分，与认知、情感和社会性发展密切相关。

2. 运动发展规律及特点

（1）阶段性

0～3 岁婴幼儿的动作发展呈现出明显的阶段性。新生婴幼儿主要表现为反射性动作，随着月龄增加，婴幼儿逐渐出现有意识的粗大动作，再到精细动作的掌握。

（2）由上至下

婴幼儿的动作发展往往从上身开始，然后逐渐向下身延伸。婴幼儿先学会控制头部和上半身，然后才是翻身、坐起、爬行，最后到站立和行走。

（3）由近至远

婴幼儿的动作发展遵循由近至远的规律。这意味着婴幼儿的动作发展通常从身体的中心部位开始，然后逐渐向外扩展至四肢和末端部位。他们先学会使用胸部和手臂，然后是手，特别是手指的精细动作。

（4）粗大动作先于精细动作

在 0～3 岁这一阶段，婴幼儿先掌握的是粗大动作，如翻滚、爬行、走路等，随后才逐渐发展出精细动作能力，如抓握、捏拿等。

（5）个体差异

虽然大部分婴幼儿的动作发展都遵循一定的规律，但每个婴幼儿的具体发展速度和时间可能会有所不同，这受到遗传、环境、营养和健康状况等多种因素的影响。

（二）大动作发展

1. 大动作的概念

在婴幼儿的成长过程中，大动作是指那些涉及全身或大部分身体的运动，包括爬、滚、坐、站、走、跑、跳等。这些动作在婴幼儿的发育过程中具有里程碑式的意义，不仅是他们身体发育的重要标志，也是他们探索世界、认知环境的主要手段。

2. 大动作的发展特点

（1）连续性

婴幼儿的大动作发展是一个连续的过程，每一个动作都是在前一个动作的基础上发展起来的。婴幼儿在学会爬行之前，通常先学会翻身，然后是蠕爬，最后才是手膝爬行。

（2）阶段性

虽然大动作的发展是连续的，但它们也呈现出明显的阶段性。每个阶段都有其特定的发展任务和特点。婴儿期主要是以躺、翻身、蠕爬为主，而到了幼儿期，则是以走、跑、跳等更为复杂的动作为主。

（3）个体差异性

每个婴幼儿的发展速度和模式都是独特的，存在个体差异性。有的婴幼儿可能早早地开始爬行，而有的婴幼儿则可能较晚才能掌握这一技能。这种差异是正常的，与遗传、环境等多种因素有关。在观察和评估婴幼儿的动作发展时，需要考虑到这种个体间的差异性，避免使用一刀切的标准和期望值。

（4）受环境影响

婴幼儿的大动作发展不仅受遗传因素的影响，也受环境因素的影响。充足的活动空间、合适的玩具和游戏等都能促进婴幼儿的大动作发展。相反，如果环境限制过多或缺乏刺激，可能阻碍他们的大动作发展。

3. 大动作核心能力

（1）抬头与翻身

新生儿在出生后的最初几天，由于身体各部分肌肉尚未完全发育，可能会显得相对无力。但在1个月内，他们应能开始短暂地抬起头部，这是颈部肌肉逐渐发育的表现。到了3个月大时，婴幼儿不仅能够稳定地抬起头部，而且还会尝试翻身，从仰卧翻转到俯卧，这是他们身体灵活性和肌肉控制力增强的明显标志。

（2）坐立

随着婴幼儿的成长，他们的脊椎和躯干肌肉逐渐变得有力。到了大约6个月时，婴幼儿通常能够在没有外部支撑的情况下独自坐立。这一动作的完成，不仅显示了婴幼儿身体结构的进一步成熟，也意味着他们能够更加自由地观察和探索周围的环境。

（3）爬行

7~9个月时，婴幼儿的大动作发展进入了一个新阶段——爬行。他们会通过腹部贴地的方式爬行或匍匐前进，这不仅锻炼了四肢和躯干的协调性，也是他们开始主动探索环境的重要方式。在这个阶段，婴幼儿的好奇心和探索欲望得到了极大的满足。

（4）站立与行走

1岁左右，婴幼儿开始尝试站立，并逐渐学会行走。从最初的摇摇晃晃行走，到后来的稳当行走，这是大动作发展的重要里程碑。这一阶段的完成标志着婴幼儿已经具备了基本的独立移动能力。

（5）跑跳

2岁以后，婴幼儿的运动能力进一步发展，他们能稳当地跑动，并尝试跳跃。跑跳动作的掌握不仅意味着婴幼儿的肌肉力量、平衡感和协调性达到了新的水平，也预示着他们更加活跃，好动的时期即将到来。

（6）动作模仿

除了自然发展的动作外，婴幼儿在观察他人动作后，还能逐渐模仿简单的动作，如拍手、挥手等。这种模仿行为不仅有助于他们学习新的技能，也是社交互动和认知能力发展的重要体现。通过模仿，婴幼儿能够更好地理解他人的行为，并逐渐融入社会交往的环境中。

观察指标可参考【资料卡】中的表4-8。

【资料卡】

表 4-8　0～3 岁婴幼儿粗大动作发展规律

年龄	发展规律
1 个月	仰卧时，头转向一侧，脸侧贴在床上。手臂两膝关节均屈曲
2 个月	仰卧时能无意识蹬踢悬吊在上方的大彩球
3 个月	仰卧时双手在胸前，将玩具放入口中探索或用嘴啃
4 个月	俯卧时头可抬高 90°，并用手撑胸
5 个月	仰卧时会伸起双腿，双手可抓住两脚
6 个月	用玩具逗引时，可自行熟练翻滚
7 个月	拉孩子的双手或手臂，能站立片刻
8 个月	可扶物站起，并由卧位转成坐位
9 个月	可自由改变体位，由坐至卧，由卧到坐
10 个月	扶物可行走 2～3 步
11 个月	可独自站立 10 s
12 个月	拉一只手能走，放手可独自走 2～3 步
13～15 个月	可独自走稳，示范后会抛球
16～18 个月	可独自站立踢球，可以倒退走 2～3 步
19～21 个月	会用脚尖走 3～4 步
22～24 个月	单脚独站片刻
25～27 个月	可跟着成人做类似的动作，如做广播体操
28～30 个月	会骑三轮车，会双足用力蹬，使车前行
31～33 个月	成人拉一只手可平稳走马路沿长达 3 米
34～36 个月	单脚原地跳 2～4 次

4. 大动作核心能力的培养建议

（1）抬头与翻身训练

①俯卧抬头。

在婴幼儿清醒的时候，将其放置在稍硬的床上，保持俯卧姿势。可以用色彩鲜艳的玩具或响铃吸引婴幼儿的注意力，鼓励其抬头观看。初次尝试时，时间不宜过长，随着婴幼儿的适应程度增加，可以逐渐增加俯卧的时间。

②竖抱抬头。

将婴幼儿竖直抱起，让其头部靠在家长的肩膀上，然后慢慢将婴幼儿竖直，让其尝试自己支撑头部。这一过程中，家长要时刻注意保护婴幼儿的颈部，避免过度用力。

③侧卧引导。

将婴幼儿放置为侧卧姿势，用一个玩具在其一侧引导，让婴幼儿产生翻身的欲望。家长可以在必要时轻轻帮助婴幼儿完成翻身动作。

④仰卧到俯卧。

在婴幼儿仰卧时，家长可以用一只手轻轻扶住婴幼儿的肩部，另一只手扶住婴幼儿的臀部，帮助婴幼儿向一侧翻身，直到变成俯卧姿势。在这一过程中，家长的动作要轻柔且稳定，确保婴幼儿的安全。

⑤练习环境。

确保婴幼儿练习抬头、翻身的环境安全、宽敞，最好是在铺有软垫的地板上进行。避免将婴幼儿放在床边或摆放可能导致婴幼儿受伤的尖锐物品。

（2）坐立训练

①扶持坐立。

在训练婴幼儿坐立之前，首先要确保他们具备足够的躯干和颈部力量，在此基础上再进行相关训练。在婴幼儿背部和两侧放置靠垫，然后轻轻扶住婴幼儿的腰部，让其感受坐立的姿势。初期可以让婴幼儿保持这个姿势几分钟，随着时间的推移，可以慢慢延长坐立时间。

②辅助坐立。

当婴幼儿能够比较稳定地扶持坐立后，家长可以逐渐减少扶持的力度，让婴幼儿更多地依靠自己的力量保持平衡。在这个阶段，可以使用一些玩具或声音吸引婴幼儿的注意力，让其主动抬头、转动身体，进一步增强肌肉的控制力。

③独立坐立。

最终目标是让婴幼儿能够不依靠任何辅助独立坐立。家长可以在确保安全的前提下，让婴幼儿在没有靠垫的平面上尝试坐立。一开始可能会有些摇晃不稳，但随着时间的推移，婴幼儿的平衡感和肌肉力量会逐渐增强，最终实现稳定的独立坐立。

（3）爬行训练

①环境诱导法。

婴幼儿天生好奇，会被周围环境中的色彩、声音和动态所吸引。家长可以在安全的环境下，把玩具或者音乐盒等物品放置在婴幼儿的前方稍远处，以此诱发他们向前爬行的欲望。在爬行的过程中，家长要确保环境无危险物品，同时可以在旁边用语言或者表情来鼓励婴幼儿。

②亲子互动法。

亲子之间的互动不仅能够增强感情，还可以在游戏中促进婴幼儿的爬行训练。家长可以在地板上与婴幼儿一起进行爬行游戏，例如模仿动物爬行、进行亲子接力等。通过模仿和游戏的形式，让婴幼儿在轻松愉快的氛围中学会爬行。

③物理辅助法。

针对一些爬行动作发展较慢的婴幼儿，家长可以适当地采用物理辅助法进行训练。例如使用柔软的毯子或者毛巾轻轻托住婴幼儿的腹部，帮助他们感受正确的爬行姿势和用力方式。同时，家长还可以在婴幼儿的四肢关节处轻轻施加压力，引导他们学会如何用力推动身体前进。

（4）站立与行走训练

①准备阶段（9～12个月）。

此阶段的婴幼儿开始尝试从爬行转向站立。他们可能会扶着家具或其他支撑物慢慢站起来。家长可以这样引导：第一，提供支撑。使用稳定的椅子或沙发让婴幼儿扶着站立，确保他们在尝试站立时不会摔倒。第二，鼓励探索。放置吸引婴幼儿的玩具，鼓励他们尝试扶着东西站起来拿取玩具。第三，创造安全环境。确保家中没有尖锐的边角或容易倾倒的家具，为婴幼儿提供一个安全的站立和探索空间。

②初级阶段（12～18个月）。

此阶段的婴幼儿已经能够独自站立一段时间，并开始尝试迈出人生的第一步。家长可以这样引导：第一，使用学步车。学步车可以提供稳定的支撑，帮助婴幼儿练习行走。但使用时要确保学步车适合婴幼儿的身高和体重，并在家长的监护下使用。第二，手把手教学。家长可以站在婴幼儿面前，伸出双手鼓励他们走向家长。当婴幼儿迈出步伐时，及时给予赞扬和拥抱。第三，设置小目标。使用玩具或食物作为激励，让婴幼儿有目标地行走。这不仅能激发他们的兴趣，还能锻炼他们的方向感和平衡能力。

③进阶阶段（18～24个月）。

此阶段的婴幼儿已经能够较稳定地行走，但可能还不够熟练。家长可以这样引导：第一，提供宽敞的空间。为婴幼儿创造一个没有障碍的宽敞空间，让他们自由地行走和探索。第二，引入音乐与舞蹈。播放婴幼儿音乐，鼓励婴幼儿随着节奏跳舞和行走。这不仅可以锻炼他们的身体协调能力，还能增强他们对音乐的感知能力。第三，户外探索。在安全的环境下，带婴幼儿到公园或花园散步。户外的自然环境和新鲜空气有助于激发婴幼儿的好奇心，促使他们更愿意行走和探索。

（5）跑跳训练

①跑的训练。

对于刚学会走路的婴幼儿来说，跑是他们大动作发展的下一步。为了训练婴幼儿跑步，家长可以先从鼓励他们快走开始，然后逐渐提高步伐的频率和长度，引导他们进入跑步的状态。家长可以设置一个安全的跑步区域，如宽敞的客厅或户外的草坪，让婴幼儿尝试自由奔跑。此外，通过一些互动游戏，如"追逐游戏"，不仅能激发婴幼儿的跑步兴趣，还能增进亲子关系。

②跳的训练。

对于0～3岁的婴幼儿来说，跳跃的初体验可能仅仅是在床上或沙发上蹦跳。家长可以在确保安全的前提下，允许婴幼儿在软质家具上跳跃，让他们感受身体的腾空与落地。随着婴幼儿年龄的增长，可以引导他们在家中进行跳圈的游戏，或尝试从低矮的台阶上跳下，或是在户外使用小型蹦床进行跳跃练习。记住，对婴幼儿的跳跃训练应当是循序渐进的，避免过高的高度和过强的冲击力。

③结合跑跳的训练。

当婴幼儿逐渐掌握了跑和跳的基本技能后，家长可以尝试将跑和跳结合起来进行训练。例如，设置一个简单的障碍跑道，让婴幼儿在跑步的过程中跳过一些低矮的障碍物，如垫子或小型玩具。这样的训练不仅能锻炼婴幼儿的身体协调性，还能培养他们的空间感知能力。

（三）精细动作发展

1. 精细动作的概念

精细动作，也称为小肌肉或手部动作，这是由婴幼儿手部的小肌肉群所控制的动作。这些动作涉及手指、手掌和手腕的协调运动，对于婴幼儿来说，这些动作的发育是他们整体神经肌肉发展的重要部分。它们使得婴幼儿可以进行更为复杂的活动，例如抓握、捏、拧、戳等，从而能够探索和操控周围的环境。精细动作不仅仅涉及手部的协调，还包括手眼协调能力。婴幼儿必须能够准确地将他们的视觉感知与手部运动相协调。这种协调能力在日常生活中至关重要，比如在抓取玩具、写字、画画、穿衣服、使用餐具等活动中，都需要依赖这种精细的手眼协调能力。

2. 精细动作的发展特点

（1）无意识反射到有意识自主运动

新生儿的手部动作大多是反射性的，如握拳反射，是无条件反射，没有目的性。但随着时间的推移，这些无条件反射会逐渐消失，取而代之的是更为自主和协调的手部运动。

（2）手眼协调的逐渐形成

随着婴幼儿对周围世界认知的增加，他们的手眼协调能力逐渐发展起来。开始可能只是无意识地挥动手臂，但很快他们就能学会将视线和手部动作结合起来，比如准确地抓取一个玩具。这种手眼协调能力的形成，为婴幼儿学会更复杂的精细动作打下了坚实的基础。

（3）精细动作的逐渐成熟和自动化

随着月龄的增长，婴幼儿不仅能够完成简单的抓握和操作任务，还能够处理更加复杂的精细动作。比如，他们能够使用筷子夹起食物，或者用笔在纸上画出复杂的图案。这些动作需要更高的手部灵活性和控制能力，随着不断的练习和经验积累，这些精细动作会逐渐从有意识控制转变为自动化和熟练化控制，比如逐渐学会熟练地画画、写字、使用剪刀等。

（4）两侧协调性的发展

除了单个手的精细动作能力外，两侧协调性也是婴幼儿精细动作发展过程中不可忽视的特点。婴幼儿在成长过程中会逐渐学会双手协作，比如一手固定物体，另一手进行操作。这种两侧协调性的发展，不仅提高了动作的效率和准确性，也丰富了精细动作的表现形式。

3. 精细动作的核心能力

（1）抓握能力

大约2个月的时候，婴幼儿开始尝试张开手掌，并试图抓住放在他们手中的物体。抓握能力发展顺序从手掌抓握、手指抓握再到对指抓握。起初，婴幼儿开始能够用整个手掌抓住物体，但此时他们还无法精确控制手指。随着时间的推移，婴幼儿逐渐学会使用手指来抓取物体，这提高了他们操作的精确性。最后婴幼儿能够使用拇指和食指对捏物体，这表明抓握能力得到了进一步发展。通过抓握物体，婴幼儿能够感知物体的形状、质地和温度，从而加深对周围世界的理解。

（2）手眼协调能力

手眼协调能力是指婴幼儿能够精确地将他们的视觉感知与手部动作相结合，从而准确地抓取或操作他们眼睛所看到的物体。这种协调能力不仅仅是婴幼儿在玩耍时捡拾玩具那么简单，它实际上是一种复杂的感觉运动整合过程，涉及视觉、触觉和运动的协同作用。它不仅关系到婴幼儿的日常生活技能，如吃饭、穿衣等，还影响到他们将来的学习和书写能力。当婴幼儿学习自己吃饭时，他需要准确地看到食物，然后用勺子或手去抓取食物并送入口中。同样，在穿衣服时，婴幼儿必须能够看到衣服的各个部分，然后用手准确地穿上。这些看似简单的日常任务，实际上都需要良好的手眼协调能力才能完成。

（3）双手协调能力

双手协调能力是指婴幼儿能够同时使用两只手进行协调操作的能力。在婴幼儿早期，由于神经系统尚未成熟，肌肉控制不完善，他们的双手协调能力相对较弱，表现出来常常是笨拙不协调的。例如，他们可能会用一只手抓住一个玩具，而另一只手却不会提供协助。但是，随着婴幼儿的不断成长和发育，双手协调能力会逐渐变得更加灵活自如。他们可以用两只手同时抓住一个物体，或者一只手将手中的物体传递到另一只手中。他们还可以进行一些更复杂的操作，如用两只手同时操作玩具车、用两只手拧开瓶盖等。这些表现都表明婴幼儿的双手协调能力已经得到了很好的发展。婴幼儿的双手协调能力会逐渐从笨拙不协调发展到灵活自如。

(4) 手指灵活性

手指灵活性是指婴幼儿能够灵活控制每个手指进行独立运动的能力。在婴幼儿的早期阶段，他们的手指运动能力相对较弱，主要表现为握拳或伸展手掌的简单动作。在 6～8 个月时，婴幼儿的手指分离能力进一步提高，他们可以用拇指和食指来捏取小物品，如葡萄干或细小的玩具零件。1 岁左右婴幼儿的对指能力开始显现。他们能够将拇指与其他手指相对，进行更复杂的操作，如搭积木、翻书页等。在 2～3 岁时，他们可以完成一些需要较高灵活性和协调性的任务，如使用剪刀、拧玩具螺丝等。这种能力对于婴幼儿将来的书写和乐器演奏等技能非常重要。

观察指标可参考【资料卡】中的表 4-9。

【资料卡】

表 4-9　0～3 岁婴幼儿精细动作发展规律

年龄	发展规律
1 个月	婴幼儿具有抓握反射，随着婴幼儿逐渐长大，抓握反射由被动地抓握发展为主动地抓握
2 个月	有意识地抓，成人把东西放到婴幼儿的手心里，婴幼儿就可以攥紧
3 个月	抓握时间加长，而且婴幼儿的两只小手会搭在一起
4 个月	婴幼儿不仅能够攥住玩具，同时还可以摇动玩具和摇动玩具的时候用眼睛看
5 个月	婴幼儿能够抓住近处的玩具，这个时候能够拍掌和握住玩具
6 个月	最初的撕纸
7 个月	可以将葡萄干这种小的物品拿到手里，在握住一个玩具的时候，可以看向另一个玩具
8 个月	能够三指捏细小的物品
9 个月	能够二指捏细小的物品
10 个月	可以将小的物品放到杯子或是其他容器里，用两只手来回传递积木
11 个月	一只手可以同时抓两个小积木，开始有了用手偏好，更习惯用右手或是更习惯用左手
12 个月	可以全掌握笔，给婴幼儿笔的时候他会在纸上随意画
13～18 个月	可以搭两块积木；会拍手、挥手再见；可以用小手吃东西；能用两根积木敲击发出声音；能把小纽扣或珠子放到容器内；能用蜡笔在纸上涂鸦

续表

年龄	发展规律
19~24 个月	开始用拇指和食指的指尖握住蜡笔；能用蜡笔或彩笔涂画或是标记；能搭 3~4 块积木；能打开不是特别紧的容器盖子或是包装；开始学用剪刀剪纸（要接近 2 岁时）；能一次翻一页书
25~36 个月	能通过扭动门把手开门；用剪刀剪纸（还不能按照线剪）；能自己洗手；能将容器的盖子扭开并拧紧，如矿泉水瓶子这样的小盖子；能将大的珠子穿起来；能正确地使用勺子

4. 精细动作核心能力的培养建议

（1）抓握能力训练

①利用适合的玩具进行训练。

选择适合不同年龄的玩具是锻炼婴幼儿抓握能力的有效方式。对于新生儿，可以提供柔软的布书或带有不同质地的玩具，让他们触摸和感受。随着月龄增长，逐渐引入大小、形状各异的塑料或木制玩具，这些玩具设计通常便于小手抓握，有助于他们锻炼手指的灵活性和力量。

②日常活动中的训练。

除了专门的玩具，日常生活中的很多物品也可以用来训练婴幼儿的抓握能力。比如，在喂食时，可以让婴幼儿触摸不同材质的食物，如软烂的蔬菜、滑嫩的水果等，这不仅能训练他们的抓握能力，还能增加对食物的认知。

③亲子互动与游戏。

亲子游戏是锻炼婴幼儿抓握能力的绝佳方式。家长可以和婴幼儿玩传递物品的游戏，或者一起搭积木、玩拼图等。这些活动不仅有趣，还能在轻松愉快的氛围中促进婴幼儿抓握能力的发展。

（2）手眼协调能力训练

①积木游戏。

积木是婴幼儿时期最常见的玩具之一，它不仅能够激发婴幼儿的好奇心，还可以通过堆叠、拆卸等操作锻炼婴幼儿的手眼协调能力。在玩耍时，家长可以引导婴幼儿选择不同形状和颜色的积木，让他们学会分辨和归类。随着婴幼儿年龄的增长，可以逐渐增加积木的难度，例如使用更小、更不规则的积木，或者增加堆叠的高度和复杂度。

②描画和涂色。

绘画是婴幼儿表达内心世界的一种方式，同时也是锻炼手眼协调能力的好方法。家长可以为婴幼儿提供安全的画笔和颜料，让他们随意涂鸦或按照模板涂色。在这个过程中，婴幼儿需要控制手部的力量和方向，按照要求描画涂色，学会将眼睛看到的图案用手表现出来，从而锻炼手眼协调能力。随着年龄的增长，可以逐渐引导婴幼儿尝试更复杂的绘画技巧，如使用不同笔触、色彩搭配等。

（3）双手协调能力训练

①串珠游戏。

串珠游戏对于训练婴幼儿的双手协调能力非常有效。通过将不同颜色、不同形状的珠子穿成串，可以锻炼婴幼儿双手的配合和灵活性。起初，家长可以选择孔洞较大的珠子，便于婴幼儿穿线。随着婴幼儿串珠技能的提高，可以逐渐换成孔洞更小的珠子，提高挑战性。

②生活化训练。

家长可以采取一系列生活化方法来促进婴幼儿的双手协调训练。可以利用婴幼儿喜欢的玩具进行传递、堆叠游戏。让婴幼儿参与一些简单的家务活动，如整理玩具、拿取小物品、拧瓶盖等，这些都能有效锻炼婴幼儿双手的协调性和灵活性。

（4）手指灵活性训练

①提供多样的触觉刺激。

婴幼儿对世界的感知首先是通过触觉开始的。家长可以为婴幼儿提供不同材质、形状和重量的玩具，让他们自由地抓取、摸索和感受。比如，软质的布书、塑料玩具、木质的积木等，这些不同的物品可以刺激婴幼儿的手部神经，增强手指的感知能力。

②练习抓握和释放。

随着月龄的增长，婴幼儿会逐渐从无意识地抓握发展到有意识地抓握和释放。家长可以用一些大小适中、易于抓握的玩具，引导婴幼儿进行反复的抓握和释放练习。这样的活动有助于锻炼婴幼儿的手部肌肉，提高手指的控制力。

③手指游戏。

手指游戏是锻炼婴幼儿手指灵活性的有效方式。比如，家长可以教婴幼儿玩"捏泥巴""挤海绵"等游戏，让婴幼儿通过挤压、搓揉等动作，锻炼手指的力量以提高手指的灵活性。

④鼓励自主进食。

婴幼儿开始添加辅食后，家长可以鼓励婴幼儿自主进食。比如，让婴幼儿自己拿着小勺或者用手抓取食物送到嘴里。这样的活动不仅有助于培养婴幼儿的独立能力，也能锻炼他们的手指协调性和灵活性。

三、影响体格健康和运动发展的因素

（一）生物因素

1. 遗传

肌肉、骨骼和神经系统的生长发育结构、功能等在很大程度上受制于遗传。婴幼儿所做的动作是这些结构和功能协同活动的产物，因此婴幼儿的动作发展不可避免会受到遗传的影响和制约。父母的遗传基因在很大程度上决定了孩子的身体构成、身高、体重等特点。例如，父母双方如果都是高个子，那么他们的孩子很可能也会长得较高。

2. 生理成熟

肌肉、骨骼、关节、神经系统结构和功能上的成熟为动作发展提供了生物前提，是动作发展的物质基础。根据格赛尔的观点，每一个婴幼儿的成熟过程都是一个自然发展顺序表。

3. 营养与健康

婴幼儿期的营养摄入直接影响孩子的生长发育。蛋白质、脂肪、碳水化合物、维生素和矿物质等营养的均衡摄入对孩子的骨骼、肌肉和器官发育至关重要。比如，钙和维生素 D的摄入对于骨骼的健康成长尤为重要。营养过剩对婴幼儿的影响也会直接表现在动作发展上。如肥胖的婴幼儿在动作灵敏度、速度等方面都相对落后于体态匀称的婴幼儿。某些疾病

或医疗条件可能会影响到婴幼儿的生长和发育。例如，早产儿可能需要更多的营养和医疗关注来支持他们的生长和发展。

（二）环境因素

1. 气候

冬季出生的婴幼儿爬行起始年龄平均提前 2～4 周，爬行动作发展的季节效应可能是与季节性气温变化相联系的婴幼儿家庭生态环境变化的结果。

2. 家庭生态环境

家庭物质环境为婴幼儿的动作发展提供了活动的场地和前提条件，物质条件匮乏会限制婴幼儿动作发展。家庭的心理环境也为婴幼儿的动作发展提供了活动的机会和条件。婴幼儿成长的环境应该是安全、健康和富有刺激性的。这样的环境能够鼓励孩子多进行探索和运动。同时，良好的生活习惯，如充足的睡眠、规律的饮食，也对婴幼儿的健康发展有着重要的影响。

3. 社会文化背景

不同社会文化背景中，人们在婴幼儿早期教育方面往往有着不同的观念，这种差异对婴幼儿动作发展有着显著的影响。通过使用贝利婴幼儿发展量表测量婴幼儿发展情况的跨文化研究发现，巴西婴幼儿在第 3～5 个月的整体动作发展分数显著低于美国婴幼儿，巴西婴幼儿的母亲认为让婴幼儿坐和爬的练习会损害他们的脊柱和腿，这些做法会限制婴幼儿粗大动作的发展。

（三）学习与教育因素

1. 动作学习

婴幼儿动作学习为个体动作发展提供了必要的刺激与经验，影响着动作发展速度、水平以及顺序和倾向。婴幼儿是否适当地进行动作学习对个体动作发展具有一定的促进或阻碍作用。

2. 动作教育

动作教育是成人以发展婴幼儿动作为目的，通过使用一定的手段帮助婴幼儿进行动作学习的活动。家长应创设适宜的环境使用科学的方法帮助婴幼儿获得充分的动作发展。

【作业】

（1）线上：通过对线上教学资源"体格健康与运动发展建议"的学习，完成习题。

（2）线下：学生以小组为单位选择 0～6 个月、7～12 个月、13～18 个月、19～24 个月、25～36 个月这 5 个阶段中的任意一个阶段，根据该阶段婴幼儿体格健康与运动发展的特点，设计一个相关的活动或游戏。

【实践活动案例】

【活动1】大动作发展活动

活动名称：铃铛在哪里？

适合月龄：3～6 个月。

活动目标：训练婴幼儿能够自主翻身 180°，增强身体协调性。

活动准备：摇铃一个。

家长指导语：可先引导婴幼儿侧翻90°，逐渐过渡到180°全身翻身。通常婴幼儿会先从仰卧翻至俯卧，再从俯卧翻至仰卧。父母可以按此顺序帮助婴幼儿学会翻身。翻身成功后，可继续逗引婴幼儿进行翻身和打滚的游戏。

活动过程：

（1）教师示范并讲解活动方法，如说："妈妈手拿一个摇铃在宝宝右后方摇动，用摇铃吸引宝宝翻身。"

（2）婴幼儿躺在垫子上，妈妈拿一个摇铃在婴幼儿的右后方摇动，并询问："铃铛在哪里呀？"接着将摇铃移到婴幼儿的左后方并重复询问，用声音引导婴幼儿翻身。

（3）可以躲在婴幼儿视线外叫婴幼儿的名字，利用声音吸引婴幼儿循声翻身寻找。

（4）家长引导婴幼儿翻身时，教师应进行个别观察与指导，确保活动安全有效。

活动延伸：在日常生活中，家长可以利用婴幼儿感兴趣的玩具，如玩偶、球、摇铃等，经常与婴幼儿进行翻身游戏，以促进婴幼儿的动作发展。

温馨提示：在进行翻身训练时，确保活动环境安全，避免婴幼儿受伤。每次训练后及时抱起婴幼儿，避免长时间保持同一姿势造成婴幼儿身体不适。

（改编自：唐大章，唐爽．婴儿动作指导活动设计与组织［M］．北京：科学出版社，2015：57—58．）

【活动2】大动作发展活动

活动名称：钻山洞。

适合月龄：7～12个月。

活动目标：锻炼婴幼儿匍匐爬行的能力，增强体力和运动协调性。

活动准备：准备一个盛放冰箱或洗衣机的空纸箱，将纸箱的盖和底剪掉，做成"山洞"。纸箱边缘用胶带封闭，防止划伤婴幼儿。

家长指导语：爬是最早的自主位移动作，是个体在俯卧状态下的重要自主运动形式。一方面，爬扩大了婴幼儿接触和探索环境的范围，增加了与环境互动的机会，从而有利于提升婴幼儿解决问题的能力；另一方面，婴幼儿在爬行过程中通过自己的努力去达到目的，这种目的性行动使婴幼儿的运动技能和意志都能得到锻炼。婴幼儿刚开始学习爬行时为腹地爬（匍匐爬行）。在改造纸箱时，边缘要用胶带粘贴，避免边缘划破宝宝细嫩的皮肤。爬台阶也是该阶段宝宝特别喜欢的活动，爬滑梯、楼梯、爬小土坡都可以训练宝宝的爬行技能。

活动过程：

1. 教师示范并讲解活动方法，把纸箱横放在地面上，教师从一端爬到另一端，并鼓励婴幼儿说："我们要一起爬过山洞啦！"

2. 将婴幼儿放在纸箱的一端，家长在另一端呼唤并鼓励婴幼儿钻入"山洞"，向家长爬行。婴幼儿成功穿越后，家长给予拥抱和表扬。

3. 在"山洞"入口放置婴幼儿喜欢的玩具，作为吸引婴幼儿爬行的动机。玩具也可以作为完成任务后的奖励。

4. 教师和家长应在婴幼儿爬行过程中进行个别观察与指导，在保证安全的同时提供适当的支持和引导。

活动延伸：在家中，家长可以利用枕头、棉被等简单材料设置简易障碍，鼓励婴幼儿进行更多的爬行练习，提高其身体能力和解决障碍问题的能力。

温馨提示：检查活动空间充足且安全，监督婴幼儿以防摔伤。活动结束后，及时整理环境，避免婴幼儿独自玩耍时发生危险。

（改编自：唐大章，唐爽．婴儿动作指导活动设计与组织［M］．北京：科学出版社，2015：57—58.）

【活动 3】精细动作发展活动

活动名称：穿钥匙。

适合月龄：30～36 个月。

活动目标：婴幼儿能熟练地穿 3～5 个钥匙，并能把线拉出，增强手部灵活性。

活动准备：多种形状的钥匙和适合儿童握持的绳子。

家长指导语：穿珠练习可以锻炼婴幼儿的手眼协调能力、双手的协作配合能力及手的精巧性，可以给婴幼儿带来无穷乐趣。此时婴幼儿能熟练地穿 3～5 个扣子，并能把线拉出。此活动利用生活中的材料——钥匙，来训练婴幼儿的穿珠能力。

活动过程：

（1）教师将穿好的钥匙链展示给婴幼儿，引起婴幼儿兴趣。

（2）教师给婴幼儿示范怎样用线穿过钥匙孔。

（3）鼓励婴幼儿自己尝试穿钥匙，家长在旁边给予指导和支持。完成后可以摇晃钥匙链，让婴幼儿听到钥匙碰撞发出的声音，增加乐趣。

（4）家长指导婴幼儿活动，教师进行一对一的观察与指导。

活动延伸：家长在日常生活中可以多给婴幼儿提供一些可以穿的珠子、线等，通过穿珠练习提高婴幼儿手眼协调能力。

温馨提示：在活动中，确保所有材料的安全性，避免因钥匙有尖锐边缘或绳子过细所带来的安全风险。监督婴幼儿不要将小物品放入口中，以防意外吞咽。

（改编自：唐大章，唐爽．婴儿动作指导活动设计与组织［M］．北京：科学出版社，2015：103.）

【活动 4】精细动作发展活动

活动名称：小风车。

适合月龄：30～36 个月。

活动目标：

（1）掌握折的动作，巩固沿线剪的动作。

（2）促进手部精细动作发展。

（3）增加对折纸活动的兴趣和参与度。

活动准备：彩色折纸、吸管、剪刀。

家长指导语：此时的婴幼儿逐渐能够根据工具的特点和基本用途来使用工具，例如用剪刀剪断纸。这表明婴幼儿使用工具的能力增强，同时也表明婴幼儿小肌肉的力量增强，能够控制剪刀完成动作。注意，不要让婴幼儿被剪刀划伤。如果婴幼儿尚未掌握剪纸技巧，家长可先在纸边缘剪开一个开口，以便婴幼儿沿着开口继续完成剪纸动作。

活动过程：

（1）教师首先展示所有材料，并介绍各自的用途。

（2）教师示范折纸和剪纸步骤：将彩色纸对折两次形成三角形，再展开，并沿预先画好的线条剪切（每剪至边缘留 1 cm 停止），接着将每个切口的一边折向中心点并粘贴固定，

早期教育

形成风车叶片。

（3）婴幼儿在家长的协助下尝试按示范步骤完成小风车的制作。

活动延伸：平时可以让婴幼儿使用剪刀剪出各种不同形状，如三角形、正方形、圆形等，从而提高其对形状的认识和手部协调能力。

温馨提示：让婴幼儿使用儿童安全剪刀，避免被尖锐边缘划伤。在活动中，应密切监督婴幼儿，在安全的环境中进行操作。

（改编自：唐大章，唐爽.婴儿动作指导活动设计与组织［M］.北京：科学出版社，2015：103.）

【第三节 学习任务清单】

案例3

说话早的小星星

小星星是一个说话比较早的小朋友，他出生于一个普通的家庭，家庭成员有父母和一个比他大2岁的姐姐。在他不到2岁的时候，他就开始尝试说话，而且进步很快。他的父母非常欣喜地发现他的语言能力比同龄的小朋友出色，于是他们开始有意识地训练小星星的语言能力。

小星星的父母经常和他交流，不断教给他新的词汇和表达方式，并鼓励他用自己的语言来表达自己的想法。他们给他买了很多儿童图书，给他播放儿童歌曲，这些都对小星星的语言学习非常有帮助。

当小星星到了3岁的时候，他已经能够流利地说话，并且能够和大人进行比较流畅的对话。他的语言能力明显超过了许多同龄的小朋友，因此他在家里和外面都得到了很多表扬。

然而，随着年龄的增长，小星星也遇到了一些挑战。由于他的语言能力出众，他往往无法理解其他小朋友的简单语言和表达方式，这使他在与同龄人交流时感到困难。他的父母意识到这个问题，开始担心他会因此感到孤独或者不快乐。

小星星的父母开始鼓励他和不同年龄层次的人交朋友，并带他参加各种社交活动。他们还鼓励小星星用多种方式表达自己的想法，如画画、写字、做手工等，以帮助他更好地与同龄人沟通。

在父母的支持和引导下，小星星学会了如何与同龄人相处，并找到了自己的朋友和兴趣爱好。虽然他的语言能力出众，但他并没有因此失去自己的社交圈子和快乐的生活。相反，他的语言能力使他更容易结交新朋友，并获得更多的机会去探索世界。

总之，小星星是一个说话比较早的小朋友，他的父母通过有意识地训练和引导他的语言能力，帮助他克服了与同龄人之间的交流困难，使他得到了全面的发展。

分析：请根据小星星的语言发展情况，分析早说话是否与家庭环境等各方面因素有关？

案例4

说话较晚的小意意

小意意是一个说话比较晚的小朋友。他出生于一个普通的家庭，家庭成员有父母和一个比他小1岁的妹妹。在他2岁的时候，他仍然不会说话，因此他的父母非常担忧。小意意的父母曾尝试教他说话，但他总是没有回应。

小意意的父母带他去看医生，但是医生并没有发现任何明显的身体问题。医生建议他们继续耐心等待，并尽可能多地和他交流，教他说话。

当小意意到了3岁的时候，他开始开口说话，但他的语言能力仍然比同龄的小朋友落后。他的父母非常耐心地和他交流，并逐渐教会他一些基本的词汇和表达方式。

随着时间的推移，小意意的语言能力逐渐提高。他开始能够与家人进行简单的对话，并能够与同龄的小朋友进行基本的交流。虽然他的语言能力比同龄的小朋友落后，但他的父母并没有失去信心和放弃对他的鼓励。

小意意的父母经常带他参加各种社交活动，让他接触不同的人和环境。他们还为他购买了很多有益的儿童图书，帮助他学习和提高语言能力。

在父母的支持和鼓励下，小意意最终学会了如何与同龄人交流，并变得越来越自信。虽然他说话比较晚，但他通过不断的努力和学习，逐渐缩小了与同龄人之间的差距。

总之，小意意是一个说话比较晚的小朋友，他的父母通过耐心教导和行动支持，帮助他逐渐提高语言能力，并成功地融入了同龄人的社交圈子。他们的做法表明，对于说话比较晚的小朋友，需要提供适当的支持和鼓励，以及更多的时间和耐心来培养他们的语言能力。

分析：通过分析小意意的语言发展情况，讨论小意意晚说话的原因是什么。

第三节　语言与交流发展

一、婴幼儿语言发展的含义

婴幼儿语言发展是指婴幼儿在语言习得过程中，通过与周围人的互动和模仿，逐渐掌握语言符号、语音、词汇、语法和语用等方面内容的过程。语言发展对婴幼儿来说至关重要，它不仅对婴幼儿的认知、情感和社会交往等方面的发展有影响，还对婴幼儿的人生观和价值观的形成具有重要影响。

二、婴幼儿语言发展的概念

婴幼儿语言发展是指婴幼儿在语言感知、理解、表达、社交和思维等方面的发展过程。这些方面是相互联系、相互影响的，它们共同促进了婴幼儿的语言交流和认知能力的发展。

（一）语言感知

婴幼儿对语言的兴趣和感知能力是其语言发展的基础。他们通过听、看、模仿等方式来感知语言，并逐渐熟悉语言的发音、语调、节奏等特征。在这个阶段，婴幼儿会逐渐掌握一些基本的词汇和短语，并且对语言的理解逐渐加深。

（二）语言理解

婴幼儿的语言理解能力是指他们能够理解并回答简单的问题，如指认身体部位、物品名称等。通过不断的实践和积累，婴幼儿的词汇量和语法理解能力会不断提高，其语言理解能力也逐渐增强。

（三）语言表达

语言表达是婴幼儿语言发展的一个重要阶段。在这个阶段，婴幼儿会尝试用自己所掌握的语言来表达自己的想法和感受。家长可以通过与婴幼儿进行对话、讲故事、唱儿歌等方式来帮助他们提高口语表达能力。同时，对于婴幼儿口语的错误表达，家长也需要及时予以纠正，避免形成不良的语言习惯。

（四）语言社交

婴幼儿在社交场合中的语言表现和应对能力也是非常重要的。语言社交能力包括如何更好地融入家庭和社会，如何更好地与他人沟通交流等。家长可以通过与婴幼儿进行角色扮演游戏、互动游戏等方式来帮助他们提高语言社交能力。

（五）语言思维

婴幼儿如何通过语言进行思考和解决问题是一个重要的研究领域。语言思维是指借助语言来思考和解决各种问题，如掌握学科知识、理解抽象概念等。在这个阶段，婴幼儿的语言思维能力和认知能力是相互促进的，家长可以通过各种方式来激发婴幼儿的语言思维潜力。

总之，婴幼儿语言发展是一个综合性的过程，包括了对语言的感知、理解、表达、社交和思维等方面的发展。这些方面都需要家长在日常生活中给予关注和引导，帮助婴幼儿建立良好的语言基础，从而促进其全面发展。

三、婴幼儿语言与交流发展的特点

婴幼儿语言发展是指婴幼儿在语言理解和表达方面经历的一系列变化和进步。以下是婴幼儿语言发展的特点。

（一）质的飞跃

婴幼儿在语言发展过程中会经历几个质的飞跃。这些飞跃包括语音感知、语音识别、词汇理解、语法理解和语言表达等方面的进步。在每个质的飞跃阶段，婴幼儿都需要大量的练习和强化来巩固他们的语言技能。

(二) 理解能力增强

随着婴幼儿的成长，他们的语言理解能力也会逐渐提高。在早期阶段，婴幼儿主要依靠直觉和情感来理解语言。然而，随着词汇量和语法理解能力的增加，婴幼儿开始逐渐依靠语言规则和语义理解来理解语言。

(三) 表达能力的提升

婴幼儿的语言表达能力也随着年龄的增长而逐渐提高。在早期阶段，婴幼儿主要通过简单的哭闹和肢体语言来表达自己的需求。然而，随着词汇量和语法理解能力的增加，婴幼儿开始逐渐使用更加复杂的语言表达方式来与他人交流。

(四) 学习环境影响

婴幼儿的语言发展受到学习环境的影响。在一个丰富的语言环境中，婴幼儿会有更多的机会听到和练习不同的词汇和表达方式。此外，婴幼儿还可以通过与他人的互动来提高他们的语言社交能力。

(五) 自然习得

婴幼儿通过自然习得来掌握语言。自然习得包括通过观察、模仿、实践和社交互动来学习语言。在这个过程中，婴幼儿逐渐掌握语言的语音、语调、词汇和语法规则。

(六) 发展阶段明显

婴幼儿的语言发展具有明显的阶段性。在每个阶段，婴幼儿都会掌握不同的语言技能。例如，在早期阶段，婴幼儿主要通过肢体语言和简单的哭闹来表达自己的需求。随着年龄的增长，婴幼儿开始逐渐掌握简单的词汇和短语，并开始尝试与他人进行口头交流。随着时间的推移，婴幼儿的语言表达能力和理解能力不断提高，从而逐渐掌握更复杂的语法和语言表达方式。

总之，婴幼儿语言发展是一个复杂的过程，包括质的飞跃、理解能力增强、表达能力的提升、学习环境影响、自然习得和发展阶段明显等方面。在婴幼儿的语言发展过程中，父母和其他照顾者应该提供丰富的语言环境，与婴幼儿进行大量的互动和交流，为他们提供足够的练习机会，从而帮助他们更好地掌握语言技能。

四、婴幼儿语言与交流发展的规律

婴幼儿的语言发展是一个有序而连贯的过程，从简单发音到单词、双词再到句子，婴幼儿的发音、理解、表达和语法能力都在不断地发展和提高。以下是从简单发音阶段到词汇量增长各个阶段的特点和规律。

(一) 简单发音阶段

简单发音阶段通常发生在 0～1 岁之间，婴幼儿开始尝试发出一些简单的声音，如"ma""ba"等。此时，婴幼儿的发音系统还没有完全发育成熟，所以只能发出一些简单的音节和声音。这个阶段需要注意的问题是，家长应该多与婴幼儿进行交流，鼓励他们发出声音，同时也要注意婴幼儿的身体健康状况，避免因喉咙或其他身体问题影响到语言的发展。

(二) 单词阶段

在 1~2 岁之间，婴幼儿开始进入单词阶段，他们开始用一个单词来表达自己的意思和需求，如"喝奶""要抱"等。此时，婴幼儿的词汇量逐渐增多，也逐渐开始理解一些基本的语法和语序。这个阶段需要注意的问题是，家长应该为婴幼儿提供丰富的语言环境，多与他们进行交流，同时也要注意婴幼儿的听力健康，确保他们的听力得到足够的刺激和发展。

(三) 双词阶段

在 2~3 岁之间，婴幼儿开始进入双词阶段，他们开始使用两个单词来表达自己的意思和需求，如"妈妈抱""喝奶奶"等。此时，婴幼儿的词汇量和语法能力得到了进一步的发展，也开始逐渐理解语言的复杂性和多样性。这个阶段需要注意的问题是，父母应该鼓励婴幼儿使用完整的句子来表达自己的意思，同时也要注意婴幼儿的口语表达能力的发展，帮助他们克服一些语言障碍和发音问题。

(四) 简单句阶段

在 3~4 岁之间，儿童开始进入简单句阶段，他们开始使用一些简单的句子来表达自己的意思和需求，如"我要喝水""我要吃饼干"等。此时，儿童的词汇量进一步增加，也开始逐渐掌握一些基本的语法结构和语序。这个阶段需要注意的问题是，家长应该为儿童提供更多的语言输入和交流机会，帮助他们增加词汇量和提高口语表达能力。

(五) 复杂句阶段

在 4~6 岁之间，儿童开始进入复杂句阶段，他们开始使用更加复杂的句子来表达自己的意思和需求，如"因为我很渴了，所以我喝水"等。此时，儿童的语言理解能力和表达能力得到了进一步的发展，也开始逐渐掌握更加复杂的语法结构和句法规则。这个阶段需要注意的问题是，家长应该鼓励儿童使用完整的句子来表达自己的意思，同时也要注意儿童的口语表达能力的发展，帮助他们克服一些语言障碍和发音问题。

(六) 语言理解能力发展

婴幼儿的语言理解能力从出生后就开始发展，逐渐从理解单词到理解句子再到理解语篇。在 0~3 岁之间，婴幼儿的理解能力得到了快速发展，他们逐渐可以理解一些基本的词汇、短语和句子。在 3~6 岁之间，儿童的理解能力得到了进一步的发展和完善，他们逐渐可以理解更加复杂的语法结构和句法规则。

(七) 语言表达能力发展

婴幼儿的语言表达能力也从出生后就开始发展，逐渐从简单的发音到使用单词再到使用句子来表达自己的意思和需求。在 0~3 岁之间，婴幼儿的语言表达能力得到了快速发展，他们逐渐可以使用一些简单的词汇和短语来表达自己的需求。在 3~6 岁之间，儿童的语言表达能力得到了进一步的发展和完善，他们逐渐可以使用完整的句子来表达自己的意思。

（八）语法和句法能力发展

婴幼儿的语法和句法能力也从出生后就开始发展，逐渐从简单的发音到使用单词再到使用句子来表达自己的意思和需求。

五、0～3 岁婴幼儿语言与交流发展特点

婴幼儿的语言发展是一个逐步发展和进步的过程，从出生到 3 岁左右，婴幼儿的语言能力会经历多个阶段的变化。下面将分别介绍 0～3 岁期间每个阶段婴幼儿语言发展的特点。

（一）0～1 岁婴幼儿语言与交流发展特点

在 0～1 岁阶段，婴幼儿主要是通过听觉和语言感知能力来逐渐提高对语言的认知。这一阶段的语言发展特点主要包括以下几种。

1. 感知语言

婴幼儿开始逐渐学会倾听周围的声音，包括家长的话语、周围环境的声音等。他们逐渐能够区分不同的声音，并尝试理解其含义。

2. 简单的词汇和短语

在感知语言的基础上，婴幼儿开始尝试模仿大人的发音，并逐渐学习使用简单的词汇和短语，如"爸爸""妈妈"等。

3. 语言游戏

与婴幼儿进行简单的语言游戏和互动，可以有效帮助他们学习和掌握新的词汇和句子。例如，通过指着物体的名称来教他们认识事物。

（二）1～2 岁婴幼儿语言与交流发展特点

在 1～2 岁阶段，婴幼儿的语言能力开始进入迅速发展的时期。这一阶段的语言发展特点主要包括以下几种。

1. 语言表达

婴幼儿开始尝试使用简单的句子来表达自己的想法和情感，如"我要吃""我喜欢你"等。

2. 语言学习

婴幼儿开始学习并掌握更多的词汇和短语，同时逐渐能够理解和运用基本的语法规则。

3. 语音意识

婴幼儿开始意识到自己和他人的发音，并尝试模仿和学习不同的语音和语调。

（三）2～3 岁婴幼儿语言与交流发展特点

在 2～3 岁阶段，婴幼儿的语言能力进一步得到提升，他们开始更加熟练地进行语言交流。这一阶段的语言发展特点主要包括以下几种。

1. 语言交流

婴幼儿开始更频繁地使用语言进行交流，表达自己的需求、观点和情感。他们掌握的词汇和句子更加复杂，表达更加准确。

2. 语法学习

婴幼儿开始学习并掌握更多复杂的语法，如名词、动词、形容词等词类，并能运用适当的语序和语法结构表达自己的意思。

3. 词汇学习

婴幼儿开始学习并掌握更多复杂的词汇，如描述性词汇、抽象概念词汇等，以更好地表达自己的情感和想法。

（四）3 岁左右婴幼儿语言与交流发展特点

在 3 岁左右，婴幼儿的语言能力已经有了很大的提升，他们可以比较流利地进行日常交流，并能够完成一些基本的听说任务。这一阶段的语言发展特点主要包括以下几种。

1. 流畅的语言表达

3 岁左右的婴幼儿通常已经能够比较流畅地表达自己的思想和感受，并运用适当的语法和词汇进行交流。

2. 基本听说能力的形成

这个阶段的婴幼儿已经能够初步理解和运用听说能力，为日后进入幼儿园等教育机构打下基础。

3. 自我学习的能力

婴幼儿开始能够自主学习新的词汇和表达方式，通过与他人的交流和阅读进行不断的学习和提升。

总之，从 0~3 岁，婴幼儿的语言发展经历了多个阶段的变化。在这个过程中，婴幼儿的听觉、语音、词汇、语法和听说能力都在不断地发展和提升，这为日后他们能够流畅地说话打下了坚实的基础。

六、婴幼儿语言交流能力的培养方式

在婴幼儿时期，对婴幼儿的语言交流能力的培养非常重要。这个时期的孩子语言敏感度最高，因此这个时期也是培养婴幼儿语言能力的最佳阶段。以下是培养婴幼儿语言交流能力的方式，分别从母语交流、观察与模仿、词汇拓展、理解与表达、社交技能、阅读与倾听、正面反馈和语言敏感度等方面进行阐述。

（一）母语交流

在婴幼儿时期，母语交流是非常重要的。这是因为母语是婴幼儿最熟悉的语言，也是婴幼儿学习其他语言的基础。在这个阶段，家长应该尽可能多地与婴幼儿进行母语交流，向他们介绍周围的事物、表达情感和需求等。通过这种方式，婴幼儿可以逐渐提高语言理解和表达能力，同时也可以增进与家长之间的亲子关系。

（二）观察与模仿

观察和模仿是婴幼儿学习语言的重要方式之一。婴幼儿通过观察家长的语言表达和行为来模仿和学习。因此，家长在与婴幼儿交流时，应该注意自己的语言表达和行为，尽量使用清晰、简单的语言和示范动作，以便婴幼儿更好地理解和模仿。

（三）词汇拓展

词汇量是语言交流能力的基础。婴幼儿时期是拓展词汇量的关键时期。家长可以通过多种方式来拓展婴幼儿的词汇量，例如听说游戏、阅读和认知活动等。在日常生活中，家长可以引导婴幼儿观察周围的事物和现象，鼓励他们用已知的词汇来表达自己的想法和感受。此外，家长还可以为婴幼儿选择一些适合的儿童读物和音频资料，让婴幼儿在轻松愉快的氛围中拓展词汇量。

（四）理解与表达

理解能力是语言交流的关键。家长应该通过对话和表达来提高婴幼儿的语言理解能力和表达能力。在与婴幼儿交流时，家长可以引导婴幼儿运用已知的词汇和语法来表达自己的意思，并及时纠正婴幼儿的发音和语法错误。此外，家长还可以鼓励婴幼儿与同龄人进行交流，提高他们的语言社交能力。

（五）社交技能

社交技能的掌握对于语言交流能力的提高非常重要。家长应该帮助婴幼儿培养良好的社交技能，例如打招呼、介绍自己、礼貌待人等。在日常生活中，家长可以引导婴幼儿主动与他人进行交流，鼓励他们参与社交活动，从而提高婴幼儿的社交技能和语言交流能力。

（六）阅读与倾听

阅读与倾听是拓展知识面和提高语言表达能力的重要方式。在婴幼儿时期，家长可以引导婴幼儿阅读适合他们年龄段的书籍和绘本，帮助他们了解不同的故事和情境，拓展他们的想象力。同时，家长还可以为婴幼儿选择一些优质的音频资料，例如儿童歌曲、故事等，让他们在愉悦的氛围中提高语言表达能力。

（七）正面反馈

正面反馈对于婴幼儿语言学习具有积极的影响。家长应该及时肯定和鼓励婴幼儿的语言表达和进步，以激发他们的学习兴趣和自信心。在婴幼儿成功表达自己的意思时，家长可以及时给予表扬和奖励，例如称赞、鼓掌等。同时，家长还应该在婴幼儿遇到困难时给予鼓励和支持，帮助他们克服困难。

（八）语言敏感度

语言敏感度对于婴幼儿的语言学习非常重要。高语言敏感度可以帮助婴幼儿更好地感知和理解语言，从而提高他们的语言交流能力。家长可以通过多种方式来培养婴幼儿的语言敏感度，例如：多与婴幼儿交流，为婴幼儿提供多样化的语言环境，鼓励婴幼儿多参与社交活动等。此外，家长还可以为婴幼儿提供一些有趣的听说材料和认知游戏等，以激发他们对语言的兴趣和敏感度。

总之，婴幼儿语言交流能力的培养是一个综合性的过程，需要家长在多个方面给予关注和引导。通过母语交流、观察与模仿、词汇拓展、理解与表达、社交技能、阅读与倾听、正面反馈和语言敏感度等方面的综合培养，可以使婴幼儿的语言交流能力得到全面的发展和提升。

七、婴幼儿语言交流的核心能力

婴幼儿语言交流能力是儿童发展的重要组成部分，它涵盖了许多方面的能力。以下是婴幼儿语言交流的核心能力，分别从声音认知、词汇理解、词汇表达、句子理解、句子生成、听说协调和语言分析等方面进行阐述。

（一）声音认知

声音认知是指婴幼儿对语言声音的敏感度和理解能力。婴幼儿通过倾听周围的声音，逐渐熟悉语言的发音、语调和语速等。他们对声音的认知能力在很大程度上影响了其对语言的理解和掌握。

（二）词汇理解

词汇理解是指婴幼儿对词汇的理解和应用能力。婴幼儿在不断接触和使用语言的过程中，逐渐理解并积累了大量的词汇。他们通过上下文和语境，理解词汇的意思和用法，这种能力对其日后的阅读和写作能力有很大的帮助。

（三）词汇表达

词汇表达是指婴幼儿在表达自己的情感和意愿时所具备的词汇和表达能力。随着词汇量的增加，婴幼儿开始尝试使用这些词汇来表达自己的意思和需求。在词汇表达方面，婴幼儿会经历从简单到复杂的过程，并逐渐形成自己的语言风格。

（四）句子理解

句子理解是指婴幼儿对复杂句子的结构和意义的理解能力。婴幼儿在接触和学习语言的过程中，逐渐理解了句子的构成和语法规则。他们能够理解并回答简单的问题，而且能按顺序讲述事件和情境。

（五）句子生成

句子生成是指婴幼儿在理解和掌握一定词汇和语法的基础上，如何运用这些知识创造新的句子。婴幼儿在表达自己意思的过程中，会逐渐使用更加复杂的句子结构，这是他们句子生成能力的体现。

（六）听说协调

听说协调是指在语言交流中，婴幼儿如何把听懂对方的语言和表达自己的想法结合起来的能力。听说协调包括理解他人语言的能力以及把自己的想法准确、清晰地表达出来的能力。这种能力对婴幼儿的社交能力和情感发展也有很大的影响。

（七）语言分析

语言分析是指婴幼儿对语言的理解和分析能力，包括如何掌握语法规则，如何使用语言交流中的特定策略。婴幼儿通过对所接触到的语言进行观察和分析，逐渐掌握了语言的规律和特点，这对他们日后掌握理解和分析语言的能力有很大的帮助。

总之，婴幼儿语言交流能力的核心能力在婴幼儿的语言学习和社交发展中起着至关重要的作用。通过对这些能力的了解和培养，我们可以为婴幼儿的语言交流能力的发展打下坚实的基础，为其未来的发展铺平道路。

观察指标可参考二维码内容。

国际语言治疗协会（IAL）关于婴幼儿语言发育的参考标准

八、家庭教育助力婴幼儿语言发展

家庭应为婴幼儿提供一个良好的语言环境，以促进其语言发展和交流能力的提高。以下是一些建议。

（一）与婴幼儿进行对话

与婴幼儿进行对话是培养婴幼儿语言能力的最好方式之一。尽可能多地和婴幼儿交流，谈论日常生活中的事情，如吃、喝、拉、撒等，以及婴幼儿的感受和体验。这可以帮助婴幼儿理解语言，并学会表达自己的情感和需求。

（二）使用简单和清晰的语言

与婴幼儿说话时，应使用简单、清晰的语言，避免使用复杂的长句子或难懂的词汇；使用简短的句子和简单的词汇，让婴幼儿更容易理解和模仿。

（三）重复和模仿

当和婴幼儿说话时，可以重复某些词汇或短语，让婴幼儿更容易记住。同时，模仿婴幼儿的发音和语调，可以让婴幼儿更容易理解和与家长交流。

（四）鼓励婴幼儿表达自己的想法

当婴幼儿想要表达自己的想法时，不要打断或替他表达。鼓励婴幼儿用自己的语言来表达自己的需求和感受。如果婴幼儿不善于表达，可以给予一些提示或引导，帮助他更好地表达。

（五）创造丰富的语言环境

给婴幼儿提供多种语言环境，包括与家人的交流、听故事、唱歌、看动画片等。这可以让婴幼儿接触到更多的语言，有助于提高其语言敏感度和理解能力。

（六）关注婴幼儿的反应

当婴幼儿与家长交流时，注意婴幼儿的反应和表情。如果婴幼儿对家长的话有回应，比如看着家长、微笑或模仿家长的声音，说明他已经理解了家长的话。

（七）避免使用负面语言

尽量避免使用负面语言或批评的话，这会对婴幼儿的情感和自信心产生负面影响。如果需要纠正婴幼儿的错误行为，可以用积极的语言来引导他。

（八）注意语言的礼貌和恰当性

在与婴幼儿说话时，要注意使用礼貌和恰当的语言，以良好的语言表达习惯来为婴幼儿树立榜样。

总之，家庭应为婴幼儿提供一个丰富的语言环境，促进其语言发展和交流能力的提高。与婴幼儿进行对话、使用简单和清晰的语言、鼓励婴幼儿表达自己的想法、创造丰富的语言环境以及注意语言的礼貌和恰当性等都是培养婴幼儿语言能力的好方法。

【作业】

（1）线上：通过对线上教学资源"语言核心能力教育建议"的学习，完成习题。

（2）线下：通过对身边的婴幼儿或是托育机构的婴幼儿的观察，制定语言发展观察记录表。

【实践活动案例】

在0～3岁阶段，婴幼儿的语言发展迅速，他们通过感知、模仿、使用单词和短语，以及进行简单对话等方式，逐渐掌握了语言这一重要的沟通工具。以下是一些针对0～3岁婴幼儿的语言活动设计的案例，分别涵盖了感知和观察、模仿和声音、单词和短语、简单句子和对话等方面。

（一）感知和观察

【活动1】辨别声音

适合月龄：适合各个月龄段的婴幼儿。

活动目标：培养婴幼儿的听觉敏感性和观察能力，通过聆听和辨别不同声音，提高婴幼儿的音感和注意力。

活动准备：各种能发声的玩具或物品，如带声音的动物玩具、乐器玩具、响铃等。

活动指导语：音频刺激对婴幼儿的听觉发展非常重要。通过此活动，婴幼儿将学会关注和辨别各种不同的声音，这有助于其听觉的发展和认知技能的提升。在活动过程中，指导者可以引导婴幼儿聆听每一种声音，并尝试描述声音来源和特点。

活动过程：

（1）指导者向婴幼儿展示所有的发声玩具和物品，简单介绍它们将会发出的声音类型。

（2）依次激活每个玩具的声音功能，让婴幼儿聆听并观察他们的反应。

（3）在每个声音发出后，询问婴幼儿声音是由哪个玩具发出的，并引导婴幼儿指向或取用对应的玩具。

（4）重复多次，逐渐增加声音的种类和难度，鼓励婴幼儿主动辨识并寻找声源。

活动延伸：在日常生活中，指导者可以利用自然环境中的声音（如鸟叫、汽车声等）继续进行类似的听觉训练，增强婴幼儿对环境声音的敏感度和辨识能力。

温馨提示：确保活动在安静的环境中进行，以便婴幼儿能清晰地听到每个声音。同时注意控制声音的音量，避免对婴幼儿的听力造成伤害。

【活动2】触摸感知

适合月龄：适合各个月龄段的婴幼儿。

活动目标：通过触摸活动，提升婴幼儿对不同质感、温度和形状的感知能力。培养婴幼儿的触觉观察能力和描述能力。

活动准备：各种不同质地（如软硬、粗糙、光滑）、形状（如圆形、方形、不规则形状）和大小的物体，如绒毛玩具、塑料球、木块、金属小勺等。

活动指导语：触觉是婴幼儿了解外部世界的重要感官之一。通过本活动，婴幼儿将学会用手感知和探索不同物体的特性，这不仅可以增强婴幼儿的感官体验，还有助于提升其语言表达和认知能力。

活动过程：

（1）指导者首先向婴幼儿展示所有的物品，简单描述每个物品的特点。

（2）鼓励婴幼儿用手触摸每个物品，指导者边引导婴幼儿边描述触摸物品的感觉，如"这个玩具很软，摸起来很舒服"或"这个木块很硬，表面很光滑"等。

（3）让婴幼儿尝试描述自己的触摸感受，如果婴幼儿还不会说话，指导者可以观察婴幼儿的表情和动作，给予适当的语言描述引导。

（4）指导者记录婴幼儿对每种物品的反应，鼓励婴幼儿多次触摸、比较不同物品。

活动延伸：指导者可以在日常生活中引入更多有趣的触摸活动，例如让婴幼儿在家中不同材质的地毯上爬行，或在公园里让婴幼儿接触自然物质如树叶、石头等。

温馨提示：确保所有物品都是安全的，无锐角或小件易吞食的部分，以保护婴幼儿在活动中的安全。同时，在活动过程中监督婴幼儿避免将物品放入口中。

（二）模仿和声音

【活动1】跟我学

适合月龄：适合各个月龄段的婴幼儿。

活动目标：通过模仿活动，提升婴幼儿的语言模仿能力，帮助婴幼儿学习简单的词汇和语句。

活动准备：无特别需要的材料。

活动指导语：语言是人类沟通的重要工具，婴幼儿通过模仿成人的语音和语调，可以有效地学习语言。此活动旨在通过简单的语音模仿，帮助婴幼儿学习基本的词汇，如"爸爸""妈妈"，并逐步理解简单的短语和句子。

活动过程：

（1）指导者选择简单明了的词汇或短句，并清晰地发音。

（2）鼓励婴幼儿模仿所听到的词汇或短句，指导者可以重复多次，保持耐心。

（3）指导者观察婴幼儿的模仿情况，适时给予积极的反馈和鼓励，如婴幼儿正确模仿后，及时拥抱或赞美。

（4）随着婴幼儿能力的提升，可以逐渐增加词汇和句子的复杂度。

活动延伸：在日常生活中，指导者可以多与婴幼儿进行语言交流，增加婴幼儿的语言输入来源，提高其语言模仿的机会和质量。

温馨提示：确保活动进行时环境安静，减少环境干扰，帮助婴幼儿更好地集中注意力学习语言。

【活动2】音乐律动

适合月龄：适合各个月龄段的婴幼儿。

活动目标：通过音乐活动，培养婴幼儿的节奏感，提升婴幼儿的音乐模仿能力和对音乐的感知。

活动准备：音乐播放器和一些简单的乐器，如小鼓、铃铛、摇铃等。

活动指导语：音乐是表达和感知世界的美妙方式之一，通过音乐活动可以提高婴幼儿的音乐感和节奏感。此活动旨在通过简单的音乐和乐器演奏，激发婴幼儿的音乐兴趣，培养其音乐节奏感。

活动过程：

（1）指导者播放一些简单明快的儿童音乐。

（2）鼓励婴幼儿随着音乐的节奏摆动身体，如拍手、跳跃或摇头。

（3）向婴幼儿介绍并演示如何使用手中的乐器，然后邀请婴幼儿模仿使用。

（4）观察婴幼儿的反应和参与度，根据婴幼儿的反应调整音乐的节奏和活动的方式。

活动延伸：指导者可以在家中常态化开展类似的音乐活动，利用家中的物品制作简易乐器，与婴幼儿一起创造音乐，增强互动乐趣。

温馨提示：选择婴幼儿喜欢的音乐类型，注意控制音量，保护婴幼儿的听力。同时确保婴幼儿使用的乐器安全无锐角，以防意外伤害。

（三）单词和短语

【活动1】卡片识字

适合月龄：18～36个月。

活动目标：通过卡片学习，帮助婴幼儿认识并记住常用单词，提升婴幼儿的视觉辨识能力和语言理解能力。

活动准备：制作或准备一些印有简单图案和相对应单词的卡片。

活动指导语：卡片识字是一种有效的早教方法，可以帮助婴幼儿在轻松愉快的环境中学习新词汇。请指导者在活动时给予婴幼儿足够的耐心和鼓励，逐步引导婴幼儿识别并说出卡片上的单词。

活动过程：

（1）指导者向婴幼儿展示一张卡片，并清楚地念出卡片上的单词和图案。

（2）鼓励婴幼儿指向图案，并尝试复述单词。

（3）逐渐增加卡片的数量和单词的难度，观察婴幼儿的学习进度。

（4）通过重复和游戏化的互动，增加婴幼儿对单词的记忆。

活动延伸：日常生活中，指导者可以使用更多类似的视觉辅助物品，如图书、海报等，增加婴幼儿的词汇量。

温馨提示：准备的卡片的尺寸要适合婴幼儿的小手抓握，避免使用有尖锐边缘的卡片。

【活动2】互动故事会

适合月龄：24～36个月。

活动目标：通过故事讲述，提升婴幼儿的语言理解能力和想象力；让婴幼儿学习故事中的单词和短语，加深对语言的理解。

活动准备：一些简单的图画书和适合故事情节的道具。

活动指导语：故事会是一种寓教于乐的活动方式，可以激发婴幼儿的想象力和创造力，同时增强婴幼儿的语言表达和理解能力。指导者可以通过改变语音语调，使故事更加生动有趣，更容易吸引婴幼儿的注意力。

活动过程：

（1）指导者选择一本图画书，简单介绍故事背景。

（2）用生动的语调和表情讲述故事，利用道具进行演示，增加故事的互动性和趣味性。

（3）在故事的关键处，暂停并鼓励婴幼儿用自己的语言复述或描述故事情节。

（4）讨论故事的内容，引导婴幼儿表达自己的看法或提问，促进婴幼儿的思维发展。

活动延伸：指导者可以鼓励婴幼儿讲一个小故事，或者与婴幼儿一起创作新的故事，增强互动和创造性。

温馨提示：选择婴幼儿感兴趣的故事主题，注意故事的长度和复杂性应适合婴幼儿的年龄和注意力时长。

（四）简单句子和对话

【活动1】指令游戏

适合月龄：18～36个月。

活动目标：培养婴幼儿对简单指令的理解和响应，提升婴幼儿的动作协调能力和执行力。

活动准备：无特别需要的材料。

活动指导语：此活动通过简单有趣的方式引导婴幼儿学习和执行指令，如"拍手""跺脚"等，有助于提升婴幼儿的听觉理解能力和动作执行能力。指导者在活动中应给予婴幼儿足够的耐心和积极的反馈，逐步增加指令的复杂性。

活动过程：

（1）指导者清楚地发出简单指令，如"请拍拍手"。

（2）观察婴幼儿是否能理解并执行指令，鼓励并表扬婴幼儿的每次尝试。

（3）随着婴幼儿逐渐适应游戏，增加新的动作指令，如"请跳一跳"或"转圈圈"。

（4）通过重复和变换指令的方式，帮助婴幼儿巩固学到的动作。

活动延伸：日常生活中，指导者可以利用不同情境下的指令，如餐桌礼仪指令，进一步练习和应用游戏中的技能。

温馨提示：检查婴幼儿活动区域是否安全，避免发布过于复杂的指令导致婴幼儿感到困惑。

【活动2】社交互动

适合月龄：24～36个月。

活动目标：通过模拟日常对话，提升婴幼儿的社交和语言表达能力，培养婴幼儿的倾听和反馈技巧。

活动准备：无特别需要的材料。

活动指导语：社交互动对婴幼儿的言语发展和人际交往能力非常重要。指导者可以通过简单的对话练习，如问候、告别、感谢等，帮助婴幼儿逐步学习社交用语和表达方式。

活动过程：

（1）指导者示范简单对话，如"早上好""谢谢你"等，并鼓励婴幼儿模仿。

（2）逐渐增加对话的复杂性，引导婴幼儿参与更长的对话，如讲述一天的活动。

（3）在对话中穿插情感表达的练习，鼓励婴幼儿表达自己的感受，同时也要教婴幼儿倾听他人。对话过程中，指导者应注意婴幼儿的反应，及时给予正面反馈和适当的引导。

活动延伸：指导者可以让婴幼儿实际参与到家庭聚会或朋友聚会中，提供真实的社交场景，使婴幼儿学到的社交技能得到实践。

温馨提示：在活动中注意婴幼儿的情绪反应，活动应在轻松愉快的氛围中进行。避免压力过大，应该让婴幼儿自然地享受社交的乐趣。

【第四节学习任务清单】

案例 5

喜欢分享的小苹果

小苹果是一个活泼开朗的孩子，她出生于一个温馨的家庭，家庭成员包括父母和一个比她小 1 岁的弟弟。在她不到 1 岁的时候，她就开始表现出对人的关注和热情，喜欢对人微笑和与人互动。

随着年龄的增长，小苹果越来越喜欢分享自己的食物和玩具，她总是乐于将好东西与他人分享。当她的父母和朋友来访时，她会拿出自己最喜欢的玩具和食物来招待他们，并向他们展示自己的新技能。小苹果的父母非常欣赏她的慷慨和热情，他们鼓励她继续分享，同时也教她如何拒绝不愿意分享的东西。他们给她买了很多适合她年龄的玩具和图书，并鼓励她与家人和朋友一起分享和学习。

当小苹果到了 2 岁的时候，她已经能够用简单的语言和他人交流，并能够表达自己的情感和意愿。她喜欢和同龄的小朋友一起玩耍，并总是乐于将自己的玩具和食物分享给他们。

小苹果的热情和慷慨不仅使她在家庭中得到了很多爱和关注，也使她在社会上得到了很多赞扬和友谊。她的父母相信，通过培养她的社交能力和情绪管理能力，她将成为一个自信、快乐和成功的人。

可以看出，小苹果是一个喜欢分享的孩子，她的父母通过鼓励和引导她的行为，帮助她建立了积极健康的社交习惯，使她得到了全面的发展。

分析：小苹果的热情和慷慨是否与她在此阶段的社交发展有直接关系？如果是，这种关系是如何体现的？

案例 6

理解和关爱：小宝的情绪成长之旅

小宝是一个 10 个月大的婴儿，他的父母发现他经常在晚上哭泣，而且似乎很容易受到惊吓。他们开始担心小宝的情绪发展是否正常。

在咨询了儿科医生后，他们了解到小宝的情绪发展是正常的，医生建议他们尽可能多地与小宝交流，并尝试理解他的感受。因此，小宝的父母开始更加关注他的情感需求，并尝试用温和的语气和他交流。他们还通过拥抱、亲吻和唱歌等方式来安抚他，让他感受到他们的关爱和支持。他们会在小宝哭泣时耐心地安慰他，并尝试找出他哭泣的原因。他们发现，当小宝感到孤独或者不舒服时，他就会哭泣。

随着时间的推移，小宝逐渐学会了如何表达自己的情绪。他开始用简单的语言和肢体语言来表达自己的高兴、悲伤、生气等情绪。他的父母也逐渐了解到他的情绪表达方式，当小宝感到生气或者不满时，他们会帮助他学会用语言表达自己的需求和感受。

此外，小宝的父母还教他如何玩一些简单的游戏，如躲猫猫和拍手歌，也鼓励小宝在日常生活中进行简单的自理能力练习，如自己拿奶瓶喝奶。

通过这些努力，小宝的情绪逐渐变得稳定，他也变得更加自信和独立。他的父母感到非常欣慰，因为他们知道自己所做的一切对于小宝的成长和发展非常重要。他们也意识到，对于婴幼儿的情绪发展来说，父母的关爱和支持是非常关键的。

分析：在婴幼儿早期社交和情绪发展中，如何通过观察和引导来识别和帮助孩子处理负面情绪，促进他们的情绪健康发展？

第四节　社交与情绪发展

一、婴幼儿社交与情绪发展的含义

婴幼儿社交与情绪发展是指婴幼儿在社交互动和情感表达方面逐渐发展和成熟的过程。

社交发展是指婴幼儿在成长过程中，通过与他人的互动和交流，逐渐习得社会规则、建立社交技能和信任关系的过程。对于婴幼儿来说，社会交往不仅包括与父母的互动，也包括与其他儿童的玩耍和交流，这个过程有助于婴幼儿理解他人的行为和情感，发展同理心和沟通技巧，并逐渐适应社会环境。

情绪发展是指婴幼儿在成长过程中，逐渐习得和掌握情绪的表达、调节和控制技能的过程。情绪对于婴幼儿的生存和社会适应至关重要。例如，当他们感到疼痛或饥饿时，会通过哭声来表达不满和寻求帮助；当他们感到快乐或兴奋时，会通过笑容和其他肢体动作来表达喜悦。这些情绪的表达和调节能力对于婴幼儿的情感体验和社会交往都具有重要影响。

婴幼儿的社交发展和情绪发展是相互关联的。一方面，情绪发展是社交发展的基础。婴幼儿的情绪表达和调节能力直接影响其社会交往的质量和效果。例如，当婴幼儿能够恰当地表达自己的情绪时，他们更容易与他人建立良好的关系；而当他们无法控制自己的情绪时，可能会影响社交活动的顺利进行。另一方面，社会交往也为情绪发展提供了支持和反馈。婴幼儿在与他人的互动中，不断调整自己的情绪表达和情绪调节技能，以适应不同的社交环境和交往对象。

二、婴幼儿社交与情绪发展的概念

婴幼儿社交与情绪发展是一个关键的发展领域，它涵盖了社交认知、社交技能和情绪管理能力的发展。这些能力对于婴幼儿的身心健康成长以及未来社交能力的发展具有重要影响。

(一) 社交认知

社交认知是指婴幼儿对自我及他人的认知和理解，涵盖了自我意识、同理心和社交规则等多个方面。对于一个婴幼儿来说，当他开始意识到自己的存在，并理解他人的情感和需求时，他就具备了社交认知的基础。

自我意识是指婴幼儿能够意识到自己的存在和自我价值，并逐渐形成自我概念。这是社交认知的重要组成部分，因为只有当婴儿能够意识到自己的存在并理解自己的情感和需求时，他们才能更好地与他人进行互动。

同理心是指婴幼儿能够理解他人的情感和需求，并产生共鸣和同情。当婴儿看到他人在哭泣时，他们会感到难过并试图安慰对方；当看到他人高兴时，他们也会感到开心并分享对方的快乐。这些都是同理心的表现。

社交规则是指婴幼儿能够理解并遵守社会交往的基本规则和礼仪。例如，在和小朋友一起玩耍时，需要排队等待、需要分享玩具；当看到别人在做危险的事情时，需要学会如何正确地表达自己的担忧并尝试阻止对方。

总之，社交认知是婴幼儿身心发展的重要组成部分，它不仅能帮助婴儿更好地适应社会生活，还能够促进他们的情感、语言和认知能力的发展。

（二）社交技能

社交技能是指婴幼儿在社交互动中所展现出的行为和言语能力。这些能力包括主动交往、合作分享以及解决冲突等。

主动交往是指婴幼儿能够积极与他人进行交流和互动，主动表达自己的需求和想法。这种交往的主动性体现了婴幼儿的自我意识和自我表达能力，为他们日后的人际交往奠定了基础。

合作分享则是婴幼儿能够与他人共同完成任务或分享物品，具备出色的合作精神和分享意识。这种合作和分享，有助于培养婴幼儿的团队意识和集体观念，让他们学会在人际交往中尊重他人、关心他人。

解决冲突的能力是指婴幼儿能够在社交互动中识别并解决出现的冲突和问题，学会妥善处理人际关系。这种能力有助于培养婴幼儿的同理心和解决问题的能力，让他们在面对人际冲突时能够采取积极、合理的方式进行处理。

社交技能的培养对于婴幼儿的成长和发展至关重要。通过培养婴幼儿的社交技能，我们可以帮助他们更好地适应社会环境，建立良好的人际关系，为他们的未来发展打下基础。

（三）情绪管理能力

情绪管理能力是指婴幼儿对自己的情绪进行识别、表达、调节和控制的能力。这包括识别自己的情绪状态，如高兴、悲伤、愤怒等，并能够用言语或行为表达出来。同时，婴幼儿还需要学会调节自己的情绪，如通过转移注意力或寻求帮助来减轻负面情绪。情绪管理能力对于婴幼儿的心理健康和社会适应能力的培养具有重要影响。

总体而言，婴幼儿在社交与情绪方面的发展是一个多元化且关键的成长领域。通过有意识地培养婴幼儿的社交认知、社交技能以及情绪管理能力，我们可以帮助他们建立稳定、健康的人际关系，从而进一步提高婴幼儿的社会适应能力。

三、婴幼儿社交与情绪发展的规律

婴幼儿社交与情绪发展是一个有序且连续的过程，这个过程通常会经历几个明显的阶段。在整个0～3岁阶段，婴幼儿逐渐从以自我为中心到关注他人，从简单的情感表达到复杂的情感理解，从无法控制自己的情绪到逐渐掌握情绪调节技能。

在0～1岁期间，婴幼儿社交与情绪发展的重点是建立亲密关系、信任感和自我意识。在这个阶段，婴幼儿开始意识到自己的存在，并开始关注周围的人和环境。他们开始学会用微笑和哭泣来表达自己的情感，并逐渐建立起与主要照顾者之间的信任关系。这个阶段的婴幼儿还没有完全掌握语言，所以他们主要通过非语言方式来表达自己的情感和需要。

在1～3岁期间，婴幼儿社交与情绪发展的重点主要是学习如何与人交往、分享和合作。在这个阶段，婴幼儿开始进入社交世界，他们开始关注他人的情感和需要，并尝试与他人进行互动。同时，这个阶段的婴幼儿也开始理解自己的情绪，并尝试用语言和行为来调节自己的情绪。

在2～3岁期间，婴幼儿的社交与情绪发展进入了一个新的阶段，他们开始表现出更加复杂的情感理解能力，比如对他人情感的同情和共情。同时，他们也开始表现出更加独立的个性和意愿，不愿意轻易顺从他人的要求或期望。

对于婴幼儿社交发展的观察和研究，许多学者提出了不同的理论模型。其中，社会参照框架理论指出，婴幼儿在面对新情境时会观察周围成人的反应，从而形成自己的应对策略。此外，情感互动理论也强调了婴幼儿与成人之间的情感联系对婴幼儿社交发展的重要性。

总之，婴幼儿的社交与情绪发展是一个复杂而有序的过程，每个阶段都有其特定的特点和重点。了解这个过程可以帮助我们更好地理解和支持婴幼儿的情感和社会性发展。

四、婴幼儿社交与情绪发展的特点

从出生开始，婴幼儿的社交和情绪状态从简单逐步变得越来越复杂，由此也呈现出许多鲜明的特点。下面将分别介绍不同阶段的婴幼儿所表现出的不同特点。

（一）第一阶段（0～6个月）

在这个阶段，婴幼儿开始发展出基本的情绪反应。新生儿通过面部表情、肢体动作和声音来表达他们的基本情绪，如愉快、悲伤、愤怒等。他们开始能够区分熟悉和陌生的人，并逐渐建立起对母亲的依赖。在这个阶段，母亲的存在和照顾成为他们安全和舒适的主要来源。需要注意的是，此时婴幼儿的社交活动还主要集中在玩具或物品上，而不是互动对象，这是因为他们此时正在学习如何关注和理解外部世界，以及如何通过与他人的互动来满足自己的需求。因此，这一阶段也可以称作以客体为中心的阶段。

（二）第二阶段（6～18个月）

在这个阶段，婴幼儿开始展现出更多的社交行为，因此这个阶段也称为简单交往阶段。他们学会了用微笑、挥手、再见等动作来与他人进行互动，逐渐理解并学习如何与他人分享，比如分享玩具和食物。这种分享行为是他们开始理解社交规则的体现。这个阶段的婴幼儿还会通过观察他人的行为来学习社交规则，例如等待轮流使用玩具。他们对周围人的行为和情绪也越来越敏感，开始懂得如何与他人互动，比如通过触摸和亲吻来表示友好。

（三）第三阶段（18～36个月）

在这个阶段，婴幼儿的社交活动变得更加积极和主动。他们不仅继续发展亲社会行为，如帮助、分享、轮流等，而且开始更加理解和遵守一些基本的社交规则。例如，他们学会了排队等待玩玩具、轮流和其他孩子玩耍等。此时，婴幼儿同伴间的行为趋于互补，出现了更多更复杂的社交行为，相互间模仿已较普遍。他们不仅能较好地控制自己的行动，而且还可以与同伴开展需要合作的游戏，比如主动和其他孩子交流、分享自己的东西等。同时，婴幼儿也开始具备一些情感表达和情感交流的能力，比如通过声音、表情和动作来表达自己的情感和需求。

总的来说，0～3岁婴幼儿的社交与情绪发展是一个逐渐建立对人的依赖和信任，学习如何与他人互动和分享，并逐渐理解基本的社交规则的过程。这些发展特点对于婴幼儿的认知、情感和社交发展都非常重要。家长和教育者应该关注并支持婴幼儿的社交和情绪发展，为他们提供良好的社交环境和榜样，帮助他们建立积极的情感和社交能力。

五、社交与情绪发展能力的培养方式

在0～3岁这一关键阶段，婴幼儿的社交和情绪发展得到了全面的塑造。此阶段是孩子形成健康、积极情绪以及良好社交技能的重要时期。在此期间，家长们需要深度参与到婴幼儿的成长中，通过多元化的方式来提升他们的社交与情绪能力，这样可以让婴幼儿更好地适应社会和生活，进一步提高他们的自尊心和自信心，为他们在未来发展道路上的成功打下坚实的基础。因此，家长可以通过以下方式培养婴幼儿的社交与情绪发展能力。

（一）提供多元社交环境

为婴幼儿创造一个多元的社交环境，让他们有机会与不同年龄、性别和背景的同伴互动。这可以帮助他们了解不同人群的特点和行为方式，培养适应能力和社交技巧。

（二）建立亲密的家庭关系

家庭是婴幼儿最重要的社交环境之一，家长应该与婴幼儿建立亲密的关系，给予他们足够的关注和爱护，这有助于婴幼儿建立信任获得安全感，从而更好地适应社交环境。家长可以经常拥抱、亲吻婴幼儿，表达对他们的爱和关心。

（三）鼓励积极社交互动

家长可以鼓励婴幼儿与同龄孩子积极互动，例如一起玩玩具、一起做游戏等。这可以帮助他们学习如何与他人合作、协商和解决问题。同时，家长可以参与婴幼儿的游戏和活动，与婴幼儿建立互动和沟通，例如一起唱歌、跳舞、画画等。

（四）培养同理心

同理心是社交能力的重要组成部分，家长可以通过故事、游戏等方式，引导婴幼儿理解他人的感受和需要，培养他们的同理心。例如，在讲故事时，可以引导婴幼儿关注故事中角色的情绪和需求，帮助他们理解他人的感受。

（五）教授基础社交规则

家长可以教授婴幼儿基本的社交规则，例如轮流玩玩具、不打人、不抢夺他人的东西等。这可以帮助他们在社交中更好地适应规则，并与他人建立良好的关系。同时，家长也可以在日常生活中通过示范和讲解的方式，让婴幼儿了解并遵守这些规则。

（六）鼓励独立解决问题

当婴幼儿在社交中遇到问题时，家长可以引导他们独立思考和解决问题。例如，在与其他婴幼儿分享玩具时，可以引导他们学会协商和妥协，从而避免冲突和争吵，这样做可以帮助他们建立自信心和积极的情感态度，从而更好地面对社交挑战。

（七）及时给予肯定和鼓励

当婴幼儿在社交和情绪发展方面取得进步时，家长应该及时给予肯定和鼓励。例如，当婴幼儿主动与其他婴幼儿分享玩具或积极参与集体活动时，家长可以给予他们肯定和鼓励的话语，让他们感受到自己的进步和成就。

（八）提供稳定的陪伴对象

为婴幼儿选择一个稳定的陪伴对象，可以是家长、祖父母或亲密的看护人。陪伴对象可以与婴幼儿建立长期的情感联系，提供稳定的爱和支持，帮助他建立信任感和安全感。

（九）定期参加社交活动

家长可以定期带婴幼儿参加各种社交活动，例如亲子活动、社区聚会等，让婴幼儿接触到不同的人群和环境，增加他们的社交经验和技能。

（十）培养自我控制能力

家长可以通过日常生活中的小事，培养婴幼儿的自我控制能力。例如，教他们等待轮到自己的顺序、控制情绪等。这些技能可以帮助他们在社交中更好地控制自己的行为和情绪。

总之，0～3 岁婴幼儿社交与情绪发展能力的培养需要家长提供良好的社交环境、建立亲密的家庭关系等，同时还可以通过提供稳定的陪伴对象、定期参加社交活动等方式进一步丰富婴幼儿的社交与情绪发展，帮助婴幼儿建立积极的情感态度培养良好的社交能力，从而养成良好的社交与情绪习惯。

六、社交与情绪发展的核心能力

为了帮助婴幼儿实现有效的社交和情绪管理，需要培养他们的一些核心能力。这些核心能力不仅包括沟通技能、建立信任关系的能力，还包括自我调节情绪的能力等。

（一）沟通技能

沟通技能是社交和情绪发展的核心能力之一，是人与人之间传达信息、表达情感的关键手段。它包括语言表达、肢体语言和面部表情等方面，可以帮助婴幼儿与他人建立联系并理解他人的情感和意图。在培养婴幼儿的沟通技能时，家长可以通过以下方式来支持他们的成长。

1. 鼓励婴幼儿表达自己的感受和需求

在婴幼儿时期，家长应该尽可能多地与婴幼儿进行交流，让他们学会表达自己的感受和需求，从而培养他们的沟通技能。同时，家长应积极倾听婴幼儿的表达，并给予积极的回应和支持，这可以帮助婴幼儿建立自信心，提高表达能力。

2. 通过肢体语言和面部表情来表达自己的情感和意图

肢体语言和面部表情是表达情感的重要方式。家长可以通过自己的肢体语言和面部表情来帮助婴幼儿表达、理解他人的情感和意图。

3. 建立语言模型

家长的语言模型对孩子的语言发展非常重要。家长可以通过与婴幼儿交流来建立丰富的语言模型，帮助他们掌握更多的词汇和语法规则，这可以帮助婴幼儿更好地表达自己的意思并理解他人的语言。此外，倾听也是沟通技能中重要的一部分。家长可以鼓励婴幼儿倾听他人的意见和建议，并学会尊重他人的观点，这可以帮助婴幼儿建立良好的人际关系，提高他们的社交能力。

（二）建立信任关系的能力

建立信任关系是婴幼儿社交和情绪发展的重要一环，它是建立在亲子关系基础之上的。婴幼儿需要学会相信他人并依赖他人，同时也需要学会让他人相信自己并依赖自己，这需要通过不断的互动和经验积累来培养。在培养婴幼儿的信任关系时，家长可以通过以下方式来支持他们的成长。

1. 提供关爱和支持

家长对婴幼儿的关爱和支持是建立信任关系的基础，家长需要给予婴幼儿足够的关爱和支持，让他们感到被关注和被理解，这可以帮助婴幼儿建立自信心，增强信任感。这种关爱和支持可以体现在日常生活中的各个方面，例如拥抱、亲吻、赞扬以及关注他们的情感需求等。

2. 建立安全的家庭环境

家庭环境对婴幼儿的信任关系有很大的影响。一个安全的家庭环境可以给予婴幼儿足够的安全感和舒适感，从而增进他们与家人之间的信任关系。家长需要创造一个积极、和谐的家庭氛围，让婴幼儿感到被接纳和被包容。同时，家长之间的良好沟通也可以为婴幼儿树立一个良好的榜样，让他们学会如何与他人建立良好的沟通。

3. 鼓励婴幼儿与他人建立联系

除了与家人建立信任关系外，婴幼儿还需要学会与他人建立联系。家长可以鼓励婴幼儿与其他婴幼儿或老年人等建立联系，以促进他们的社交技能和情感的发展。这有助于婴幼儿建立对他人的信任感，从而进一步促进他们的社交和情感发展。

在培养婴幼儿的信任关系时，家长还需要注意以下几点：首先，要给予婴幼儿足够的时间和空间去感受和探索世界。这有助于他们学会独立自主，并增强他们的自信心和自尊心。其次，要尊重婴幼儿的个性和需求。每个婴幼儿都有自己独特的需求和感受，家长需要尊重他们的个性和需求，并给予他们适当的支持和引导。最后，要为婴幼儿提供适当的挑战和机会。这有助于他们锻炼自己的能力和技能，从而促进他们的成长和发展。

(三) 自我调节情绪的能力

情绪调节是指个体对自身情绪的管理和控制。对于婴幼儿来说，情绪调节能力是他们适应环境和应对压力的重要基础。婴幼儿需要学会识别自己的情绪状态，并采取适当的措施来缓解负面情绪，如哭泣或愤怒等。同时，也需要学会在适当的时候表达自己的情感需求。在培养婴幼儿的情绪调节能力时，家长可以通过以下方式来支持他们的成长。

1. 帮助婴幼儿识别情绪

识别情绪是情绪调节的基础。根据心理学研究，情绪调节能力在儿童和青少年时期的发展至关重要。这种能力是可以通过教育和训练来提高的。家长在培养孩子的情绪调节能力方面扮演着重要角色。通过观察孩子的面部表情和肢体语言，家长可以更好地理解孩子的情绪状态，并教授他们如何应对不同的情况。因此，在婴幼儿时期，家长可以通过观察婴幼儿的面部表情、肢体语言等来识别他们的情绪状态，并教授婴幼儿如何命名和表达自己的情绪。通过这种方式，婴幼儿能够更好地了解自己的情绪状态，并逐渐学会识别他人的情绪状态。

2. 教授婴幼儿适当的应对策略

在识别情绪的基础上，婴幼儿需要学习适当的应对策略来缓解负面情绪。家长可以教授婴幼儿适当的应对策略，如通过深呼吸、转移注意力等方式来缓解负面情绪。同时，也可以教授婴幼儿在适当的时候表达自己的情感需求，如通过言语或肢体语言等方式来表达自己的情感需求。例如，当婴幼儿感到难过时，家长可以教他们如何通过深呼吸和运动来缓解负面情绪，同时也可以教他们如何向他人表达自己的情感需求。

应对策略的选择和使用是情绪调节能力的重要组成部分。有效的应对策略可以帮助个体更好地管理他们的情绪反应。此外，学习和训练应对策略可以帮助人们更好地应对不同的情境和压力。对于婴幼儿来说，通过家长的指导和训练，他们可以学习如何应对负面情绪，并逐渐发展出自我调节情绪的能力。

3. 提供支持和鼓励

在培养婴幼儿的情绪调节能力时，家长需要提供支持和鼓励，帮助婴幼儿学会控制和管理自己的情绪。首先，家长需要给予婴幼儿足够的关注和理解，了解他们的情感需求和压力来源。其次，当婴幼儿遇到困难时，家长应及时给予鼓励和支持，帮助他们更好地应对负面情绪和挑战情境。

此外，营造一个积极、和谐的家庭氛围也是培养婴幼儿自我调节情绪能力的重要条件之一。在这样的环境中，婴幼儿能够感受到安全和舒适，从而能够更好地发展自己的情绪调节能力。心理学研究指出，家庭环境对个体的情绪调节能力有重要影响。一个良好的家庭氛围可以为个体提供情感支持和安全感，帮助他们更好地应对负面情绪和压力。

总之，婴幼儿在成长过程中逐渐掌握了与他人互动、表达自己的情感和需求等核心能力，建立了初步的社交技能。同时，他们也学会了识别和调节自己的情绪，以保持心理健康。这些能力的培养为孩子未来的成长和发展奠定了坚实的基础。

可参考二维码内容了解中国幼儿情绪及社会性发展情况。

《中国幼儿情绪及
社会性发展量表
（CITSEA）》

【作业】

（1）线上：通过对线上教学资源"婴幼儿社交与情绪发展"的学习，完成线上的习题。

（2）线下：小组讨论并分析如何根据不同月龄来设计游戏，以促进婴幼儿社交及情绪的发展。

（3）思考：婴幼儿依恋关系的发展与安全感的来源。

【实践活动案例】

【活动1】表情模仿游戏

适合月龄：12～18个月。

活动目标：通过模仿成人表情，帮助婴幼儿识别和表达基本情绪，培养他们的同理心。

活动准备：指导者和婴幼儿面对面坐定，可以用镜子帮助婴幼儿观察自己的表情。

活动过程：

（1）家长首先展示一个情绪表情（如快乐、悲伤、惊讶）给婴幼儿看，并简单描述这个情绪。

（2）鼓励婴幼儿模仿这个表情，可以使用镜子让婴幼儿看到自己的表情。

（3）指导者给予积极反馈，如当婴幼儿模仿快乐表情时，指导者也回以快乐表情并给予拥抱或夸奖。

（4）通过多次重复，帮助婴幼儿学会辨识并表达不同的情绪。

活动延伸：在日常生活中，指导者可以指出日常情境中的不同情绪表现，如看动画时指出角色的快乐或悲伤，进一步增强婴幼儿的情绪识别能力。

【活动2】社交技能

适合月龄：24～36个月。

活动目标：教育婴幼儿基本的社交礼仪和社交技能，如问候、感谢和道别，促进其社交互动能力的提升。

活动准备：玩偶、礼貌用语的图片或卡片。

活动过程：

（1）指导者使用玩偶进行角色扮演游戏，如与玩偶见面时说"你好"，当玩偶离开时说"再见"。

（2）指导者示范对玩偶使用礼貌用语，然后邀请婴幼儿模仿。

（3）婴幼儿每成功使用一个礼貌用语，都给予表扬和鼓励。

（4）逐渐引导婴幼儿在现实生活中对家人和朋友使用这些礼貌用语。

活动延伸：在参加社交活动（如家庭聚会）前，回顾这些礼仪用语，鼓励婴幼儿在活动中实践这些社交技能，增强婴幼儿在实际社交场合中的自信心。

第五章

婴幼儿早期教育指导专业理念

◆◆ 本章导语

　　0～3岁婴幼儿的早期教育是目前社会关注的热点之一。年轻父母希望得到科学的育儿指导并能够亲身参与到育儿实践中。本章从婴幼儿早期教育指导的基础知识入手，主要介绍婴幼儿早期教育指导的目标、婴幼儿早期教育指导的内容、婴幼儿早教机构的指导形式；并解释说明亲子活动指导课的设计原则与基本要素；最后，介绍早期教育指导从业人员专业发展途径。

◆◆ 学习目标

　　1. 知识目标
　　理解婴幼儿早期教育指导的目标；掌握关于观念、知识和技能的具体教育内容；了解如何设计和实施有效的亲子活动指导课，以及这些课程的目标和内容。
　　2. 能力目标
　　提高对婴幼儿发展水平及家长教养方式的观察和评估能力；能够根据婴幼儿早期教育指导的原则，设计和实施教育活动，并有效地指导家长改进育儿行为。
　　3. 素养目标
　　增强早期教育指导从业人员在婴幼儿早期教育指导领域的专业素养，通过学习和实践，提高其对婴幼儿成长过程的理解和支持；发展跨学科的学习能力，能够结合心理学、教育学、社会学等知识，全面支持婴幼儿的发展。
　　4. 思政目标
　　通过专业知识的应用，增强社会对0～3岁婴幼儿教育的重视程度，促进公众对婴幼儿早期教育的认识和支持；助力家长和社会构建正确的婴幼儿早期教育理念，运用科学方法指导家长，提升整个社会的教育水平。

【本章导览】

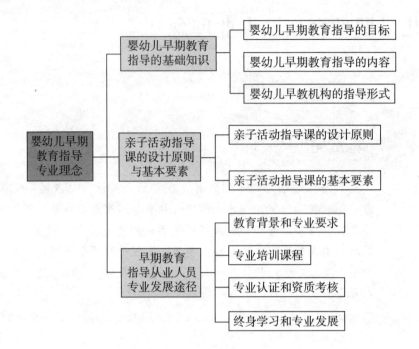

【第一节学习任务清单】

案例

"不愿分享"的可可

可可是一个4岁的小女孩,她有一个比她小2岁的弟弟。一天,妈妈买了两个不同口味的冰淇淋,一个是巧克力味的,另一个是草莓味的,分别给了可可和她的弟弟。

妈妈:可可,你愿意和弟弟分享你的冰淇淋吗?

可可看了看手中的冰淇淋,然后说:我不想分享,因为我的冰淇淋是巧克力味的,弟弟的是草莓味的。我喜欢巧克力,不喜欢草莓。

妈妈:但是分享是一种友好的行为,你可以尝尝弟弟的草莓味,弟弟也可以尝尝你的巧克力味。

可可:不行,我的巧克力味更好吃,我要自己吃。弟弟的草莓味不好吃,他可以自己吃。

分析:这个案例说明了什么?

第一节　婴幼儿早期教育指导的基础知识

一、婴幼儿早期教育指导的目标

婴幼儿早期教育指导是联合国教科文组织针对目前存在的早期教育过度或失当，甚至将家长的意愿强加于婴幼儿等问题而提出的，目的是帮助家长合理地激发婴幼儿潜能，优化婴幼儿的成长环境，在婴幼儿成长过程中进行早期教育、早期干预或早期开发。

近年来，在我国各大中城市中，以"早期教育指导"名义开办的涉及0～3岁婴幼儿与家长的早教机构越来越多。大多数早教机构都要求家长和婴幼儿每周至少参加一次亲子课，课程时间从几十分钟到半天不等。这意味着针对0～3岁婴幼儿的早期教育正通过专门的机构进入专业化教育的范畴。婴幼儿早期教育指导在国内还是一种新的教育实践，因此目前承担早期教育指导任务的机构大多仍以"快乐育儿"为目标。但是，婴幼儿早期教育指导的真正目标应当是：帮助家长树立正确的育儿观念、掌握科学的育儿知识、实践正确的育儿方法，通过提升家长的育儿能力，有效地促进孩子的发展。

二、婴幼儿早期教育指导的内容

婴幼儿早期教育指导的内容包括三大块：观念、知识、技能。第一，向家长揭示保育与教育同婴幼儿终身发展的关系；第二，让家长了解保育与教育的知识；第三，向家长传授保育与教育的技能、技巧。

在观念方面，婴幼儿早期教育指导的内容主要有早期教育和人的幸福感、人的社会责任感、人的社会适应力的关系等；在知识方面，主要有婴幼儿生理发育特点、婴幼儿疾病、婴幼儿心理重要领域发展特点与规律等；在技能方面，主要有婴幼儿保健、喂哺方法、游戏设计技巧等。

三、婴幼儿早教机构的指导形式

婴幼儿早教机构指的是非全日制婴幼儿教养指导机构，包括幼儿园附设的亲子指导班和各类亲子园。这些指导机构实施每周几次的阶段性亲子指导计划。亲子指导计划的特殊性在于，它是直接针对家长的育儿指导活动。本章以"亲子活动指导课"为例来探讨婴幼儿早教机构的定义、指导内容及组织形式。

（一）亲子活动指导课

亲子活动指导课是一种由早期教育指导从业人员在精心准备的情境中开展的课程。在这门课程中，早期教育指导从业人员通过组织一系列亲子互动游戏，观察婴幼儿的发展水平，了解家长的教养方式，并评估亲子双方互动的质量。在此基础上，早期教育指导从业人员运用现场对话、示范和实践的方式，帮助家长发现自己在育儿过程中的误区，并鼓励他们改进育儿行为。

（二）亲子活动指导课的现场指导内容

亲子活动指导课的现场指导内容包括：向家长传递早期教育的知识；让家长学会如何正确观察和客观评估婴幼儿；对家长的教养行为进行评价和指导；解决家长在育儿过程中的困惑；让家长了解婴幼儿近期教养的重点内容。

（三）亲子活动指导课的组织形式

1. 模块式亲子活动指导课

模块式亲子活动指导课是指将一系列的亲子互动游戏划分为若干个模块，借助模块内的游戏活动促进婴幼儿在各领域的发展。

模块式亲子活动指导课的形式类似于幼儿园托班的教学，它是目前国内亲子活动指导课的主要组织形式。

2. 主题式亲子活动指导课

主题式亲子活动指导课主要是按照不同的主题构建出一个季度或一个学期的课程体系，当一个主题系列活动完成后，再开始另一个主题系列活动。

目前，早教机构选择的亲子活动指导课主题包括：地域（国度、地区）、节日，以及根据婴幼儿能力划分的主题（情感教育、社交活动、感统训练、音乐、阅读等）。

3. 自主游戏式亲子活动指导课

自主游戏式亲子活动指导课以"自主学习、混龄教育"的理念为指导，早期教育指导从业人员不预设固定游戏环节，主要借丰富的环境创设来达到教育目的。

自主游戏式亲子活动指导课更注重从以下三个角度设计自由活动。

（1）以材料的丰富性引导婴幼儿参与活动。

（2）以情境的活动性引导婴幼儿参与活动。早期教育指导从业人员充分利用婴幼儿喜欢的环境和生活环节来开展活动。

（3）以多元的交流性引导婴幼儿参与活动。早期教育指导从业人员为婴幼儿提供多种人际交往环境，促进婴幼儿社会性发展。

【作业】

线下：分析早期教育指导实践中成功的案例，讨论如何通过教育干预优化婴幼儿的成长环境。

【第二节学习任务清单】

针对亲子活动指导课上一些常见的问题，如婴幼儿注意力不集中、家长参与度低等，思考如何解决。

第二节 亲子活动指导课的设计原则与基本要素

亲子活动指导课是早期教育的重要组成部分，它不仅涵盖对婴幼儿的全面关怀，还包括对家长的指导与支持。亲子活动指导课的核心目标是帮助家长更好地了解婴幼儿的成长特点和需求，提供科学的育儿方法和教育策略，以促进亲子之间的情感联系和婴幼儿的全面发展。本节将深入探讨亲子活动指导课的设计原则与基本要素，旨在为早期教育指导从业人员提供符合真实情况和学术规范的指导与建议。

一、亲子活动指导课的设计原则

亲子活动指导课是早期教育的一种重要形式，旨在促进婴幼儿的全面发展和加强家庭成员之间的情感联系。在这门课程中，早期教育指导从业人员需要遵循一系列基本原则，以确保课程的有效实施并取得积极的教育效果。

(一) 以儿童为本

以儿童为本是亲子活动指导课的核心原则之一。这一原则强调将儿童的需求和发展特点置于教育的首位，以确保课程具有针对性和有效性。在实施亲子活动指导课时，早期教育指导从业人员需要深入了解儿童的生理特点、认知特点、情感特点和社交特点，并根据这些特点合理设计课程内容和教学活动。

儿童是教育的主体，每个儿童都是独一无二的，他们都有自己独特的个性、兴趣和学习方式。因此，早期教育指导从业人员在课程设计中应尊重儿童的个体差异，为每个儿童提供个性化的教育支持和指导。比如，在游戏环节中，早期教育指导从业人员可以根据儿童的兴趣和能力设置不同的游戏内容，让每个儿童都能找到适合自己的游戏方式，从而激发他们的学习兴趣。

此外，以儿童为本也强调在亲子活动指导课中注重儿童的参与度和主动性。早期教育指导从业人员可以通过鼓励儿童发表自己的想法、参与小组合作等方式，让儿童成为课堂的主体，从而增强他们学习的积极性和主动性。

(二) 构建帮助家长获得育儿支持的示范性课程

1. 亲子活动指导课的教育对象

亲子活动指导课应以家长为教育对象。以婴幼儿教育为主的课程体系应该放在家庭日常活动中实施，让家长将其在亲子活动指导课中学到的知识和方法运用到家庭生活中，使日常生活中的亲子互动成为科学育儿的有效实践。亲子活动指导课本质上是向家长展示如何观察婴幼儿，以及实施保育与教育技能的示范性课程。

2. 亲子活动指导课中的家长指导工作

早期教育指导从业人员在设计亲子活动指导课时除了应考虑婴幼儿的参与度及其对活动内容的接纳度外，还应考虑家长的学习目标和内容。整个课程对家长的指导工作应体现在课前、课中与课后。

（1）课前

课前应对家庭成员结构、家长以往经验、家长对婴幼儿的了解程度、家长完成学习任务的可能性等因素进行分析。对家长情况的分析是早期教育指导从业人员设定亲子活动指导课家长学习目标的基础。在撰写教案前，早期教育指导从业人员需要调研家长的育儿经验，根据调研结果写出课前的家长分析报告。课前的家长分析报告需反映本班家长普遍的文化程度、职业、对教育的重视程度、已有的受教育经验，以及近期的育儿困惑与存在的育儿问题等情况。另外，撰写家长分析报告时应注意反映出本班大多数家长的情况，不能将个别问题看作全体的问题。

（2）课中

课中应确定本课的家长学习目标和各个活动环节的家长指导语。在课前家长情况分析的基础上，再制定出符合家长和婴幼儿实际水平的活动目标。由于亲子活动指导课追求的是对家长进行有意义的教学，所以具体且详细的家长学习目标是必不可少的。家长学习目标具体包括：对本活动的教育价值阐述，对活动中婴幼儿表现出的心理发展水平的分析，活动中亲子互动行为的注意事项提醒等。

（3）课后

课后应就本课中家长的行为表现生成家长行为建议报告。亲子活动指导课的目标是帮助家长树立正确的育儿观念、掌握必要的育儿知识、实践正确的育儿技能，提升家长的育儿能力，从而有效地促进婴幼儿的发展。为了更好地达成这个目标，早期教育指导从业人员应就课上观察到的家长育儿行为与家长展开课后交流，进一步了解家长的育儿困惑，同时对其不利于婴幼儿健康发展的行为给出改进建议。

（三）构建以日常生活环节和真实材料为载体的生活化课程

生活化课程是将日常生活作为教育的载体，即在生活中教会家长利用自然材料并通过养育环节进行婴幼儿教育。婴幼儿的日常生活经验会对其大脑功能产生巨大影响。因此，亲子活动指导课的内容应选自婴幼儿的生活经验。这种将"生活"置于早期教育指导重要地位的思路，应是设计亲子活动指导课的重要方面。

0～3岁正是婴幼儿掌握实物概念的时期，婴幼儿需要通过直接感知和操作才能形成正确的实物概念。由于源自生活的真实材料具有各种特征，并且随时可见、随时可取，所以更容易让婴幼儿形成正确的实物概念。

（四）构建集体教育活动和个别化指导相结合的个性化课程

集体教育活动和个别化指导相结合的个性化课程是指，在亲子活动指导课上针对不同发展水平和个性的婴幼儿与家长进行观察、提示、插入式指导的课程。集体教育活动与个别化指导的结合能达到较好的教学效果。

1. 亲子活动指导课以集体教育活动的方式开展具有特殊价值

集体教育活动给家长提供了在同等条件下对比自己孩子与其他同龄孩子的机会，为家长客观地评价孩子找到了依据，为家长确定孩子的近期发展目标找到了参照标准。集体教育活动也提供了家长与其他家长进行沟通的机会，为家长调整自己的育儿理念和行为找到了参照。

2. 个别化指导在亲子集体教育活动中实施的可能性

个别化指导可以根据婴幼儿能力的不同在不同区角安排不同难度的游戏，还可以对不同发展情况的婴幼儿施以不同的指导、安排不同的活动场地、投放不同的材料等。

（五）构建观察评估与教育相结合的一体化课程

观察评估是教育的起点。每个婴幼儿的兴趣、性格、能力、学习方式等都各有特点，因此关注个体、遵循婴幼儿身心发展的科学规律、发现和挖掘每个婴幼儿的优势和潜能，因人而异、因势利导才能使每个婴幼儿在原有水平上得到发展。

1. 将课程与婴幼儿心理水平观察评估相结合

对婴幼儿发展水平的评估既是家长了解孩子的真实发展水平的方式，也是早期教育指导从业人员评估教学效果的依据和制定下一阶段计划的参考。亲子活动指导课尝试将观察评估与课程结合起来，尽量模糊课程与观察评估之间的界限，具体做法是：要求家长在每次课程中都根据早期教育指导从业人员事先制作的《课堂儿童行为观察表》去观察自己的孩子，早期教育指导从业人员也根据此表观察婴幼儿。课后，早期教育指导从业人员和家长进行沟通，然后对婴幼儿的行为做出客观分析。

2. 将课程与课堂内家长的教养行为观察评估相结合

只了解婴幼儿而不了解家长会直接影响课程效果。在亲子活动指导课中，家长与婴幼儿的互动是自然产生的，家长一贯的教养理念和方式也一目了然，早期教育指导从业人员可以利用这个机会对家长进行自然观察，具体做法是：要求早期教育指导从业人员利用上课时间观察家长的行为，并编制《家长教养行为观察表》。《家长教养行为观察表》的观察项目可以参照联合国儿童基金会《家庭保育评估》的标准进行编制。

（六）构建课堂指导与家庭延伸相结合的连续体课程

早教机构的亲子活动指导课一般是每周一次或几次，每次仅有几十分钟。因此有的家长希望仅凭这些短暂的课程就让婴幼儿发展具有显著的效果是不可能的。如果早期教育指导从业人员设计的亲子活动只能在机构中展开，并且只能以集体的形式进行，同时机构所使用的材料无法在家庭中获取或无法用简易材料取代，那么亲子活动指导课就失去了示范的意义。

在早教机构的亲子活动指导课中，并非每个婴幼儿都能得到有针对性的、详细的指导，因此，就更需要通过家庭的延伸教育去弥补和完善这一不足。只有让早教机构的教育和家庭教育以一种接续的方式形成合力，才能保证婴幼儿在持续稳定的教育环境中得到发展。

二、亲子活动指导课的基本要素

课程基本要素一般包括：课程目标、课程内容、课程组织、课程评价。亲子活动指导课也包括以上基本要素。

（一）关于课程目标——亲子活动指导课家长学习目标的制定

课程目标在课程基本要素中居主导地位，它既是课程内容和课程组织的依据，也是课程评价的出发点和归宿。

1. 目标定位

课程目标是亲子活动指导课设计的基石，它反映了课程的核心意图和期望达成的效果。在制定课程目标时，需要综合考虑婴幼儿的发展特点和家长的需求，确保目标具有针对性和可行性。亲子活动指导课的目标应该是明确的、可量化的，同时要具有启发性和激励性。早教机构中的教育对象主要是家长，而现在的亲子活动指导课追求的是对家长进行有意义的教学，所以只有结合家长的情况来制定目标，才能有效提高亲子活动指导课中婴幼儿早期教育指导的质量。

2. 目标描述

在制定家长学习目标时，需考虑家长的情况及其完成学习任务的可能性。家长学习目标描述包含两个内容：第一，本次课程需要让家长了解的内容；第二，本次课程需要让家长掌握的内容。

3. 目标制定需注意的问题

考虑国别、地区、民族以及各个不同家庭的经济、文化、结构等多方因素；以每一位家长都在原有的水平上获得发展为目标，避免制定全班统一内容、统一层次的目标；把握好对家长的要求的难度，制定目标时既要反映家长育儿能力发展的共同需求，又要反映家长的具体需求，同时关注家长的育儿热点问题。

（二）关于课程内容——亲子活动指导课的内容选取

课程内容是实现目标的载体。课程内容选取主要以学习者的需要为主。亲子活动指导课的学习者是家长，所以亲子活动指导课的内容选取应该考虑如何达成本课程的家长学习目标。

亲子活动指导课的内容选取应该以婴幼儿的发展特点为基础，兼顾婴幼儿的认知、情感、社交和身体发展，打造丰富多样的学习体验。在设计课程内容时，早期教育指导从业人员可以根据不同年龄阶段的儿童，选择合适的游戏、手工制作、绘画、音乐、科学探索等活动，为婴幼儿提供全方位的学习机会。

亲子活动指导课的内容设计应该是具体的、实用的，突出教育的实效性。例如，对于0～1岁的婴幼儿，可以设计一些简单的亲子互动游戏，鼓励家长与婴幼儿一起进行亲子互动，增进情感联系。对于1～3岁的婴幼儿，可以开展一些简单的手工制作活动，培养婴幼儿的动手能力和创造力。

此外，在内容设计中还可以引入一些亲子阅读活动，通过亲子共读的方式培养婴幼儿的阅读兴趣和阅读习惯。亲子阅读不仅有助于提高婴幼儿的语言表达能力和认知能力，还能加强家长与婴幼儿之间的情感联系。

（三）关于课程组织——亲子活动指导课的组织设计

课程组织是指依据课程目标制定的、受课程内容制约的活动环节、操作规范与步骤。

亲子活动指导课是一个集体教育活动，和家庭中开展的一对一亲子活动及幼儿园班集体教育活动有很大不同，因此其组织设计具有特殊性。早期教育指导从业人员在设计亲子活动指导课时，应充分利用生活场景、生活中的材料开展活动，鼓励婴幼儿按照自己的"节奏"进行活动。在亲子活动指导课中，可以采取以下教学方法。

1. 游戏教学

游戏是婴幼儿最喜欢的学习方式之一，通过游戏教学可以激发婴幼儿的学习兴趣和主动性。早期教育指导从业人员可以设计一些寓教于乐的游戏活动，让婴幼儿在游戏中学习知识和获得技能。

2. 故事讲解

故事是婴幼儿学习的重要资源，有趣的故事可以激发婴幼儿的好奇心和想象力。早期教育指导从业人员可以选取一些适合婴幼儿的故事，讲述给他们听，并与婴幼儿一起探讨故事中的道理和启示。

3. 亲子互动

亲子互动是亲子活动指导课的核心内容之一，亲子互动可以增强家长与孩子之间的情感联系。早期教育指导从业人员可以设计一些亲子互动活动，鼓励家长与孩子一起参与，共同完成任务和游戏。

4. 动手实践

动手实践是婴幼儿学习的重要环节，通过动手实践，婴幼儿可以将理论知识应用于实际生活。早期教育指导从业人员可以组织一些简单的手工制作活动、绘画活动、科学实验等，让婴幼儿在实践中获得成就感和自信心。

（四）关于课程评价——课程效果评价

课程评价是指对课程整体结构、实施过程及结果做出价值判断的过程，是课程实践的反馈机制。

1. 课程评价内容与原则

（1）课程评价内容

早期教育指导实施一段时间后，就需要对效果进行评定，以检验早期教育指导从业人员的早期教育指导是否达到了预期效果。如果未达到预期效果，就需要重新分析或改变原有的课程计划。早期教育指导的教育对象是婴幼儿的家长，所以效果评估要考虑家长教养行为的变化。家长行为变化需要结合每次课堂记录的《家长教养行为观察表》进行动态分析。

（2）课程评价遵循的原则

每一个具有不同文化背景、掌握不同育儿知识、拥有不同育儿能力的家长在课程中都能获得帮助；课程注重学习者的主动"建构"而不是早期教育指导从业人员的"灌输"；以亲子共同参与的活动为载体，达到"在玩中教、在玩中学、在玩中求发展"的目标；课程追求婴幼儿和家长整体素质的提高，不以婴幼儿掌握知识量的多少或是否掌握某种技巧为课程评价标准。

2. 评估分析的注意事项

第一，评估旨在为家长提供参考性的意见和建议。在评估中，倡导"为教养而评估"而不是"为评判而评估"的良好观念。对婴幼儿发展的评估是为了对该婴幼儿真实的发展水平做出判断，为早期教育指导从业人员或家长总结前一阶段教养成果和制订下一阶段的教养计划提供参照，测评目的应该是发展性的而不是结论性的。对家长行为的评估也不是否定与批判，而是给出善意的建议与科学的指导。

第二，评估尽量放在真实、有趣的游戏活动中进行。在游戏过程中，早期教育指导从业人员除了组织和管理课堂活动外，还需对家长行为进行评估，并指导家长观察婴幼儿在每个游戏中表现出来的真实水平。早期教育指导从业人员既要用富有激发性的游戏引导婴幼儿参与到符合其成熟水平的活动中，以便观察、记录婴幼儿在当前游戏活动中表现出来的真实水平，又要借助游戏来观察家长在与婴幼儿互动过程中的育儿行为。每次"游戏"完后都应将这次活动中婴幼儿和家长的表现记录在"课堂观察记录表"中。

第三，对婴幼儿发展的评估应采用多元综合评估的体系。在婴幼儿发展的评估中，评估主体应是多元的，早期教育指导从业人员、家长都可以成为评估者，这样的评估既可以获得多方面的信息，又能保证评估过程的科学性和评估结果的准确性。

第四，评估不仅应关注婴幼儿行为的完成情况，还应关注婴幼儿在活动过程中表现出来的行为风格，为婴幼儿个性评估找到依据。

（五）资源支持

资源支持是亲子活动指导课的保障。在开展亲子活动指导课时，早期教育指导从业人员需要提供相应的资源支持，确保课程的顺利开展和有效实施。资源支持包括以下内容。

1. 课程教材

早期教育指导从业人员可以根据课程目标和内容设计，准备相应的课程教材。课程教材可以包括教学大纲、教学活动手册、亲子互动游戏材料等。

2. 学习资料

为了帮助家长更好地了解育儿方法和婴幼儿的发展特点，早期教育指导从业人员可以准备相关的学习资料，如育儿指南、教育手册等。

3. 教学设施

亲子活动指导课需要一定的教学设施，如课堂活动场地、教学工具等。早期教育指导从业人员要提前做好准备，确保教学环境的安全和舒适。

4. 专业支持

早期教育指导从业人员可以寻求专业支持，包括请教早期教育专家、儿童心理学家等，为亲子活动指导课提供专业意见和建议。

【作业】

（1）线上：学习线上教学资源"早期教育指导的内容"，并尝试对家长及婴幼儿进行分析评估。

（2）线下：设计一系列适合不同年龄段婴幼儿的亲子活动，在模拟环境中实施，并通过角色扮演练习如何有效地与家长沟通，传达活动的目的和指导家长如何参与活动。

（3）思考：学习如何设计和使用反馈工具（如问卷、访谈），以收集家长和婴幼儿对活动的想法。

【第三节学习任务清单】

思考：从职前和职后两个层面分析如何培养早期教育指导从业人员。

第三节　早期教育指导从业人员专业发展途径

在早期教育领域，早期教育指导从业人员起着至关重要的作用。他们是专业的教育者和咨询者，致力于为家长提供科学的育儿指导和教育支持，帮助婴幼儿全面成长和发展。早期教育指导从业人员需要拥有扎实的早期教育知识和技能，同时具备观察力、耐心和爱心。本节将探讨早期教育指导从业人员的发展途径，包括教育背景和专业要求、专业培训课程、专业认证和资质考核、终身学习和专业发展等方面。

一、教育背景和专业要求

作为一名早期教育指导从业人员，拥有相关的教育背景和专业要求是其建立坚实职业基础的关键。早期教育领域对早期教育指导从业人员的要求日益严格，不仅要求他们具备教育学科知识，还要求他们对儿童成长和家庭教育有深刻的理解。

（一）学前教育或相关专业学位

成为早期教育指导从业人员的基本前提是获得学前教育或相关专业的学位。学前教育是早期教育领域的核心学科之一，专门研究0～6岁儿童的教育问题。学前教育专业的学习内容涵盖幼儿教育原理、教育心理学、教育方法、课程设计等方面，为早期教育指导从业人员提供了必要的理论支持。

学前教育专业注重培养早期教育指导从业人员的实践能力。在学习过程中，早期教育指导从业人员将接触到实际教学环境，并参与幼儿园教学实践，从中观察和指导儿童的学习和游戏活动。通过实际教学实践，早期教育指导从业人员能够更好地了解儿童的学习特点和需求，积累宝贵的实践经验，为早期教育指导工作奠定坚实的基础。

除学前教育专业外，早期教育指导从业人员还需学习儿童发展心理学专业、家庭教育学专业等相关专业知识。儿童发展心理学专业主要研究儿童的心理发展过程和规律，为早期教育指导从业人员了解儿童的认知、情感和社交等方面的发展特点提供理论支持。家庭教育学专业则关注家庭教育和亲子关系，帮助早期教育指导从业人员了解家庭教育对儿童成长的影响和家庭教育策略。

（二）早期教育实习经验

除了学历要求，早期教育指导从业人员还需要具备一定的实习经验。在早期教育领域，实践能力和情感经验同样重要。通过实习，早期教育指导从业人员可以将学到的理论知识应用到实际教育工作中，了解家长和儿童的真实需求，并且锻炼自己的实践能力。

实习能够使早期教育指导从业人员更深入地了解儿童和家庭的真实需求，发现问题并解决问题，从而积累宝贵经验。实习也为早期教育指导从业人员与幼儿园教育机构建立联系提供了机会，为其未来的就业提供有利条件。

（三）教育心理学知识

了解教育心理学的理论和方法，是早期教育指导从业人员的重要素养。教育心理学主要研究儿童的学习和发展规律，以及教育对儿童的影响，为早期教育指导从业人员提供了科学的教育指导依据。

在学习教育心理学的过程中，早期教育指导从业人员将接触到不同年龄段儿童的教育案例，从而研究儿童的学习过程和学习策略，探讨教育对儿童发展的影响。通过理论学习和实践实验，早期教育指导从业人员可以提高自己的教育观察能力和分析能力，并据此向家长提供专业的教育建议。

（四）儿童保育知识

学习儿童保育知识，了解儿童的生理特点和生活习惯，可以帮助早期教育指导从业人员提出具有针对性的育儿建议。儿童保育知识涉及儿童的生活起居、饮食习惯、健康管理等方面的知识，这些知识对于早期教育指导从业人员的工作至关重要。

（五）教育背景和专业要求的重要性

教育背景和专业要求是早期教育指导从业人员的知识能力基础，它们为早期教育指导从业人员提供了理论支持和实践指导。通过学习相关专业知识和实践经验，早期教育指导从业人员可以了解儿童的成长特点和需求，并且掌握科学的教育方法和策略。

教育背景和专业要求还为早期教育指导从业人员的终身学习和专业发展奠定了基础。在教育领域，知识和理论不断更新，教育方法和技术也在不断创新。拥有一定的教育背景和专业要求的早期教育指导从业人员，通过不断学习和进步，可以提高自己的教育水平和教学能力，为家长和儿童提供更加优质和专业的教育服务。

二、专业培训课程

除了教育背景和专业要求，早期教育指导从业人员还需要参加专业培训课程，不断提升自己的专业水平和技能。这些专业培训课程涵盖早期教育学科、教学方法、家长沟通等多个方面的知识。

（一）早期教育理论课程

早期教育理论课程是早期教育指导从业人员必须学习的重要课程之一。这类课程主要涵盖早期教育学科的理论知识，包括幼儿成长与发展、早期教育原则与方法、教育心理学等内容。通过学习这些理论知识，早期教育指导从业人员可以深入了解儿童的学习和发展规律，掌握科学的教育方法和策略。早期教育理论课程还介绍不同年龄段儿童的教育特点和需求，旨在帮助从业人员更好地指导家长，满足儿童的成长需求。

（二）家庭教育指导课程

家庭教育指导课程是早期教育指导从业人员需要学习的另一类重要课程。家庭是儿童成长的重要环境，家长是儿童最早的教育者和引导者。早期教育指导从业人员需要学习如何与家长进行有效的沟通，了解家庭的需求和问题，帮助家长建立良好的亲子关系。

在家庭教育指导课程中，早期教育指导从业人员将学习家庭教育的基本原则和方法，了解家庭教育对儿童成长的影响。通过学习家庭教育指导课程，早期教育指导从业人员可以学习与家长沟通的技巧，旨在帮助家长树立正确的育儿观念，为儿童提供良好的成长环境。

（三）亲子互动指导课程

亲子互动指导课程是早期教育指导从业人员需要学习的重要课程之一。亲子互动是儿童与家长之间最直接、最重要的交流方式，对于儿童的成长和发展起着至关重要的作用。早期教育指导从业人员需要学习亲子互动的有效方法，鼓励家长与儿童积极互动，促进亲子之间的情感联系。

亲子互动指导课程将介绍不同年龄段儿童的互动需求和特点，旨在帮助早期教育指导从业人员更好地指导家长，增进家长与儿童之间的良好关系。通过学习亲子互动指导课程，早期教育指导从业人员可以了解亲子互动的重要性，学习亲子互动的有效方法，帮助家长建立良好的亲子关系。

（四）早期心理支持课程

早期心理支持课程是早期教育指导从业人员必须学习的重要课程之一。儿童的心理健康是儿童全面发展的基础，早期教育指导从业人员需要学习提供早期心理支持的方法，帮助儿童建立良好的情感基础，增强自信心和社交能力。

早期心理支持课程将介绍儿童心理发展的特点和规律，帮助早期教育指导从业人员了解儿童心理问题的表现和原因。通过学习早期心理支持课程，早期教育指导从业人员可以了解心理支持的重要性，学习提供早期心理支持的有效方法。

（五）实践培训课程

实践培训课程是早期教育指导从业人员需要学习的重要课程之一。理论学习只是培养从业人员的第一步，实践经验同样重要。在实践培训课程中，从业人员将参与实际工作中的培训实践，通过实际操作提高自己的实践能力。

三、专业认证和资质考核

为了保障早期教育指导从业人员的专业水平和服务质量，一些国家或地区建立了专业认证和资质考核体系。通过参加相关认证考试，早期教育指导从业人员可以获得专业资格证书，证明自己具备合格的早期教育指导能力。这些认证和资质考核通常由相关教育机构或专业协会主办，旨在确保从业人员具备必要的知识和技能，为儿童和家长提供高质量的教育服务。

（一）早期教育认证

早期教育认证对早期教育指导从业人员来说非常重要。早期教育认证通常由教育部门或专业机构主办，旨在评估早期教育指导从业人员在早期教育领域的专业能力和知识水平。参加早期教育认证的早期教育指导从业人员需要通过一系列理论考核和实践考核，考核内容包括教育学、心理学、儿童发展学等相关科目。通过该认证，早期教育指导从业人员将获得早期教育认证资格，成为合格的早期教育指导从业人员。

（二）亲子教育专家认证

亲子教育专家认证是针对从事亲子教育领域的早期教育指导从业人员而设立的专业认证。亲子教育专家认证主要由专业的亲子教育机构或专业协会主办，旨在评估早期教育指导从业人员在亲子教育方面的专业能力和知识水平。参加亲子教育专家认证考试的早期教育指导从业人员需要了解家庭教育理论和实践，掌握家庭教育指导的方法和策略。通过该认证，早期教育指导从业人员将获得亲子教育专家认证资格，成为专业的亲子教育从业人员。

（三）国际认证和资质考核

随着全球化的发展，一些国际认证和资质考核也逐渐受到关注。这些国际认证和资质考核通常由国际性的教育机构或专业协会主办，考核内容涵盖国际教育标准和指南。早期教育指导从业人员可以通过参加国际认证和资质考核，获得国际认可的资格证书，证明其具备全球化的教育视野和专业能力。

（四）继续教育和再认证

为了保证早期教育指导从业人员的专业水平和服务质量，许多认证和资质考核要求早期教育指导从业人员定期进行继续教育和再认证。继续教育要求早期教育指导从业人员参加一定学时的教育课程，从而跟踪教育领域的最新发展，不断更新教育理念和教学方法。再认证要求早期教育指导从业人员定期参加认证考核，评估其专业能力和知识水平。

四、终身学习和专业发展

终身学习和专业发展是早期教育指导从业人员发展的关键要素之一。随着社会的不断变化和科技的快速发展，早期教育领域的知识和理念也在不断更新和演进。为了跟上时代的步伐，早期教育指导从业人员需要不断学习和进步，不断更新自己的知识和技能，以满足儿童和家长的需求，提供更加优质和专业的教育服务。

（一）继续教育课程

学习继续教育课程是早期教育指导从业人员进行终身学习和专业发展的主要途径之一。这些课程通常由教育机构、专业协会或研究机构提供，课程内容涵盖早期教育领域的各个方面，如教育学、心理学、儿童发展学、家庭教育学等。早期教育指导从业人员可以根据自身的需求和兴趣选择合适的继续教育课程，不断更新自己的知识和理念。

（二）学术研讨会和学术会议

参加学术研讨会和学术会议是早期教育指导从业人员进行专业交流和学术学习的重要方式。这些会议通常由学术机构、教育协会或专业组织举办，旨在提供一个学术交流和讨论的平台，促进早期教育领域的学术研究和理论发展。早期教育指导从业人员可以通过参加学术研讨会和学术会议，了解最新的研究成果和学术观点，拓宽自己的学术视野，激发创新思维。

（三）自主学习

自主学习是早期教育指导从业人员进行终身学习和专业发展的重要方式之一。除了学习继续教育课程和参加学术研讨会，早期教育指导从业人员还可以通过自主学习不断扩充自己的知识库。早期教育指导从业人员可以通过阅读相关教育书籍、研究论文和学术期刊，了解国内外早期教育领域的前沿动态和研究成果，提高自己的学术素养和教育水平。

（四）跨学科学习

早期教育指导从业人员可以通过跨学科学习拓宽自己的知识面和视野。早期教育领域涉及众多学科，如心理学、教育学、社会学和保育学等。从业人员可以选择跨学科学习，学习其他相关学科的知识和理论，将不同学科的知识融合并应用于实际工作中，拓展教育指导的广度和深度。

终身学习和专业发展是早期教育指导从业人员不断进步和成长的动力，也是其保持竞争力和应对挑战的关键。因此，早期教育指导从业人员应重视终身学习，积极参与各类学习机会，不断完善自己，为儿童的全面发展和家庭幸福做出积极贡献。

【作业】

（1）书写职业发展计划。

书写一份早期教育指导从业人员的职业发展计划，内容包含：职业目标和愿景；达成这些目标所需的技能和知识；研究和选择相关的继续教育课程、专业认证或培训；规划时间表和预算；设定目标评估标准，用以定期检查进度和调整计划。

（2）案例分析。

选择一个关于早期教育实践的成功案例，分析该案例使用的教养策略，特别是它们如何满足婴幼儿的发展需求，并讨论案例的成功要素和需要改进的地方，最后提出如何将这些策略应用于自己的工作中。

（3）社交媒体建设。

在社交媒体上发布关于早期教育的文章或观点。

第六章
婴幼儿行为观察与评估

本章导语

　　观察法是婴幼儿教育研究中最常用的方法之一。婴幼儿心理发展体现在日常生活的方方面面，真实情境下的观察更具有代表意义。在托幼机构中，一日生活的各项内容都可以作为观察内容，通过观察这些内容，观察者能够更好地了解婴幼儿的发展。常见的观察法有描述观察法、时间取样观察法、事件取样观察法、评定观察法等，观察者需要根据具体的观察目的，选择适宜的观察方法以更好地开展婴幼儿行为观察。

学习目标

　　1. 知识目标

　　理解和掌握各种婴幼儿行为观察方法（如描述观察法、时间取样观察法、事件取样观察法、评定观察法等）的基本概念、特点及应用场景；学习如何从多角度和多维度对婴幼儿行为进行观察，包括正式和非正式观察，参与观察和非参与观察，直接观察和间接观察，叙述观察、取样观察和评定观察，以及长期观察、短期观察和定期观察。

　　2. 能力目标

　　能够根据观察目的选择和设计适宜的观察方法和记录工具；增强分析观察数据和制定教育对策的能力，以便根据观察结果调整教育方法和环境，优化婴幼儿的发展条件。

　　3. 素养目标

　　树立在观察婴幼儿行为时的客观、公正态度，能够真实、准确地记录观察到的行为，避免主观臆断；建立敏感性和细致性，能够注意到婴幼儿微小的行为变化和潜在的发展需求。

　　4. 思政目标

　　结合婴幼儿行为观察，深化对教育公平、婴幼儿权利保护的理解，增强教育者的社会责任感，提升教育者的职业道德水平；强化科学育儿观念，推广基于证据的教育实践，支持婴幼儿全面发展的政策和实践。

【本章导览】

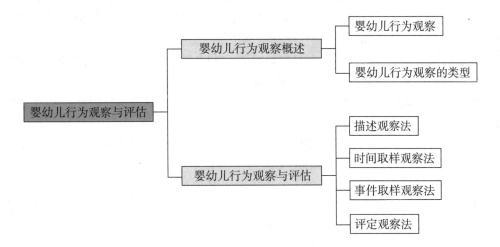

【第一节学习任务清单】

案例

总是"搞破坏"的宝贝

观察，能够帮助我们及时收集婴幼儿成长的信息，以全面理解婴幼儿的行为和心理发展。有父母从观察中提出疑问："为什么我家的宝宝玩积木，喜欢直接推倒，不愿意搭建呢？""我家女儿不到2岁，我买了积木玩具陪她一起玩。但是，她总喜欢搞破坏，刚搭建完成的积木，马上就被推倒，甚至有时候还没搭建完成就被她推倒，然后她还表现得很开心，不知道要怎么引导她好好玩积木呢？"

思考："宝宝推倒积木"＝"搞破坏"？面对这种情况，父母应该怎么办？

第一节　婴幼儿行为观察概述

一、婴幼儿行为观察

0～3岁婴幼儿身心发展较快，要了解婴幼儿身心发展的速率和变化过程，可以通过日常生活中的观察与评估。

观察是人类认识世界最常见的方法之一，是从事科学研究（包括自然科学、社会科学、人文科学）的一个重要手段。观察不仅是人的感觉器官直接感知事物的过程，而且是人的大脑积极思考的过程。具体来说，观察不仅是人类通过感觉器官进行感知的过程，而且是需要通过大脑加工得出结果的过程。

观察的过程需要四个要素的参与。第一个是注意,指心理活动对特定对象的指向和集中,是人们获得知识、掌握技能、完成各种智力活动和实际操作的重要心理条件。第二个是对象与背景,在同一个心理活动中,容易引起注意的事物是对象,但不容易被注意的事物就是背景。人类所注意的对象不是孤立存在的,而是和背景相互影响的。第三个是主观参与,指人的内在动机、情感和价值判断对观察活动的参与,具体表现因人而异。第四个是判断和结论,指观察过程中根据客观事实和主观想法给出的思考结果,每一个观察都应该有判断。观察的判断,可能是观察过程中暂时的、有待验证的想法,也有可能是最后的结论。

婴幼儿行为观察范围广泛,且影响婴幼儿行为发展的因素较多,因此,多角度收集观察信息更加科学。

多角度收集观察信息是指观察时运用多种信息源、多种路径来获取关于婴幼儿发展的信息。从观察主体来看,可以是婴幼儿及其同伴、家长、教师以及其他群体;从观察路径来看,可以在家庭、社区、托幼机构、生活场所等其他户外、室内空间进行,采取观察、访谈、作品分析等方式。从观察来源来看,主要包括婴幼儿、家长和教师等,通过观察婴幼儿在生活、游戏、集体活动中的行为,收集婴幼儿的心理发展、行为表现等内容。如图 6-1 所示,婴幼儿行为观察不仅有利于了解婴幼儿的发展水平,还有利于托幼机构教师更好地开展日常活动,同时能够促进教师获得专业性发展。

图 6-1　观察婴幼儿玩雪花片游戏

二、婴幼儿行为观察的类型

(一) 正式观察和非正式观察

根据观察的结构性质与控制程度分类,婴幼儿行为观察可以分为正式观察和非正式观察。正式观察是一种有控制的、系统的观察,是在高度结构的状况下进行的观察,也称作结构性观察,包括实况详录法、时间取样观察法、事件取样观察法、评定观察法等,主要目的是获得可以量化的观察数据,对观察到的内容进行统计分析。正式观察要求观察者提前确定观察记录,包含观察主题、观察情景、观察事件与行为、观察时间以及记录方式等内容。正式观察运用的方式相对严格,通过量化的方式分析数据资料,这个过程较少受到观察者主观因素影响,所以观察结果比较可靠。

非正式观察结构比较松散，也称作无结构性观察，包括日记描述法、轶事记录法、行为核对法等。非正式观察无周密、详尽的计划与控制，是一种弹性开放式的观察。非正式观察的整个计划是在观察过程中逐步展开的，需要提前设计观察提纲，可以根据具体情况逐渐修改，逐渐具体和实际化，比较灵活，便于实施。

（二）参与观察和非参与观察

根据观察者是否直接介入观察对象的活动中分类，婴幼儿行为观察可以分为参与观察和非参与观察。

参与观察是指观察者在参与被观察者活动过程中进行的观察。观察者与婴幼儿一起生活、游戏、学习、运动，在密切的相互接触和直接体验中倾听和观看婴幼儿的言行，进行记录和分析。参与观察是在婴幼儿日常生活中进行的，情境真实自然，能够较好地深入开展观察与交流，比较灵活、开放，但容易受到观察者的主观影响，难以反复验证。

非参与观察是指观察者不介入婴幼儿活动，以局外人或旁观者的身份进行观察。日常生活中，教师可以通过分工进行安排，一人进行教学活动，一人进行观察；另外，专家、学者等研究员也可以通过单向玻璃、摄像头等方式进行观察。非参与观察只对正在发生的行为进行记录，结果比较客观，操作比较方便。

（三）直接观察和间接观察

直接观察是指对那些正在发生的行为和现象进行观察，观察者身临其境，亲眼看到和听到所发生的事情，凭借观察者的感觉器官在现场直接进行观察，从而获得第一手的资料。在各类观察方法当中，直接观察是最常用的。

间接观察是相对于直接观察而言的，是指通过对间接的现象或行为进行观测，从而获取的观察，对物化的行为现象进行观察，以此来认识研究的对象。间接观察也指利用仪器或技术手段，如录音、录像为中介间接地进行观察的方式。

（四）叙述观察、取样观察和评定观察

叙述观察是指在观察过程中，观察者详细观察记录婴幼儿连续、完整的心理活动、行为表现的一种方法，主要包括日记描述法、轶事记录法、实况详录法等。叙述观察由于记录的完整性，一般会耗费较大的人力、物力，因此观察对象较少，难以做到量化分析。

取样观察是指依据一定的标准，选取被观察对象的某些心理活动和行为表现，对其进行观察记录，选择在特定时间内的行为进行观察记录的一种方法，主要包括时间取样观察法、事件取样观察法两种。由于取样观察是对预定行为的观察，增加了观察结果的可能性，比较省时省力，因此适合大样本观察或者群体观察。

评定观察是指观察者在对婴幼儿观察的基础上，对其行为或事件作出判断的一种方法。评定观察主要是指在多次观察的基础上进行的判断，比较常见的有行为检核、等级评定两种。评定观察便于记录，适用范围比较广泛，但是容易受到观察者的主观判断影响。

（五）长期观察、短期观察和定期观察

长期观察是指一种连续不断地在较长时间内对婴幼儿行为进行观察的方法。短期观察是指在比较短的时间内对婴幼儿行为进行观察的方法。定期观察是指在某个指定的时间段内对婴幼儿的行为进行反复观察的方法。观察的内容一般比较集中，往往是对某一行为进行观察。

【第二节学习任务清单】

任务1

结合时间取样观察法的设计要求，思考如何对自主游戏中婴幼儿亲社会性行为进行观察？

任务2

结合事件取样观察法的设计要求，思考如何对25～36月龄的婴幼儿认知能力进行观察？

第二节　婴幼儿行为观察与评估

婴幼儿行为观察的方法包括描述观察法、时间取样观察法、事件取样观察法和评定观察法等。每一种观察方法都有不同的特点、记录方式和优缺点。观察方法贯穿于观察的全过程，客观的观察记录是获得正确结论的基础和保证。观察目的不同，观察者就会采用不同的观察方法。

一、描述观察法

在各种婴幼儿行为观察方法之中，最早被运用的是描述观察法。描述观察法是对婴幼儿自然发生的行为和事件的一种复制，根据观察者对观察对象的行为记录等资料进行分析。

描述观察法包括日记描述法、轶事记录法、实况详录法等，这些方法的共同特点是将所观察到的事实用描述性的语句记录下来做分析。

（一）日记描述法

1. 日记描述法的含义

日记描述法又称为日记式记录法，是指对某一个婴幼儿进行长期的跟踪观察，以日记的形式记录观察对象成长和发展中的行为表现，主要记录婴幼儿表现出来的新行为，如第一次学会翻身、站立、行走等行为，多用于一些特殊婴幼儿的个案研究。

2. 日记描述法的运用

日记描述法主要有两种应用类型，分别是主题式日记法和综合式日记法。

（1）主题式日记法：主要用来记录婴幼儿在动作、语言、认知等某个领域出现的新行为。当这个领域出现新的行为就进行记录，其他领域即使出现新行为也不记录。

（2）综合式日记法：主要是指对观察对象成长过程中出现具有重要意义的新行为进行记录，不受限某个具体内容，只要是具有成长意义的新行为都进行记录，不进行选择。例如：

×××的日记描述法观察记录（综合式日记法案例）

第38个星期

第260天

（88）近来他喜欢上下跳跃：你抱他立在膝上，两手扶着他的两腋，并提他一提，他就上下跳跃，以后一抱他立在膝上，他就要跳了。

（89）他能独自坐了。

3. 日记描述法的优缺点

日记描述法是对婴幼儿以记日记的方式进行观察和记录。第一，具有翔实性的优点，能够将婴幼儿的真实行为和发展表现充分地记录。第二，具有广度性的优点，能够记录观察行为发生时的情形以及后续的行为表现，有利于对观察行为进行质性分析。第三，具有永久性的优点，能够对观察对象进行当前的发展记录，同时能够进行后续的比较、判定。第四，具有个别性的优点，日记描述法主要用于个案研究，更容易对观察对象进行深入了解。

日记描述法的记录过程比较耗时耗力，需要足够的耐心和时间；记录内容容易受到记录者主观偏见的影响，在记录中加入个人的观点和看法，很难对观察结果进行理性的研究和分析。

（二）轶事记录法

1. 轶事记录法的含义

轶事记录法是以叙述性的描述方式对在特定环境和情形中的婴幼儿行为进行记录，观察者会以这种方式记录他们感兴趣或认为有价值、有意义的事件。

轶事记录法的重点在引起观察者特殊注意的行为上，也就是说轶事记录法并不注意某一个婴幼儿或团体，只要是观察者认为值得记录的内容，都可以进行记录。同样是一个自主进餐的行为，但对于不同的婴幼儿具有不同的记录意义，因此轶事记录法是托幼机构教师最常用的一种方法。

2. 轶事记录法的运用

（1）主题式轶事记录法

主题式轶事记录法主要是指观察者对观察对象的某一特定范围感兴趣，记录的是与这一范围相关的行为，如观察者对婴幼儿的语言发展感兴趣等。因此，观察者对观察对象出现的这一范围的行为进行观察、记录，见表6-1婴幼儿轶事记录观察表。

表6-1 婴幼儿轶事记录观察表

观察对象（姓名、性别、年龄）：	观察者：
观察时间：　　　观察地点：　　　观察方法：	
观察目的：	
观察记录：	
分析与评价：	
教育对策与建议：	

（2）特定对象轶事记录法

特定对象轶事记录法主要是指观察者对一些特别的婴幼儿进行的观察，如具有动作发展比较弱、不喜欢与人交往等行为的婴幼儿，观察到与这个婴幼儿相关的行为，都可以进行记录。如以"被卡住纽扣的婴幼儿明明"为例，开展轶事记录法展示。

轶事记录法语言描述案例

观察对象：

被卡住纽扣的婴幼儿明明

活动情境：

在户外活动游戏中，明明的纽扣被网格卡住，几人共同解扣的场景。

观察记录要点：

明明穿着格子衬衫和小背心，在脚踩攀登架时，右胳膊袖子上的纽扣卡在了绿色网格上。他小声嘟囔："卡住了。"这时，小胖从旁边爬过，扯动网格，明明的胳膊被拉起，他不由得大声重复明明的话："卡住了！"

明明用左手紧紧抓住栏杆，努力想要站起身来。小胖看到这一幕，连忙询问情况，仔细查看后，便钻到了攀登架的对面。明明甩动、拉扯网格，双手试图解开纽扣，但都失败了，嘴里还小声嘀咕着。其他小朋友也注意到了，大喊："卡住了！"

小胖再次爬上栏杆，与明明交流，随后招呼来一个穿粉色条纹衣服的男孩。三个小男孩围在网格前，小胖又是晃网格，又是用嘴咬，可纽扣依然牢牢地卡着。他提议把明明拽下来。几个小朋友一起试了几次，可惜都没成功，小胖只好说："这事过后再说。"说完，便转身离开了。

接着，穿粉色条纹衣服的男孩继续尝试，还是未能解开纽扣。最后，小胖和穿粉色条纹衣服的男孩再次合作。小胖拉网格，穿粉色条纹衣服的男孩拽住明明的衣服，终于帮明明解开了纽扣。孩子们欢呼："成功了！"明明整理好衬衫和袖子，拿起羊角球，又和大家欢快地玩了起来。

轶事记录法要求语言表述客观、准确、完整，记录的内容包含行为发生的情境、时间、观察对象的信息和行为、基本活动等内容，如表 6-2 所示。

表 6-2　轶事记录法语言描述用语①

避免使用	请使用
该婴幼儿爱	他经常选择
该婴幼儿喜欢	我看到过他……
该婴幼儿喜爱	我听到他说
他在……上花费很长时间	他花了 5 分钟做……
似乎	他说
看上去	几乎每天他……
我认为	每月有一两次
我觉得	每次
我想	他持续地
他……做得非常好	我们观察到的一种模式
他不擅长……	

---

①　格朗伦，英吉儿．聚焦式幼儿成长档案：幼儿完全评估手册［M］．南京：南京师范大学出版社，2007.

3. 轶事记录法的优缺点

轶事记录法是一种低结构的记录方法，观察谁、观察什么、如何观察都由观察者自己决定，简单、方便、灵活，不需要设计特定的表格、情境与事件，教师可以随时随地进行记录，容易长期保存。但记录过程容易受观察者的主观倾向影响，遗漏关键信息。

（三）实况详录法

1. 实况详录法的含义

实况详录法是指在一段时间内（1 天、半天……）按照时间顺序尽可能详尽、完整地记录发生在自然状态下的所有行为，然后对收集到的资料进行分析的一种方法。

在实施过程中，观察对象的每一个行为细节都应被记录下来，观察者应该无选择地记录被研究行为或现象系列中的全部细节，从而获得对这些行为或现象的详细、客观的描述，如表 6-3 所示。

表 6-3　实况详录观察记录表

观察对象（姓名、性别、年龄）：	观察者：
观察时间：　　　观察地点：　　观察方法：	
观察目的：	
观察记录	分析与评价
事件 1： ××点××分—××点××分 事件 2： ××点××分—××点××分 事件 n…… ××点××分—××点××分	分析与评价 1： 分析与评价 2： 分析 n：……
教育对策与建议： 	

2. 实况详录法的运用

（1）观察记录要客观、详细、全面：观察对象的年龄、事件发生的背景、地点、人员等信息，都需要详细描述，尽可能记录所有的信息。

（2）观察记录的方法：人工记录存在一定困难，为避免漏掉有效信息，可以结合录音、录像等方式，将事件发生时的行为进行拍摄，然后转录成文字进行分析。

（3）观察记录的时间：由于观察过程中观察者高度集中，为避免产生疲劳，可以采取轮流的方式进行观察，或者对观察时间进行调整，一般连续观察记录不超过 1 小时。

3. 实况详录法的优缺点

实况详录法在内容上更为详细和充实，记录过程更加完整。此种方法不仅可以对单个婴幼儿的行为进行观察记录，也可以以一群婴幼儿作为观察对象进行分析。但实际使用时，需花费大量的时间和精力，对观察者的观察能力和速记能力要求高，后期分析资料的难度大。

二、时间取样观察法

（一）时间取样观察法

时间取样观察法是指以一定的时间间隔为取样标准，观察、记录预先确定的目标行为出现频率、持续时长的一种观察方法。具体分析来看，时间取样观察法有两个特定要求：一是观察、记录观察对象特定的、具有代表性的行为；二是这种特定的、具有代表性的行为只限于在具有代表性的特定的时间内。

在实际运用中，时间取样观察法通常用来观察、记录某一特定观察对象或者团体出现频率较高的行为，并且这种行为是容易被观察到的。

（二）时间取样观察法的运用

1. 确定观察对象和观察行为

婴幼儿行为转化速度快，表现在较短的时间内出现不同的行为表现，同一个婴幼儿的同一种行为在不同的分析角度下也会有不同的解读，因此，观察者首先需要确定目标行为和观察对象，然后再采用时间取样观察法对观察对象展开目标行为的观察、记录、分析。

2. 记录客观事实

观察者在采用时间取样观察法对观察对象特定的、具有代表性的行为进行观察、记录时，需注意以下事项：

（1）为确保观察记录的有效性和准确性，观察者需提前对目标行为进行分类，遵循相互排斥性、详尽性等原则。

（2）在确定目标行为的类别后，观察者要对各行为类别做操作性定义，便于观察、记录和重复验证。操作性定义的基本要求是要提供观察的标准，规定变量的操作程序，使抽象的概念成为可观察、可测量、可检验的项目，即从具体的行为、特征、指标上对变量的操作进行描述，将抽象的概念转换成可观测、可检验的项目。以亲社会行为为例，简要阐述操作性定义的具体步骤。

婴幼儿亲社会行为表现分为助人、分享、合作、安慰、公德行为等。通过表6-4进行分析。

表6-4　婴幼儿亲社会行为操作性定义

亲社会行为表现	操作性定义
助人	以自己的力量帮助他人完成某个事件
分享	与他人分享享受、使用生活中的玩具、游戏材料以及其他内容
合作	与他人、群体为达到共同目的，彼此相互配合的一种联合行动、方式
安慰	通过语言、动作等方式抚慰其他人的行为
公德行为	督促自己或他人遵守生活中约定俗成的、有道德感的行为

（3）在进行观察记录前，观察者需根据观察目标和自身需要，明确观察的时距、时间间隔、时距数目。

时距：一次观察行为的时长，与行为发生的频率有关，取决于行为的持续程度、记录的难易程度、观察者的客观因素等。

时间间隔：时距和时距之间的间隔时长，可以是规律性、不规律性间隔，取决于所选取的时距长度、观察对象的数量、记录的细节程度等。

时距数目：观察时距数量的多少，取决于观察多长时间才能获得具有代表性的行为样本。

（4）选择简单、便捷、合理的记录方式。时间取样观察法强调在提前设定的时间内，观察、记录预设的目标行为的频率等。因此，能够在指定的时间内完成观察任务，采用简单、便捷、合理的记录方式非常重要。因此，在时间取样观察法中，大部分的行为记录方式主要有检核和计数两种，也会使用符号进行记录，较少使用大面积的文字叙述。

①检核：主要用来检验所观察的特定行为是否出现，只要目标行为出现，即进行记录、标记。其中，基于简单易行、方便统计的需求，主要使用符号记录。

②计数：在观察的时间内，目标行为总计出现的次数。

③符号：如果是单一的行为观察，也可采用更为简洁的记录方式。例如，在婴幼儿的日常行为观察中，可使用特定的符号进行简易记录。比如图标记录方式，可进行快速记录、分析，如表6-5、表6-6所示。

表6-5　特定符号表示不同的行为

行为	说话	发呆	举手	走神	参与活动	没有	1分钟截止
符号	☞	◆	☑	☒	◎	○	Ⅰ

如果以2分钟为例，假如时距为30秒，则分为4个时距数目，以"/"作为标记。

表6-6　婴幼儿语言活动表现行为观察简易表

☑ ◎ / ○ / Ⅰ ☑ ☒ / ☒ ☞ ◆ / Ⅰ

（5）制定观察记录表

在实施时间取样观察法时，为了能够进行快速观察与记录，需要设计一个合理又适宜的表格。观察记录表要保持简单化，使观察者能够方便、快速地进行记录。此外，观察记录表可分为群体、个人两种形式。例如，表6-7展示的是群体观察记录表样例，表6-8、表6-9展示的是个人观察表样例。

表6-7　婴幼儿自主进餐行为观察记录表

观察地点：托大班　　　　　　记录方法：行为检核　　　　　　记录者：

时间段	日期	开始时间	结束时间	能够使用小勺自主进餐	不能使用小勺自主进餐	备注
1	9.1	8：30	9：00			
2		12：00	12：30			

（续表）

时间段	日期	开始时间	结束时间	能够使用小勺自主进餐	不能使用小勺自主进餐	备注
3	9.2	8：30	9：00			
4		12：00	12：30			
5	9.3	8：30	9：00			
6		12：00	12：30			

表6-8　自主游戏中婴幼儿亲社会行为的观察记录表

观察对象：　　　　观察日期：　　　　记录方法：行为检核　　　　　　记录者：

时间	具体行为表现				
	助人	分享	合作	安慰	公德行为
10：00—10：03					
10：04—10：06					
10：07—10：09					
10：10—10：12					
10：13—10：15					

表6-9　婴幼儿大动作游戏活动观察记录表

观察对象：　　　　观察日期：　　　　记录方法：行为检核　　　　　　记录者：

时间（规律）	行为表现							
	走	跑	跨越	滑行	跳跃	攀爬	投掷	平衡
10：25—10：26								
10：27—10：28								
10：29—10：30								
10：31—10：32								
10：33—10：34								

3. 分析观察记录

观察者在采用时间取样观察法对预设目标行为进行观察、记录后，还需根据观察目标，对婴幼儿的行为表现和发展状况进行分析。时间取样观察法可以在短时间内收集大量的资料，观察者可通过目标行为出现的频率、持续时间、婴幼儿行为表现中存在的问题等对观察记录并进行分析。

4. 评价婴幼儿行为并提出建议

观察者在对目标行为进行分析之后，还需要对婴幼儿的行为表现进行评价。同时，观察者可以依据儿童发展理论及相关知识，对观察对象现阶段的发展状况与发展规模进行对比，并根据观察对象的具体问题提供适当的帮助。此外，也可为教师日后的班级工作提出有针对性的措施和建议。

(三) 时间取样观察法的优缺点

1. 时间取样观察法的优点

观察者在观察的过程中，只需要根据观察目标和自身需要，按照预先设计的观察目标以及制定的观察记录表进行观察即可，不需要干涉观察对象的活动，也不需要事先与观察对象建立联系，这在一定程度上为观察提供了方便。

时间取样观察法比较省时、省力、高效和客观，观察者利用观察记录表可同时收集多个婴幼儿或多种行为的数据，从而能够在短时间内收集大量的资料，获得有代表性的目标行为、发生频率、时间间隔等信息，为后期的统计分析提供资料。

2. 时间取样观察法的缺点

时间取样观察法仅适用于观察发生频率较高且易于观测的行为，同时受观察时长的限制，观察者只能对目标行为的频率和时间长度进行记录，而没有对婴幼儿的实际行为表现进行详细、具体的描述，无法了解所记录行为的程度，进而无法保存完整的行为系统。

由于时间取样观察法在观察时仅关注特定目标行为，而没有对行为或事件发生的情境、背景资料、行为发生顺序、行为原因和行为结果等信息进行记录和介绍，所以很难通过时间取样观察法确定多种行为之间的关系。

三、事件取样观察法

(一) 事件取样观察法的含义

事件取样观察法是指以特定的行为或事件的发生为取样标准，对目标行为进行观察记录的一种方法。通过表格整理的方式，将事件取样观察法和时间取样观察法进行对比，如表6-10所示。

表6-10 事件取样观察法与时间取样观察法的对比

内容	时间取样观察法	事件取样观察法
行为区别	预先确定的行为	某个特殊范围内的行为
	都是有目的、有预设的行为观察	
时间区别	必须在一定时间内	不考虑时间因素
记录重点	行为是否存在、发生频率	行为的特点、性质
记录方式	可符号（次数）、可文字	可文字、可符号
记录方法	可量性、可质性	可质性、可量性

根据记录方法的不同，可以将事件取样观察法分为两类，分别是符号系统记录法和叙事描述记录法。

符号系统记录法是指观察者在观察之前预先设计好一系列的符号，代表不同类别的目标行为的方法。在观察记录中，观察者只关注目标行为，并采用相应的符号对事件或行为进行记录，而目标行为以外的事件或行为则不予以关注和记录。表6-11展示的是符号系统记录法样例。

表 6-11　　婴幼儿精细动作能力的观察记录表

观察时间：　　　观察地点：　　　记录方法：符号系统　　　　　记录者：

姓名	月龄	性别	婴幼儿精细动作能力									
			塞	舀	倒	搭	贴	夹	切	拧	卷	剥

叙事描述记录法是指观察者根据目标行为进行记录的方法，包括行为发生的背景和原因、行为的变化、终止与结果等内容。表 6-12 展示的是叙事描述记录法样例。

表 6-12　　婴幼儿争执事件的观察记录表

观察时间：　　　观察地点：　　　记录方法：叙事描述　　　　　记录者：

姓名	月龄	性别	持续时间	发生背景和原因	争执什么	争执者所扮演的角色	争执时特殊的言语或动作	结局	后果与影响

（二）事件取样观察法的运用

1. 选择目标幼儿作为观察对象

观察者在运用事件取样观察法对婴幼儿进行观察记录之前，首先要对自己的观察动机和目的有清楚的认识和了解，也就是说要首先确定观察目标，观察者要根据观察目标选取观察对象。

事件取样观察法的观察对象选取方式与时间取样观察法相同，既可以选取某一特定婴幼儿作为观察对象，也可以选取由多名婴幼儿组成的团体作为观察对象。时间取样观察法获取的资料侧重于验证重大事件行为的存在，而事件取样观察法则主要关注行为事件的特点、性质。事件取样观察法不受时间的限制，因而研究范围更广泛。

2. 记录客观事实

（1）操作性定义

观察者在确定了观察目标和观察对象之后，应对目标行为进行明确的界定，其中包括对目标行为进行分类，以及对各行为类别进行操作性定义。与时间取样观察法相似，观察者在采用事件取样观察法对目标行为进行分类时，同样要遵循相互排斥原则和详尽性原则。

（2）选择记录方式

为了保证取样事件的代表性，观察者必须事先充分了解所要观察的目标行为的特点，包括目标行为经常发生的时间、地点和情境等，这样观察者才能在目标行为发生的时候，立即辨认出这些行为，并迅速进行观察记录。观察者要事先决定记录目标行为的哪些方面，从而在观察时有所侧重，并保证记录的完整性。

（3）制定观察记录表

观察者在采用事件取样观察法对婴幼儿的目标行为进行观察记录时，要事先根据观察目标和计划观察的内容，制定观察记录表。表 6-13、表 6-14 展示的是观察记录表样例。

表6-13　13～18月龄婴幼儿精细动作行为的观察记录表

观察时间：　　　　　观察地点：　　　　　记录方法：　　　　　　　　　记录者：

姓名	月龄	性别	精细动作具体行为表现					
			搭高积木	握笔涂鸦	小物品投瓶	用小勺取饭	拿杯子喝水	其他

表6-14　25～36月龄婴幼儿认知能力的观察记录表

观察时间：　　　　　观察地点：　　　　　记录方法：　　　　　　　　　记录者：

姓名	月龄	性别	25～36月龄婴幼儿认知能力表现							
			区分时间概念（昨天、今天、明天）	区分相对概念（大小、高低、里外等）	通过物体感知数	通过语言表达指认物品	根据某一维度进行分类	玩游戏时自言自语	有目的地使用物品	15分钟以上专注自主活动

3. 分析行为表现

采用事件取样观察法对婴幼儿的行为表现进行详细的观察和记录之后，还需要在观察记录的基础上，根据观察目标对婴幼儿的行为表现进行分析。

在分析观察记录时，观察者务必保持客观的态度。

为了避免观察者因为个人情绪、对婴幼儿的印象等因素造成分析结果出现偏差，在对资料进行初步分析之后，观察者要再次以第三者的角度审视观察资料，以保证资料分析的客观性。

4. 评价婴幼儿行为并提出建议

观察者在采用事件取样观察法对婴幼儿的目标行为进行分析之后，还需要根据婴幼儿发展理论或者相关专业知识，对婴幼儿的行为表现进行评价。

(三) 事件取样观察法的优缺点

与时间取样观察法相比，事件取样观察法更具有实用性。事件取样观察法具有省时、高效、完整的特点，既可以获得代表性的样本，又可以获得行为事件发生全过程的资料，有助于观察者分析目标行为事件发生的原因及其结果。

采用事件取样观察法，难以得到有关事件的背景信息。事件取样观察法所获得的资料量化不够直接，还需要进一步转化，事件取样观察法的测量稳定性较低。

四、评定观察法

(一) 行为检核法

1. 行为检核法的含义

行为检核法是指依据观察目的、情境特性与观察者的特性等，事先拟妥观察架构与内容，供观察者在观察现场依据检核表内容逐一检视婴幼儿行为表现的观察与记录方法。行为检核法需要对观察行为提前规划，观察时间通常事先设定，观察者的选择度高，行为需推断的程度低，多采用封闭式填答。表 6-15 展示的是行为检核表样例。

2. 行为检核法的运用

(1) 确定观察目的。行为检核表需事先确定观察架构与内容，因此，必须确定观察目的。以表 6-16 为例，确定观察目的为婴幼儿午睡前行为表现。

(2) 定义目标行为。定义目标行为需满足以下条件：符合观察目标，符合穷尽 (是否完整包含所有内容)、独立 (选择之间有清晰的界定和说明)、互斥 (观察项目之间不存在模棱两可、交互重叠)、可操作、合乎信度及效度等要求。

(3) 决定观察情境。在使用行为检核表时，观察者会在观察现场依据检核表内容逐一检视婴幼儿行为表现，因此需要选择适合观察目标行为的情境。

(4) 选择记录方式。行为检核表一般选用符号进行记录，主要包含是否、有无两种记录。

(5) 拟定检核表。根据以上选定的内容，设计成符合要求的检核表。表 6-16 展示的是检核表样例。

(6) 实际观察与记录。观察者根据检核表中的目标行为，在现场进行观察与记录。

(7) 分析记录结果并解释。根据观察目标行为，观察者可以知道行为是否出现。

表 6-15 儿童心理行为发育问题预警征象筛查表①

年龄	预警征象		年龄	预警征象	
3 月	1 对很大声音没有反应	☐	6 月	1 发音少，不会笑出声	☐
	2 逗引时不发音或不会微笑	☐		2 不会伸手抓物	☐
	3 不注视人脸，不追视移动的人或物品	☐		3 紧握拳松不开	☐
	4 俯卧时不能抬头	☐		4 不能扶坐	☐
8 月	1 听到声音无应答	☐	12 月	1 呼唤名字无反应	☐
	2 不会区分生人和熟人	☐		2 不会模仿"再见"或"欢迎"动作	☐
	3 双手间不会传递玩具	☐		3 不会用拇指、食指对捏小物品	☐
	4 不会独坐	☐		4 不会扶物站立	☐

---

① 国家卫生健康委办公厅. 关于印发《3 岁以下婴幼儿健康养育照护指南 (试行) 》的通知 [EB/OL]. (2022-11-19) [2024-11-10] http://www.nhc.gov.cn/fys/s3585/202211/22e3f33c47f54f2c81c28db4e8ee7723.shtml.

（续表）

年龄	预警征象		年龄	预警征象	
18月	1 不会有意识叫"爸爸"或"妈妈"	□	24月	1 不会说3个物品的名称	□
	2 不会按要求指人或物	□		2 不会按吩咐做简单事情	□
	3 与人无目光交流	□		3 不会用勺吃饭	□
	4 不会独走	□		4 不会扶栏上楼梯/台阶	□
30月	1 不会说2~3个字的短语	□	36月	1 不会说自己的名字	□
	2 兴趣单一、刻板	□		2 不会玩"拿棍当马骑"等假想游戏	□
	3 不会随意大小便	□		3 不会模仿画圆	□
	4 不会跑	□		4 不会双脚跳	□
4岁	1 不会说带形容词的句子	□	5岁	1 不能简单叙说事情经过	□
	2 不能按要求等待	□		2 不知道自己的性别	□
	3 不会独立穿衣	□		3 不会用筷子吃饭	□
	4 不会单脚站立	□		4 不会单脚跳	□
6岁	1 不会表达自己的感受或想法	□			
	2 不会玩角色扮演的集体游戏	□			
	3 不会画方形	□			
	4 不会奔跑	□			

注：适用于0~6岁儿童。检查有无相应月龄的预警征象，发现相应情况在"□"内打"√"。该年龄段任何一条预警征象呈阳性，提示有发育偏异的可能。

表6-16 婴幼儿午睡前行为检核表

观察对象：　　　　观察时间：　　　　记录方法：行为检核　　　　　　　　　记录者：

内容	星期一	星期二	星期三	星期四	星期五	备注
要求喝水						
要求上厕所						
慢慢走进生活室						
与同伴玩耍						
哭闹						
跑出生活室						
在床边乱跑						
与旁边人讲话						
在小床上滚来滚去						

3. 行为检核法的优缺点

（1）行为检核法的优点

行为检核法操作过程简单，能够帮助观察者快速记录目标行为，同时容易开展分析，能够运用于不同的情境，可以对行为的前后变化进行比较，适合作为深入研究的前导。行为检核法还可以与其他观察方法结合使用。

（2）行为检核法的局限

行为检核法的局限主要表现在观察记录内容，即同一时间的观察行为受到限制，不能对行为的发生原因、情境等进行详细描述，观察过程中的突发行为会发生遗漏等。

（二）等级评定法

1. 等级评定法的含义

等级评定法主要指对被观察者进行观察后，对其表现行为所达到的水平进行评定，并判断行为质量高低的一种方法。等级评定法一般为五级等级制度设定，有频率、强度等内容。表 6-17 所示为行为检核法与等级评定法的对比。

表 6-17　行为检核法与等级评定法的对比

内容	行为检核法	等级评定法
行为区别	行为是否出现	行为达到的水平等级
时间区别	现场记录	事后补录
记录内容	行为是否存在以及发生频率	行为的程度、强度等级
记录方式	符号	符号
记录的可靠性	客观	主观

2. 等级评定法的运用

（1）确定观察对象及目标行为

等级评定法需要提前确定观察对象，并对目标行为进行确定。

（2）编制评定表

对目标行为进行分解，确定观察维度；梳理行为指标，制作评定表。如表 6-18 所示，在唐氏综合征婴幼儿生活适应能力（记忆力）这个目标中，首先将记忆力进行分解，并梳理为能正确称呼家人、能指认身体各部位名称、能记得自己的物品、能主动说出已经学过的东西、能说出自己家的地址和电话号码等内容。

表 6-18　唐氏综合征婴幼儿生活适应能力（记忆力）记录表

观察对象：　　　观察时间：　　　记录方法：等级评定　　　　　　　　记录者：

类别	生活行为表现	程度				
记忆力	能正确称呼家人	1	2	3	4	5
	能指认身体各部位名称					
	能记得自己的物品					
	能主动说出已经学过的东西					
	能说出自己家的地址和电话号码					

（3）实施观察

在进行等级评定法的观察中，观察者需要保持客观的态度，同时采用统一的记录方式。等级评定法一般分为数字等级量表、图形量表、标准化量表、累计点数量表、强迫选择量表等。等级评定法有 4 个以上的等级，需要观察者主观判断，但如果采用不同的人对同一对象的行为进行重复判断，这样获得的资料就比较有价值。

（4）分析观察结果

评定者在对观察结果的数据进行整理时，可以选择合适的图表直观地呈现观察数据，也可将观察结果与婴幼儿应有的发展水平相比较。这里要注意，等级评定法不是万能的，在使用前要充分考虑是否可以用更合理的方式进行，尤其要避免在评定过程中的主观判断，严格按照评定项目的顺序进行观察，不可跳跃式进行。

3. 等级评定法的优缺点

（1）等级评定法的优点

相比较文字叙述的描述式记录，等级评定法通过数字、符号等方式记录目标行为的程度水平，操作过程比较简单，适用于大部分情境，同时可以进行个人评定与现实观察间的一致性检验，即先对婴幼儿进行评定，后进行实际观察。

（2）等级评定法的缺点

等级评定法的记录方式容易受到观察者的主观因素影响，评定的标准以及评定者的主观判断都会对观察结果产生干扰。此外，等级评定法难以对行为发生的原因、情境等内容进行详细描述，无法了解行为发生的因果关系。

【作业】

（1）线上：线上进行"婴幼儿行为观察与评估"的学习，结合不同观察法的含义和运用，总结不同观察法的使用要点。

（2）线下：以 18~24 月龄婴幼儿语言发展为例，设计不同方法的观察记录表。